摂州多田塩川氏と畿内戦国物語

『細川両家記』『足利季世記』『信長公記』等から
『高代寺日記下』を読み解く実証歴史物語

中西顕三 編著
Nakanishi Kenzo

風詠社

目次

第二話　将軍足利義晴と細川右京大夫晴元の確執……73

第三話　細川晴元と三好長慶の対立 …… 96

第四話　三好長慶の擡頭 …… 110

第五話　三好家の分裂……132

第六話　織田信長の畿内統一と塩川氏……141

第七話　足利義昭の反撃

はじめに

内閣文庫に唯一蔵書されている『高代寺日記』写本を平成二十三年に活字化し上梓した。それまでは法律により研究者しか閲覧できなかったが、当時の民主党政権により法律が改正されて、国民は誰でも閲覧できるようになった。内閣文庫に活字化出版の是非を聞くと、著作権がないので構わないという返答だった。同時に、東京大学史料編纂所に蔵書されている『高代寺記』も併せて上梓できたことは誠に意義深い。

『高代寺日記』は、今まで藤原正義氏の『宗祇序説』や鶴崎裕雄氏の「摂津国人領主塩川氏の記録」などで一部分が取り上げられ活字化されていた。しかし『かわにし　川西市史』編纂時には「信頼性が薄い」として取り上げられず、長い間内閣文庫に眠っていた。

『高代寺日記』がそもそも、誰が、何時、何のために書いたものか分からず、「日記」と称していながら、記述内容に一部分誤りが見られる。『高代寺日記』と言うからには、高代寺の住職が代々書継いできた日記のように思えるが、何度も読んでいるうちに、上巻は「吉河氏の家記」、下巻は「吉河塩川氏の家記」であるということが分かってきた。そして『高代寺日記』の著者は「吉河塩川氏」最後の末裔である塩川頼元コト神保元仲であると確信するに至った。下巻は「塩川家臣日記」という副題がついているが、吉河流塩川氏は本家・分家共に別家塩川種満・国満・長満の家臣となっていたからである。吉河氏は多田頼綱の舎弟源頼仲を元祖とし、摂津国豊能郡吉川と摂津国米谷庄中村を領地としてきた。

摂津塩川氏は藤原仲光の娘婿である藤原満任が塩川姓を名のったのが始まりとされている。多田蔵人行綱公が鎌倉幕府から勘当され多田庄から追放されると、多田庄は大内惟義に与えられ、塩川満任の末裔塩川満親は娘を大内惟義に嫁がせ、生まれた塩川刑部大輔惟親（蓮阿）が多田庄の代官を務めた。「承久の乱」では大内惟義の嫡男惟信と塩川惟親と惟親の嫡男三郎満国・満直父子は上皇方として戦って失脚した。鎌倉時代には塩川刑部大輔惟親の次男塩川帯刀長惟仲が多田院御家人として存続し、多田院御家人筆頭格となった。

鎌倉時代中期には源頼仲を祖とする吉河信仲の子息吉河仲義（信阿）も塩川姓を名のり、吉河流塩川氏の元祖となった。南北朝時代になると、塩川仲義の末裔である吉河越後守仲頼と宿老の安村氏が越中国立川から多田庄に帰郷し、安村氏が屋敷を構えた場所を立河《たてこう》と称した。その後、安村氏は越中の名刹「立川寺」から高僧を迎えて屋敷内に「大昌寺」を建立した。吉河越後守仲頼の子息が塩川伯耆守仲章と称して、塩川仲義の古城址の近くに多田塩川古城を築城した。仲章の弟塩川柏梨《かしう》次郎仲宗の末裔が塩川頼元である。この塩川頼元コト神保元仲が『高代寺日記』の著者であることがほぼ明確になった。

本稿では『高代寺日記』を中心に『細川両家記』『足利季世記』『信長公記』『フロイス日本史』『能勢物語』『多田雪霜談』などを引用し、その他入手可能なあらゆる史料から塩川氏に関する情報を集め検討を加え、塩川氏が移り変わる時代の中でどのように変遷してきたかを史実に基づき明らかにしたものである。

『能勢物語』の「前篇」は豊能町牧の長澤家に所蔵されていたもので、天正十二年（一五八四）に地黄の恵照寺日秀が著したと伝えられ、能勢左近大夫頼幸から、塩川伯耆守長満による能勢頼言（頼道）暗殺と大槌峠の合戦、能勢落城、能勢頼次出奔までの物語である。「後編」は真如寺の所蔵で、能勢頼次の一代記であり、長澤氏重コト梧鳳斎が天保七年（一八三六）に著したもので、それらを森本弌氏らによって、平成元年五月に活字化出版され、平成二十七年に平尾氏によって現代語訳が上梓された。また、『多紀郡郷土史話』の中に「能勢家記録」があり、埋もれた能勢物語がまだあるのではないかと言われている。

『多田雪霜談』は、猪名川町上阿古谷西所《にしんじょ》にある仁部家に所蔵されているもので、仁部氏の出自から延宝七年（一六七九）までの仁部家の「家記」である。成立は江戸時代延宝年間以降と考えられる。昭和四十九年に田中政一氏によって『多田雪霜談考』として一部活字化出版され、平成二十八年に猪名川町により全文活字化されたが、その内容は一部を除いて信憑性は薄い。

『高代寺記』については、元禄六年（一六九三）の成立で、その原本は明治期に失われて、写本が東京大学史料編纂所に所蔵されており、それには「明治二十年二月摂津国能勢郡高代寺蔵本ヲ写ス、立花敬勝写・山下新介校」と記されている。

『高代寺日記』もその原本は失われて、唯一の写本が国立公文書館内閣文庫に保存されている。この写本には「温故堂文庫」「和学講談所」と刻印されている。寛政五年（一七九三）に林大学頭の下で「和学講談所」が創設された。「温故堂」とは、かの有名な塙保己一（一七四六～一八二一）のことであり、七歳で失明し、三十四歳のとき「和学講談所」に於いて全国に散在していた国書を収集し『群書類従』として刊行した人物である。『高代寺日記』の写本はその「和学講談所」で写し取られたものである。『群書類従』に漏れた史料は近藤瓶城によって一八八一年から一八八五年に『史籍集覧』に収録され、一九〇〇～一九〇三年に改訂されたが、『高代寺日記』はどちらにも所収されなかった。

『高代寺日記上』は、長保四年（一〇〇二）から治承元年（一一七七）まで、即ち源頼国の時代から多田蔵人行綱、源信家、源信仲の時代の途中で終わっている。一見して「多田源氏」の歴史であるが、この中の「当家」とあるのは吉河氏を指している。一方、『高代寺日記下　塩川家臣日記』は、明応四年（一四九五）から承応三年（一六五四）まで、即ち、塩川豊前守秀満から塩川孫大夫宗頼の孫に当たる塩川基満の臨終で終わっている。一見して塩川氏の歴史であり、この中の「当家」は吉河流塩川氏分家柏梨塩川氏を指している。上巻の終りである治承元年（一一七七）から、下巻の始まりである明応四年（一四九五）までの三一七年間が空白となっている。下巻は承応三年（一六五四）八月十五日、塩川源兵衛尉基満の臨終で終っているので成立はそれ以降と考えられる。一般の事件の年代に間違いが多く信憑性が薄いとされているが、吉河家と塩川家の歴史について詳しく調べ上げられている。先般上梓した『高代寺日記　清和源氏と塩川氏の謎に迫る』は難しくて読みにくいと言う声が多く、此度『塩川氏物語』としてまとめたものである。私は歴史については門外漢であり、歴史学上の議論は差し控え、一般の歴史好きの方々に読んでいただければ有難いと考えている。

獅子山城

左：一蔵城　右：獅子山城

一蔵城城山

一蔵城城山　塩川古城　獅子山城城山

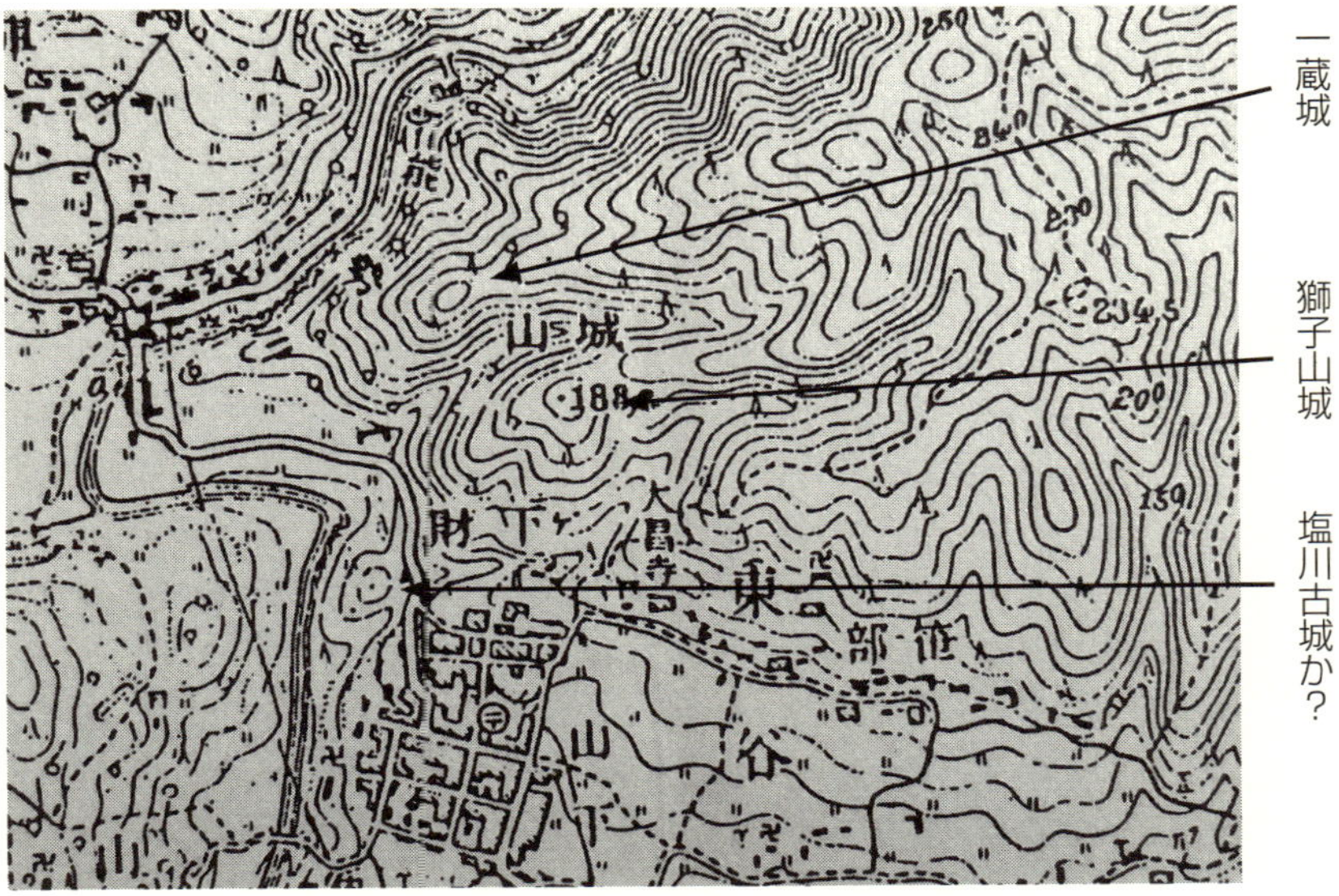
一蔵城
獅子山城
塩川古城か？

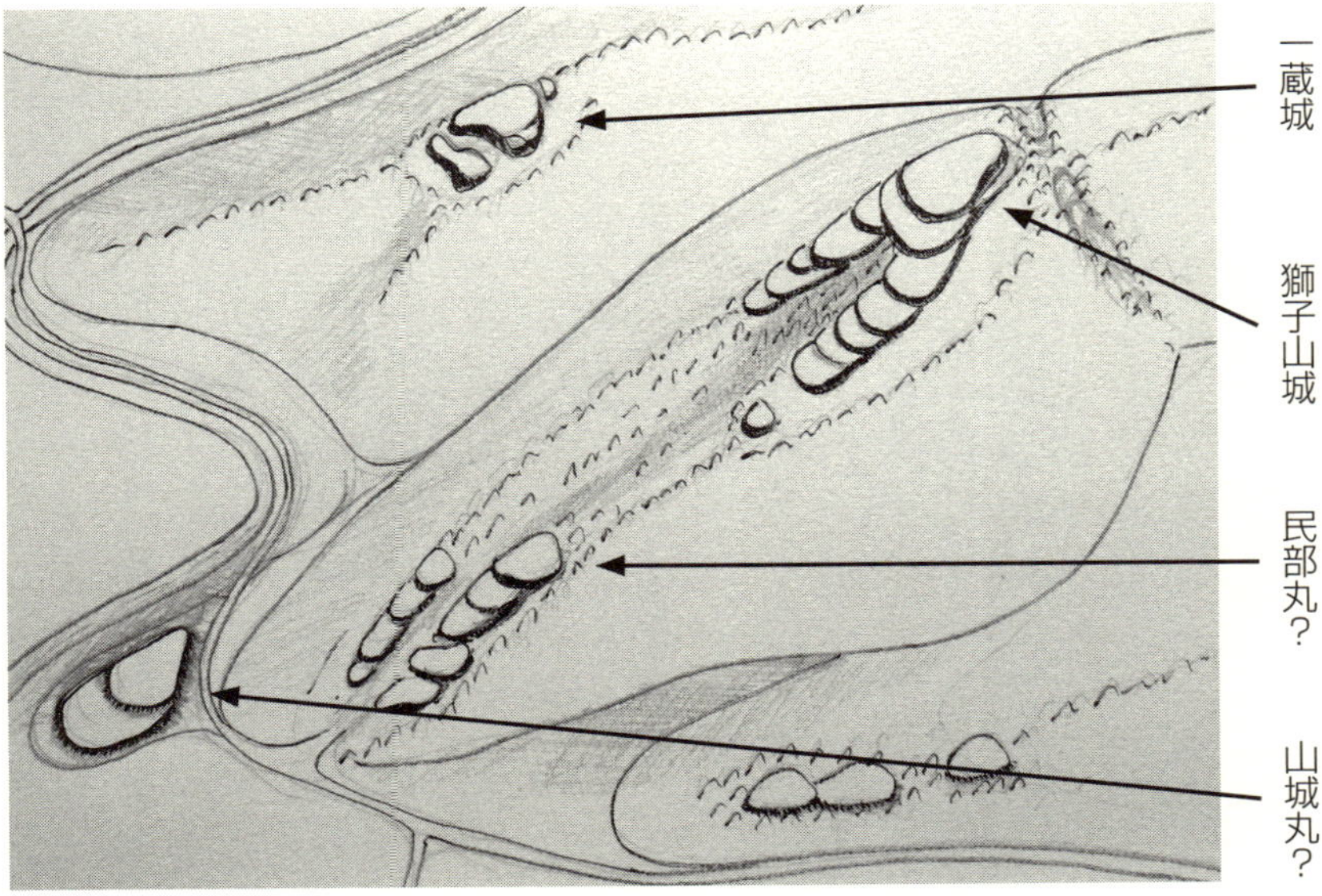
一蔵城
獅子山城
民部丸？
山城丸？

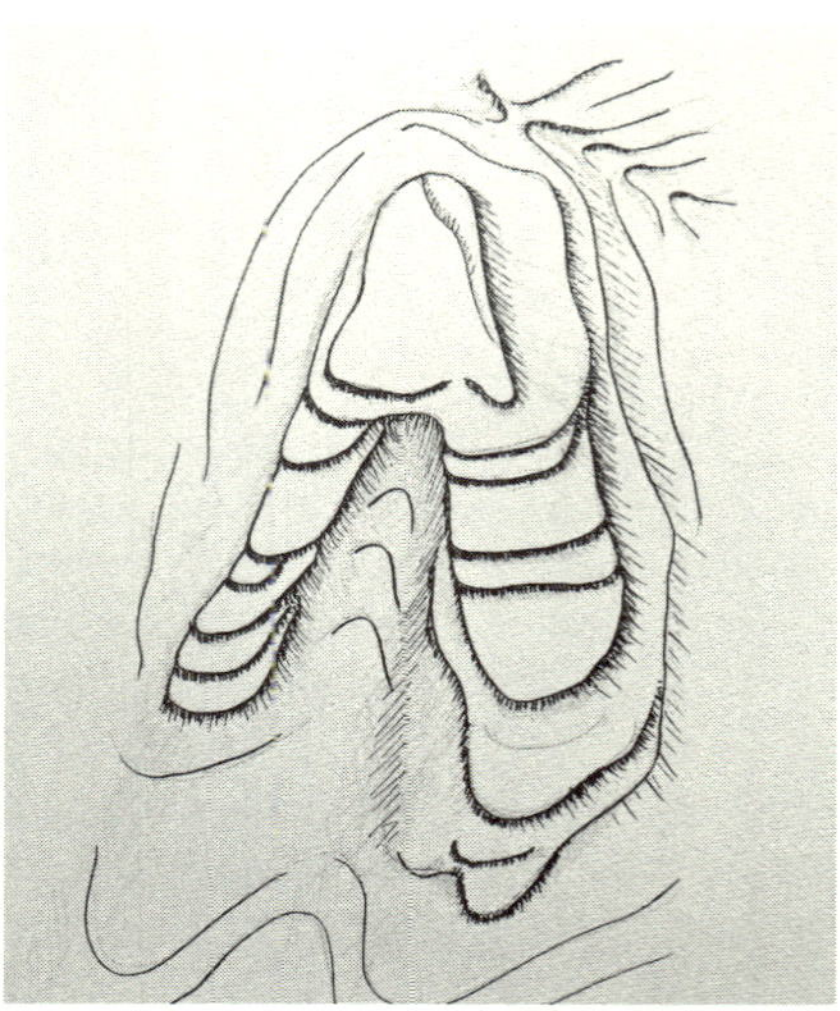
獅子山城

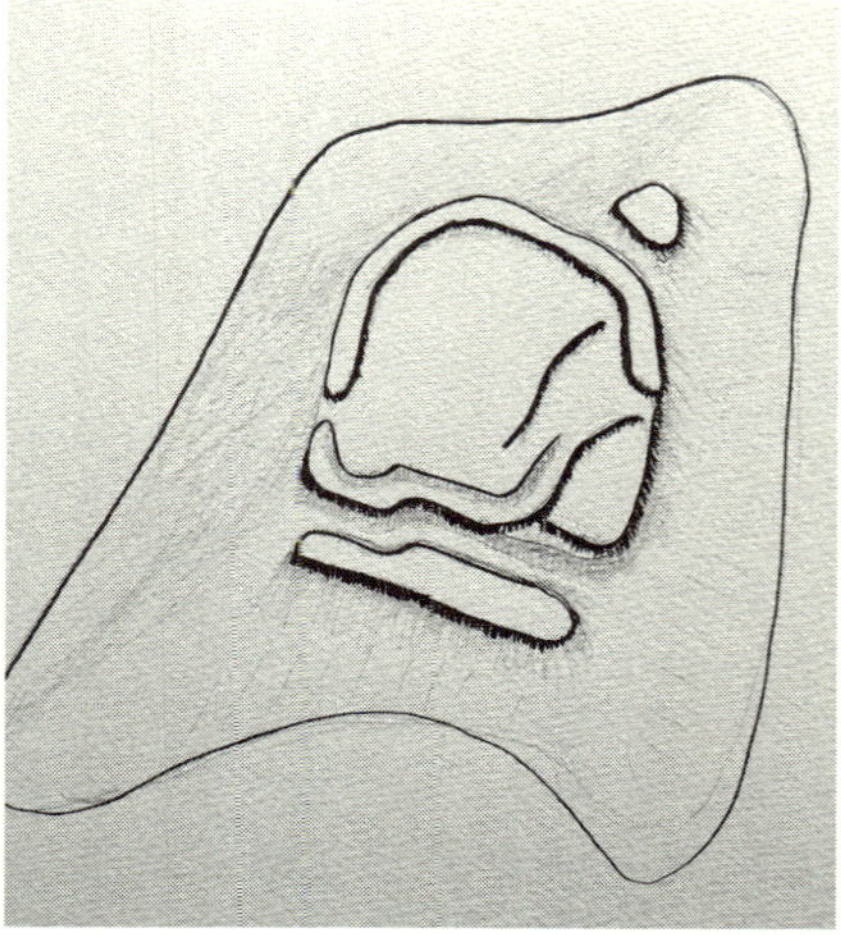
一蔵城

【清和源氏家紋】十六目結　笹竜胆

【多田氏家紋】牡丹

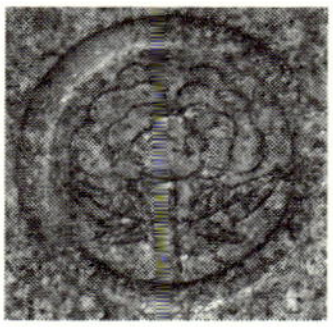

【塩川氏家紋】獅子牡丹　菱獅子牡丹

『高代寺日記』明応七年（一四九八）「五月、昌慶多田院ニ牡丹花見」とあり往古多田院に牡丹園があった。

多田院では牡丹花の咲く頃に塩川氏によって度々連歌会が催された。

プロローグ

攝州塩川氏の出自

『攝州多田塩川氏と畿内戦国物語』を読んでいただくにあたり、摂州塩川氏は一家ではなく五家あったことを理解していただくためにこの項をもうけた。

一、藤原大内流塩川氏

藤原仲光は美女丸の身代わりとして嫡男幸寿丸（源華正洞大居士）の命を絶ったために、娘婿である塩川満任を嗣子としたが、主君満仲公は仲光の忠義を知ると、早世した長男満正公《まんしょうこう》の遺児である源次丸と源蔵丸を仲光に授け、満正公の遺領波豆を含む十五ヶ所の領地と虚空蔵菩薩を与え、多田仲満と名のることを許した。さらに、実弟太宅光正の次男幸若丸と一族の井上氏から満井仲正が仲光の猶子となった。源次丸は多田（上津）姓を名のり、源蔵丸は藤原（藻井）姓を継いだ。

【藤原仲光略系図】『丹波風土記大概』より作成

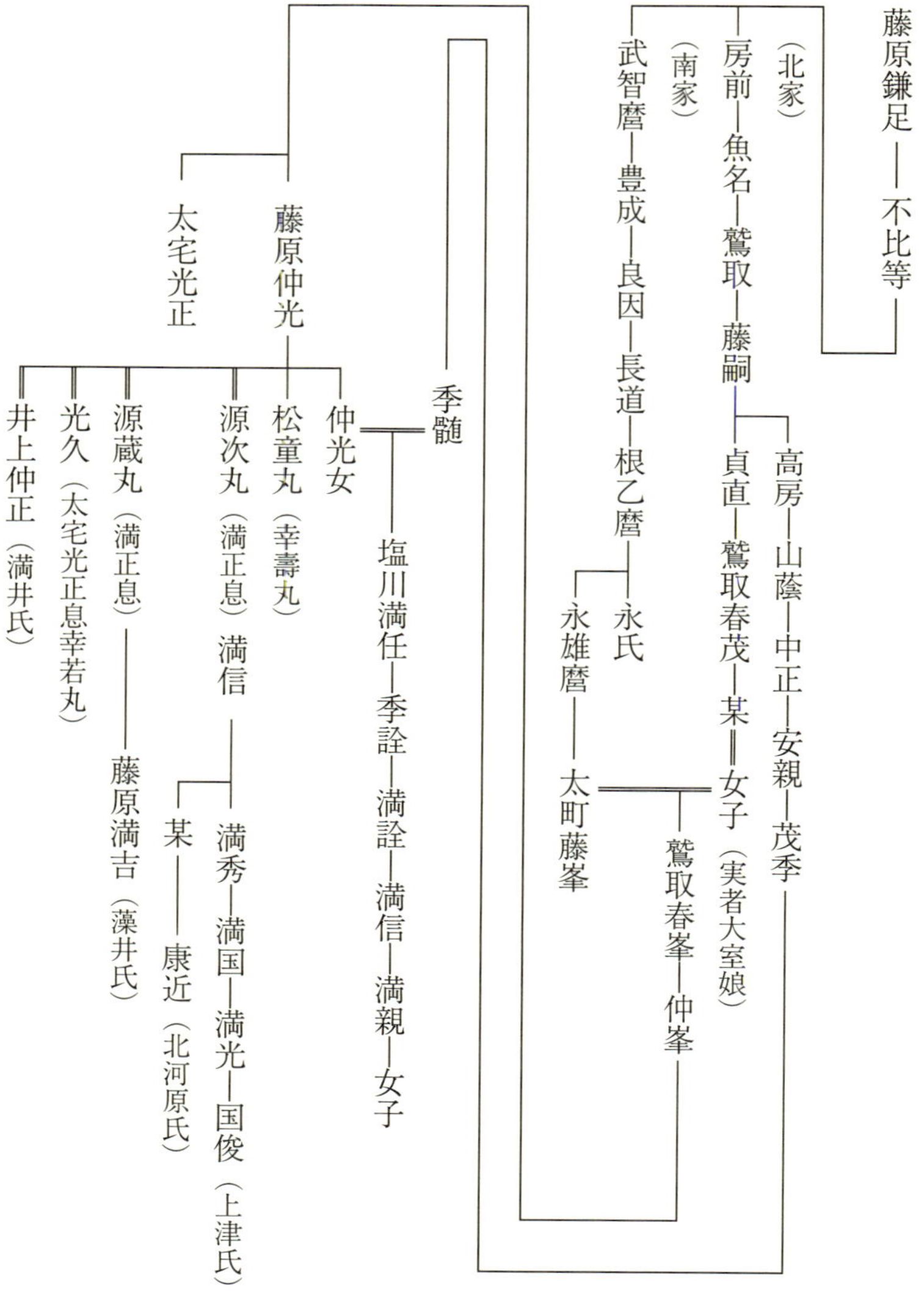

多田蔵人行綱公が鎌倉幕府から勘当されると多田庄は大内惟義（新羅三郎義光曽孫）に与えられた。塩川満親は娘を大内惟義に嫁がせて生まれた子息塩川刑部大輔惟親（蓮阿）が多田庄の代官となったが、「承久の乱」では多田基綱、大内惟義の嫡男惟信、惟親の長男塩川三郎満国・満直父子らは京方として戦い、敗れて多田基綱は斬首され、大内惟信は配流、塩川満国と満直は丹波に逃げ、満直は安貞二年に討たれた。

山下の平野社は塩川三郎満国が承久二年に勧請したものである。

「承久の乱」の後、多田庄は北条得宗家領となり鎌倉幕府から多田院別当が任命され、塩川刑部大輔惟親の次男塩川帯刀長惟仲が別当の執事となり、塩川氏は御家人筆頭格となったが、多田院御家人らは幕府の御家人としての地位を剥奪され、給田は一町に削られ多田院を守護する多田院御家人として多田院別当に従属した。

南北朝時代になると多田院御家人たちは家名復興のために南朝方と北朝方に分かれて戦った。塩川帯刀長惟仲の曽孫塩川又九郎師仲は「四条畷の合戦」で高武蔵守師直に属して討死し、多田院御家人筆頭格であった惟仲流塩川氏は滅亡した。

一方、塩川刑部大輔惟親の長男塩川三郎満国は承久の乱（承久三年）で失脚したが、満镸の代に鎌倉将軍宗尊親王に供奉し鎌倉に下った上杉氏の郎党となり甘縄に住居し、三河守満永の代に足利尊氏倒幕の節に軍功あり、以降、代々足利将軍家の御側衆となった。「嘉吉の乱」では将軍足利義教に供奉していた塩川伯耆守一宗は殺害された。一宗の曾孫塩川三河守満家（一家）は公方足利義材に仕えていたが、義材が管領細川政元に追放されると政元に擒せられ多田の旧地に蟄居した。将軍義材（義稙）が還任すると再び義稙（義材）と管領細川高国に仕えた。

【藤原塩川氏略系図】　満国流塩川氏と惟仲流塩川氏

藤原鎌足―不比等―房前―魚名―鷲取―藤嗣―高房―山蔭―中正―安親―茂季―季髄

季髄＝藤原仲光娘
　―塩川満任―季詮―満詮―満信―満親―女子

多田満仲―頼信―頼義―義光―盛義―義信―大内惟義―惟信

女子＝大内惟義
　―塩川刑部大輔惟親
　　家紋は菱獅子牡丹
　　―三郎満国（**満国流塩川氏**）―伯耆守満直―満資（弟）―満長―三河守満永―兵部少輔満宗―三河守満重―刑部少輔満一―伯耆守一宗―宮内少輔為宗―伯耆守為満―三河守一家
　　―帯刀長惟仲（**惟仲流塩川氏**）

三河守一家
　―伯耆守孫太郎信氏―間部詮光
　―山城守満定　満勝―志摩守満一
　―伯耆守吉大夫国満―吉大夫昌次

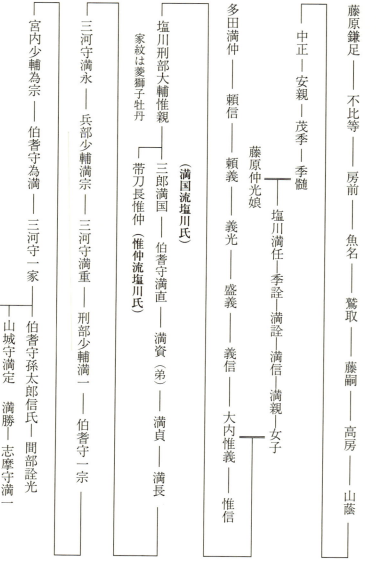

【惟仲流塩川氏】

塩川刑部大輔惟親――帯刀長惟仲┬源五郎仲樹┬源太為仲┬又七郎仲澄
　　　　　　　　　　　　　　└源六郎仲重└藤七郎仲直└又九郎師仲（玉阿）

＊『多田院文書』延元元年（一三三六）「比丘尼めうけん田地寄進状・塩川源太殿後室」にある塩川源太とは「塩川源太為仲」と思われる。

＊『多田院文書』康安元年（一三六一）「藤井氏女田地寄進状・塩川藤七後室」は仲直の内室である。

＊『多田院文書』貞治元年（一三六二）十月廿九日「玉阿田地寄進状（塩川奥殿状）・塩川奥玉阿」とあるのは塩川又九郎師仲の夫人と思われる。

＊『塩川氏系図』貞和四年（一三四八）「正月塩川又九郎師仲　楠正行合戦時拵河内国四条畷討死法号玉阿」

＊『満願寺文書』貞和五年（一三四九）「藤井国貞書状写」三野又七郎仲澄は満願寺領を横領した。是により鎌倉時代に多田院御家人筆頭格であった惟仲流塩川氏は没落した。

二、吉河流塩川氏

源満仲公の六男頼範の末子である源頼仲を祖とする塩川氏である。

【吉河塩川氏略系図】筆者作成

多田満仲―頼範―頼仲―頼重―貞信―右馬大夫信家―信仲……

- 吉河信阿（初代塩川仲義コト）
  - 吉河俊衡……源太頼久
    - 光智（高代寺住持）
    - 判官代頼元
      - 宗玄同住持
      - ……吉河頼勝
  - 仲衡……塩河仲基―仲茂……吉河越後守仲頼
    - 塩川伯耆守仲章―左衛門尉仲常―信濃守秀仲
      - 仲弘―仲朝
        - 仲延
          - 頼方
          - 仲宗
        - 頼敦
      - 山問頼行
    - 吉河仲衡
    - 柏梨次郎仲宗（柏梨塩川氏）―平岡九郎次郎頼宗
      - 次郎太郎宗基
        - 宗英―宗頼―頼一―基満―頼元
        - 修理大輔宗満
      - 九郎左衛門頼繁―主膳正頼勝
  - 女 山問ニ嫁ス 馬大夫 道阿

- 吉河頼勝
  - 豊後椽長頼
    - 豊後亮長直（京吉川）＝長松丸（種満次男）頼長―左京亮（木下与力）―男（播磨吉河祖）
    - ＝長満（種満弟・母能勢頼春女）―左京進長定・豊前守定満（自殺）―希太郎（早世）
  - 長仲
  - 長兼

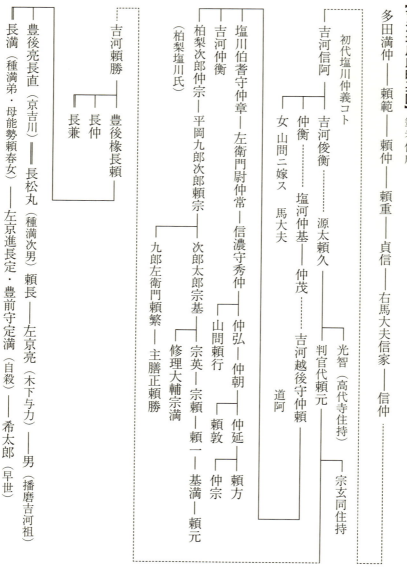

豊能郡吉川村の玉手氏に伝わる『玉手文書』に塩川刑部入道蓮阿（惟親）・同息惟仲と吉河信阿・同息俊衡・仲衡の対立が読み取れるが、この吉河信阿は吉河右馬大夫信家・信仲の末孫と考えられる。『摂陽群談』に「塩川刑部丞仲義公善源寺再建、塩川仲章は塩川家初代仲義の苗孫也」とあり、この吉河信阿は吉河流塩川氏初代仲義である。

また、『勝尾寺文書』に、塩河馬大夫コト源仲基・仲茂父子が吉河の領地を正安二年（一三〇〇）五月に勝尾寺に寄進したと云う文書があり、この時、藤原大内流塩川氏の他に吉河氏も塩河姓を名のった。

源仲基田地寄進状・塩河馬大夫寄進状
　寄進　勝尾寺毎月十八日法華読誦供料田事
合壱段者、　　在摂津国能勢郡吉河村内
右件田地、元者畝野庄源氏女所領也、而依有直要、吉河住人藤原康衡仁限永代、被沽却畢、又自康衡之手、阿闍梨顕心法華読誦供料田仁、限来際、買取之処、依永仁年中之御徳政、弥称本領主、氏女可取返彼田之由被申之間、雖被申事子細、不行道、終氏女子息字六郎仲貞仁譲与之、爰仲基自仲貞之手、永買取之、則依有宿願、尽未来際、（中略）寄進之状如件
正安弐年庚子五月十八日　散位源仲基　嫡男源仲茂（勝尾寺文書）

前述した『大昌寺文書』と『高代寺記』によると、吉河越後守仲頼（道阿）は文和元年（一三五二）越中国から宿老の安村氏と共に多田庄辰山の旧地に来城して高代寺を再興し、文和三年二月廿一日（廿日共）

に八十三歳で逝去したとある。吉河仲頼は澤岸頼潤と号した。吉河仲頼の子息である塩川伯耆守仲章は幕府から刑部大輔に補任され多田庄地頭職を与えられた。仲章の孫である塩川伯耆守秀仲（大昌寺殿前伯州太守義山了忠大居士）の代に隆盛を誇ったが、宝徳三年（一四五一）の「多田の乱」で失脚した。

『多田院文書』応安四年（一三七一）「散位仲衡・散位仲章連署書下」によれば、文和三年（一三五四）に逝去した吉河越後守仲頼（道阿禅門十七回忌）の菩提のために子息である散位吉河仲衡・散位塩河仲章が猪淵村・山原村に殺生禁断の触れを出している。

多田院領猪淵・山原両村山河殺生禁断事、故道阿禅門之為菩提、仲章一族并家風之輩、堅所加制禁也、若違犯事出来時者、且任御制法之旨、不日可令罪科之状、如件　応安四年七月十三日　塩河散位仲章　塩河散位仲衡（多田院文書）

高代寺山には吉川大墓があったが、広大な墓地が山林と化し、五基の五輪塔だけが吉川大墓から今の場所に移された。写真右端が吉河越後守仲頼の五輪塔である。他の墓は仲頼の一族のものと思われる。二〇一七年二月廿日に、ふと思いつきここに載せる五輪塔の写真を撮りに行った。墓碑を見てびっくり、何とその日が仲頼の祥月命日であった。『高代寺記』には二月廿一日となっている。また「孝子敬白」と刻まれており、吉河仲頼の内室は孝子という名であることも分かった。

←高代寺山にある吉河越後守仲頼の墓と墓石の文字（文和三年甲午二月廿日孝子敬白）

『高代寺日記』の上巻は源頼範から吉河信仲に至る歴史である。信仲の子息吉河信阿が初代塩川仲義を名のり、長男俊衡が吉河氏を相続し、次男仲衡が塩川氏を継承した。同下巻は塩川豊前守秀満、豊前守種満、伯耆守太郎左衛門尉国満、伯耆守長満を塩川本家として、吉河流塩川氏嫡家塩川仲朝から塩川仲宗までと、その分家である塩川宗基から頼元までの吉河流塩川家の歴史が描かれている。

三、安村塩川氏

安村氏は吉河流塩川氏の宿老で、吉河越後守仲頼と共に越中国立川から山下の立河の地に帰郷した。塩川氏に仕え安村三郎左衛門仲重（塩川加賀入道正吉）と安村仲則に一代限り塩川姓が許された。塩川加賀入道正吉は山小路（山庄司）家を継ぎ塩川姓を許され加賀守を称した。塩川加賀守正吉の嫡男は塩川出雲守満房と言い、下止々呂美の青龍寺開基塩川隠岐守は塩川出雲守満房の嫡男と思われる。この時代、多田庄では受領名「守」を名のる人物は城主クラスであり、山庄司氏、山本氏は摂津池田の吉田村辺りに住居した多田院御家人であるので、塩川加賀守正吉から三代に亘って摂津池田の伏尾村東野山の「八幡城」城代であったものと思われる。『攝津名所圖會』は下止々呂美の塩山ノ城を塩川ノ城としている。

『大昌寺文書』によると、越中国立川寺から二人の高僧（龍象）兄弟がやってきて、兄は池田大廣寺の住職（天巌宗越）に、弟は安村家に寄寓し、鶴林山大昌寺の住職（良専禅師）となった。その後、大昌寺は一族の惣領である塩川伯耆守秀仲開基とされた。後に本家安村氏は木田姓を名のった。

大昌寺ノ歴史ヲ申サバ安村家ニテ成立シタルモノナり、越中立川龍象寺ノ弟子ニシテ、兄ハ池田ノ大廣寺ノ住職トナり、弟ハ安村家ヘ寄寓シ、安村之レヲ援助シテ、拾ヶ村ヲ廻り皈依者ヲ得、安村宅ノ西小高キ所ヲ切開キ、一ヶ寺ヲ建立シ、之レヲ鶴林山大昌寺ト名ヅケ、寶徳二年（一四五〇）入佛成り、本寺ハ遠隔ナルニヨり、大廣寺ト相互ノ本寺ト約速シアりシモ、其後大廣寺ハ総持寺ノ直末トナル由申シ来タり、大昌寺ハ大廣寺ノ客末トナレり、今ニ大廣寺ヘ行ケバ別室ノ待遇ヲ受ケ、又大昌寺ヘ来山セバ別格ノ待遇ヲナセり（大昌寺文書）

【安村氏略系図】

安村仲勝（嘉吉元年一四四一多田院文書）――安村仲景――某

- 塩川仲繁（一五一三）……勘十郎仲安（仲勝・嫡家）＝塩川勘左衛門仲則
  （兄弟二人塩川家名許サル）
- 三郎左衛門仲重
  - 塩川出雲守満房……塩川隠岐守（八幡城主）
  - 長女（国満乳母・塩川仲朝室）
  - 次女・種満長女 山小路カ娘分トシテ宗英娶ル仲朝トハ行合ノ妹
  - 末女・種満室介抱 国満ノ娘（子祢）を産む 国満ヨリ一歳上
  塩川仲方加賀守正吉
  山小路家ヲ継グ
- 加賀掾介市仲成（一四七三〜一五四三）
  大昌寺普巌葬ル
  - 助十郎仲信（一五一四〜）
    - 男（一五四五生・母福田八郎娘）
    - 長女（本井猪ノ助ノ母）
  - 次男・牛ノ助 勘四郎与市（一五一七生）
  - 三男・辰ノ助 三郎四郎仲貞（一五二〇生）
- 勘四郎仲宗（福原・〜一五四九討死）
  - 勘四郎与市（天正一七年没四二歳）
    ＊安村二流トナル
  - 三郎四郎仲貞
    （天正四年難波合戦討死五七歳）
    - 三郎左衛門仲宗（天正十六年元服）
    - 勘四郎勘左衛門仲則
      （天正十九年元服廿二歳）
- 加賀掾仲吉（一五四二奉行）

四、多田中川流塩川氏

戦国期の塩川本家は「慶秀―秀満―種満―国満」と続くが、塩川伯耆入道慶秀なる人物は『多田院文書』文明九年（一四七七）「田地寄進状」にその名が見え、「慶秀」は「入道慶秀」とあり法号である。『高代寺日記』と大昌寺の『塩川氏系図』によれば、慶秀の子息が塩川秀満であり、秀満の法号は昌慶である。慶秀は大昌寺の同系図では塩川信濃守秀仲（大昌寺開基）の弟になっているが、塩川伯耆守慶秀の血筋は代々「秀」を通字《とおりじ》としており、塩川信濃守秀仲家は代々「仲」を通字としているので明らかに別家であると思われる。塩川秀仲の末裔は塩川秀満・種満の臣下となり、慶秀の末裔が本家となっている。何らかの政変があり、塩川伯耆守秀仲が失脚し伯耆守を返上して信濃守を名のったものと思われる。

豊後竹田岡藩『中川氏系図』によると、中川氏は多田蔵人行綱公を元祖とし、多田行綱公六代中川兵庫頭清深コト多田秀国が摂津国豊島郡中河原に来住し多田院御家人となったとある。中川清深コト多田秀国から代々「秀」を通字としている。同系図によれば、南北朝統一の頃に、「塩川城因改称塩川」とあり、中川氏が多田塩川古城の城主となったので塩川氏を名のったという。更に、今のところ塩川伯耆入道慶秀の出自は不明であるが、代々「秀」を通字としているところから塩川伯耆守重房の嫡男と考えるのが妥当である。中川氏は多田蔵人行綱公の末裔と称し多田庄に来住し、中川左衛門尉清村は十三歳（明応三年）の時に「多田落城養育于池田弾正忠館後住于摂津国島下郡中河原村」とあり池田家で育ち、信長が上洛するまで池田氏に仕えた。しかし、中川氏は多田庄に入部するために多田蔵人行綱公末裔を称したが、実は小国頼員の末裔小中川氏ではないかとも思われる。

【多田中川流塩川氏略系図】筆者作成

源満仲―頼光―頼国―頼綱―明国―行国―頼盛―行綱―明綱―重綱―長重―重国

- 清深（多田秀国）―多田秀綱
  - 塩川摂津守秀重（塩川城因改称塩川）
    - 塩川伯耆守重房 …… 伯耆入道慶秀
    - 池田美作守重持
  - 女子（中川氏）＝清国
    - 満綱―教清―清長―政清―清村―女
- 重仲（豊島郡吉田村吉田氏）
- 重頼（島下郡高山郷高山氏）……高山重利
  - 重清
  - 重房―長房
  - 女

足利尊氏―義詮―清国（足利義詮次男）

✣清村 多田落城養育于池田弾正忠館

重清＝女（清村の娘）―中川清秀

荒木義村＝女（高山重利の娘）―村重

伯耆入道慶秀（不詳～一四八三）―豊前守秀満（一四三〇～一五〇〇）―豊前守種満（一四六四～一五四〇）―伯耆守国満（一五〇〇～一五七六）
- 運想軒
- 右兵衛尉

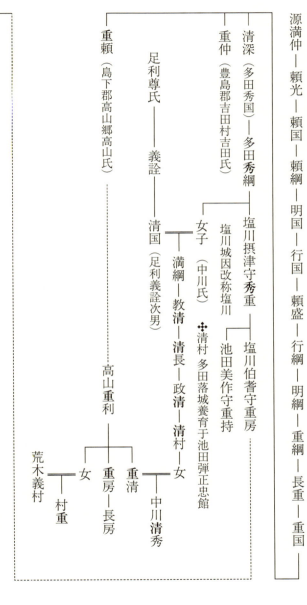

五、尾張塩川氏

織田信長が尾張の塩川源六郎秀光（長満）を塩川伯耆守太郎左衛門国満の嗣子とした。

- 久田弥四郎秀定 ―― 野々部秀守 ―― 塩川成海
  - 塩川源六秀光
    - 塩川吉大夫
    - 塩川勘十郎
  - 野々部秀政

【塩川伯耆守長満略系図】 塩川源六秀光は信長の命により塩川伯耆守長満と改名し獅子山城主となった。

- 塩川長満 伯耆守
  - 信濃守吉大夫頼運 籠城大坂配紀州
    - 太郎左衛門 ―― 吉大夫（仕備前池田家）
    - 信濃守貞行
    - 頼尋 ―― 頼行 ―― 頼資 ―― 頼満
  - 勘十郎頼重 池田輝政被召出
    - 七郎兵衛（仕池田輝政 子孫仕因州池田家）
    - 重政 ―― 重勝 ―― 重次 ―― 重教
  - 女・徳寿院（織田信忠室三法師母・後ニ一條内基北政所）
  - 女（後ニ一條内基政所）＝池田庄九郎元助（天正十二年小牧長久手戦討死）
    - 池田美作守元信（一條家ニテ育ツ）仕秀頼・大坂陣後播磨へ帰ル
  - 七之助（愛蔵）母は一條辰子ノ娘、永禄十二年生、建仁寺ニテ出家、後還俗
  - 塩川源助（京都ニ浪人ス） 母は一條辰子ノ娘 天正三年～元和八年四十八歳病死
    - 源五左衛門 元和九年鳥取ニテ生ル 池田光政ニ仕フ ―― 甚助

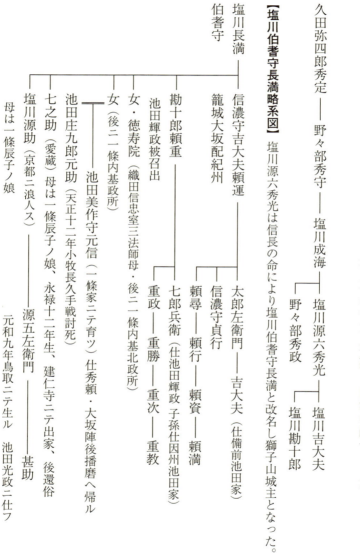

実証歴史物語

「攝州多田塩川氏と畿内戦国物語」

第一話　細川家の内訌

明応の政変

室町幕府八代将軍慈照院足利義政の嫡男九代将軍足利義尚は長享元年（一四八七）江州の佐々木高頼を攻め、長享三年（一四八九）三月、陣中にて病歿した。享年廿五歳であった。義尚には嫡子がなかったので、前将軍足利義政は内室日野富子の推挙により、弟今出川義視の子息義材（日野富子の同母妹良子の子）を左馬頭に任じ後継者とし、延徳二年（一四九〇）正月七日、慈照院足利義政（一四三六～一四九〇）も逝去した。享年五十五歳であった。同年七月に足利義材は十代将軍に任じられた。管領細川京兆家政元は足利義政の庶兄伊豆の堀越公方足利政知と通じ政知の子息清晃を天龍寺香厳院に入山させていたが、足利政知（一四三五～一四九一）も延徳三年四月三日に病死した。ところが、日野富子（一四四〇～一四九六）が故足利義尚の旧邸小川御所を清晃に与えようとしたことから今出川義視（一四三九～一四九一）と対立し、延徳三年正月七日に義視も逝去すると将軍義材は後ろ楯を無くし、前管領畠山左衛門督政長と結び政権確立を図ろうとした。翌明応元年（一四九二）八月、将軍足利義材は手始めに江州佐々木討伐に出陣し佐々木高頼は再び甲賀に敗走した。

明応二年（一四九三）二月、前管領畠山左衛門督政長と同息尾張守尚順《ひさのぶ》は対立する河内の誉田城主畠山総刕義豊（基家）を討つため河内に出陣すると、将軍足利義材も塩川三河守満家ら御供衆と能勢河内守・能勢下野守元頼ら奉公衆二千騎を率いて出陣し、斯波義寛・細川阿波家成之・細川淡路家尚春・武田国信・

赤松政則らも公方の軍勢に加わり総勢八千騎となった。同年（一四九三）四月、管領細川右京大夫政元は畠山総州義豊（基家）と通じ、細川典厩政賢、細川野洲家政春、能勢源左衛門頼則、安富、山名、桃井、京極、一色らを率いて河内に出陣して将軍足利義材と畠山政長・同息尚順（尚慶）らを攻めると、細川成之、赤松政則（内室洞松院は細川政元の姉）、武田国信らは細川政元方に寝返り総勢四万騎となった。斯波義寛と塩川三河守満家は細川政元に投降した。遊佐、斉藤、杉原、貴志ら畠山政長勢二千余騎は「爰を先途と戦った」が、畠山左衛門督政長は河内の正覚寺城で自害し、畠山尚順（尚慶）は根来衆の手引きにより紀州に逃げ、将軍足利義材は捕えられて龍安寺に幽閉された。同年六月、義材は越中に奔り、翌明応三年十二月、管領細川政元は清晃を還俗させ足利義高（義澄）と改名し、十一代将軍に擁立した。世に言う「明応の政変」である。畠山尾州尚順（尚慶）は紀州に逃げていたが、遊佐・斎藤・杉原・貴志らを率いて畠山総州義豊（基家）方の諸城を攻めた。

明応三年、中川右衛門督政清と同族の塩川彦太郎種満は多田庄から河内に出陣して畠山尚順に味方して戦い中川右衛門督政清は討死した。明応六年には畠山尚順（尚慶）は和泉・河内・大和をほぼ制圧した。明応七年、前将軍足利義材は義尹と改名して、能登守護畠山義統、神保長誠、椎名、加賀の富樫らと京へ攻め入ろうとしたが、越前の朝倉と若狭の武田は同心せず、近江坂本で六角高頼に攻められ敗走した。畠山尾州尚順も足利義尹（義材）に呼応して摂津に侵攻した。明応八年正月、河内十七箇所において畠山総州義豊（基家）は討死したが、義豊（基家）の嫡男聡勝丸（義英）は河内において、赤沢宗益は山城において畠山尚順（尚慶）勢を討ち破った。同年九月八日、能勢源左衛門頼則は細川政元に加勢して出陣し、摂津中嶋賀嶋庄城合戦において家臣山上又太郎が疵を負い、細川典厩政賢から感状が与えられた。同年十二月、細川政元は天王寺にて畠山尾冽尚順（尚慶）勢を破り尚順は再び紀州に敗走し、足利義尹（義材）は大内政弘・義興父子を頼って周防に逃れた。

多田院御家人の帰郷と多田塩川古城をめぐる攻防

文治元年（一一八五）、鎌倉幕府による多田蔵人行綱公勘当により多田満仲公から七代続いた多田源氏の嫡流は多田庄を去り、「承久の乱」（一二二一年に後鳥羽上皇が鎌倉幕府執権北条義時討伐の兵を挙げて敗れた兵乱）の後、多田庄は北条得宗家領として鎌倉幕府から任命された多田院別当が支配し、惟仲流塩川氏が多田院御家人筆頭格となったが、鎌倉幕府が滅び南北朝時代になると多田庄内の多田院御家人衆は北朝に味方して戦い、塩川又九郎師仲は「四条畷の合戦」で討死し惟仲流塩川氏は衰退した。一方「承久の乱」で多田庄を追われた多田院御家人衆は南朝に味方して各地を転戦したが、南北朝合体の後に漸く本貫地多田庄に帰郷した。当家多田蔵人行綱公八代中西伊勢三郎頼任は建武年中新田義貞幕下にて戦い、同息中西玄蕃頭忠春は貞治の頃（一三六二〜一三六七）多田庄東多田村愛宕谷に帰郷を果たした。また、多田蔵人行綱公末裔鵜川多田氏は越中国鵜川から多田庄に帰郷した。

扨、建武の頃、中川兵庫頭清深コト多田太郎秀国（一二九一〜一三六六）と同息秀綱（一三一八〜一三八三）は多田蔵人行綱公末裔と称して摂津国豊嶋郡中河原村に帰郷して多田院御家人となっていた。その廿年程後の文和元年（一三五二）に吉河流塩川氏初代塩川刑部丞仲義（塩川古城築城）の末裔吉河越後守仲頼は宿老安村某と共に越中国立川から辰山に帰郷し、吉河仲頼は文和三年二月に逝去し、同息仲章は塩川伯耆守仲章と称し、元祖塩川刑部丞仲義の古城近くの小高い山（平井）にあった月光山薬師寺を破却して塩川城を築き城主となっていた。

去る程に、多田庄では惟仲流塩川氏と吉河流塩川氏が多田塩川城と伯耆守の名跡をめぐり攻防が繰り返された。『中川氏系図』多田中川流塩川氏の項に「居于摂津国河辺郡塩川城因改称塩川」とあり、多田太郎秀国（中川清深）の子息多田秀綱と孫の多田太郎秀重は応安年中（一三六八～一三七四）、塩川伯耆守仲章から塩川城を奪い取り、滅亡した塩川又九郎師仲（惟仲流塩川氏）の跡目と称して塩川伯耆守秀重と名のった。それにより塩川前伯刕仲章は散位となっていたが、幕府から刑部大輔に補任され多田庄地頭職を賜り塩川伯耆守秀重に対抗した。塩川刑部大輔仲章は『多田院文書』応安元年（一三六八）「多田院御家人馬引注文」に名を連ねている塩川刑部大輔入道その人である。しかし、秀重の嫡男塩川孫太郎重房は猶も伯耆守を継承したので塩川刑部大輔仲章の嫡男仲常は左衛門尉を称した。

（多田中川流塩川氏）中川清深（多田秀国）―多田秀綱―塩川秀重―重房―慶秀―秀満―種満

←『中川氏系図』多田中川流塩川氏

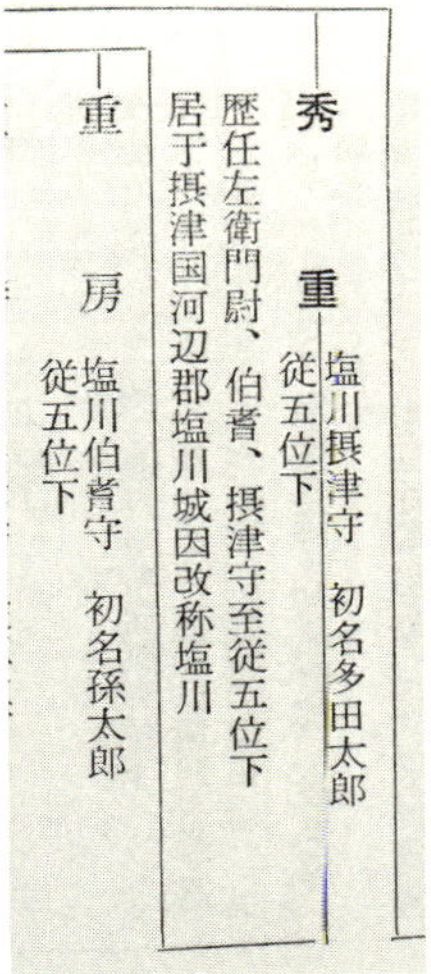
秀重　塩川摂津守　初名多田太郎
従五位下
歴任左衛門尉、伯耆、摂津守至従五位下
居于摂津国河辺郡塩川城因改称塩川
重房　塩川伯耆守　初名孫太郎
従五位下

←『大昌寺塩川氏系図』

慶秀　塩川伯耆守
秀満　塩川豊前守
連歌達人

種満　塩川豊前守

「多田の乱」により吉河流塩川氏嫡家の没落

時代が降り、塩川左衛門尉仲常の嫡男塩川秀仲（不詳～一四六一）は父仲常が早世したために若くして家督を継ぐと、永享三年（一四三一）、摂津守護細川持之と結んで、塩川伯耆守孫太郎重房から多田塩川城を取り戻し塩川伯耆守秀仲と名のった。塩川秀仲の一族平岡九郎次郎頼宗（柏梨塩川氏）は丹波の兵らと六瀬に乱入した。しかし、宝徳三年（一四五一）、塩川伯耆守重房の嫡男塩川慶秀（不詳～一四八三）は同族の中川左衛門佐教清と結び塩川伯耆守秀仲から再び塩川城を奪い取り塩川伯耆守慶秀と名のった。世に言う「多田の乱」である。塩川伯刕秀仲は宿老安村仲勝と共によく戦ったが敗れ、伯耆守を返上して信濃守を称した。安村家の屋敷地立河にあった大昌寺が戦いで焼失したため塩川信濃守秀仲が開基となって建て替えられた。是により塩川信濃守秀仲の嫡男仲弘は太郎号を名のれず塩川源治郎仲弘と称し、仲弘の嫡男塩川孫三郎仲朝は落ちぶれて獅子山の麓に屋敷を構え、塩川伯耆守慶秀の子息塩川豊前守秀満と孫の同種満の臣下となっていた。

塩川孫三郎仲朝は源頼仲を祖とする吉河流塩川氏の嫡家であり代々源頼仲公の「仲」を通字とした。

（吉河流塩川氏）吉河信阿（塩川仲義）……吉河仲頼┬塩川仲章―仲常―秀仲―源治郎仲弘―孫三郎仲朝
└塩川仲宗―頼宗―宗基―宗英（柏梨塩川氏）

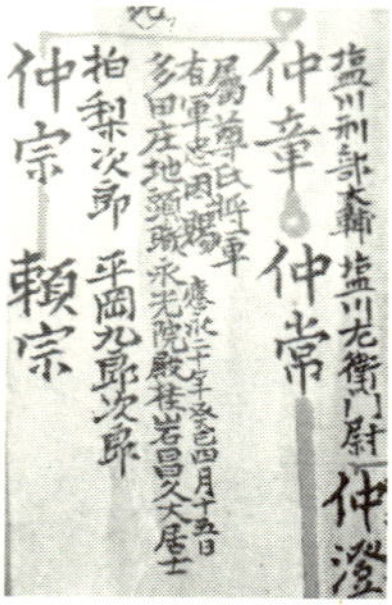

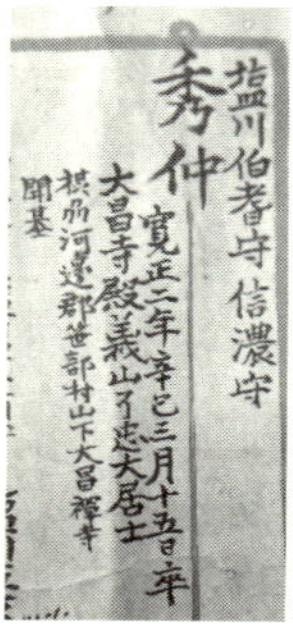

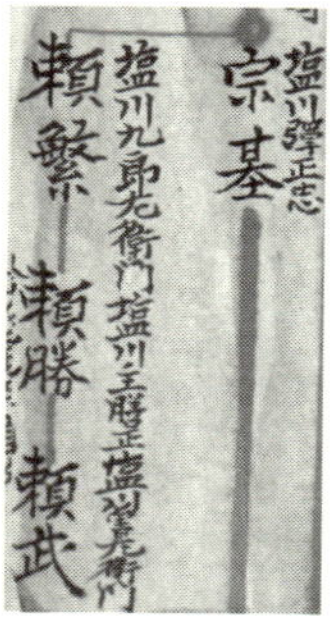

塩川豊前守秀満（一四三〇～一五〇〇）**・同息豊前守種満**（一四六四～一五四〇）

塩川伯耆入道慶秀の嫡男が塩川豊前守秀満である。慶秀は法号であると思われ実名は分からないが、『高代寺日記』に「永正十三年（一五一六）二月十五日、正河院道慶公三十三回ニアタル」とあり、この正河院が塩川伯耆入道慶秀に比定できる。慶秀は法号、道慶は戒名である。多田満仲公の法号は満慶、藤原仲光の法号は慶光であり「慶」の字が偏諱《へんき》として藤原仲光末裔の法号に用いられた。

塩川秀満は父慶秀が伯耆守を名のり、自らは豊前守を名のっていたが、文明十五年（一四八三）五十三歳で父逝去の後も引き続き豊前守を名のっていた。

塩川豊前守秀満は宗祇を師とする連歌の名手で、明応四年（一四九五）に宗祇らによって編纂された『新撰菟玖波集』にその名を連ねている。宗祇は幕府奉行人飯尾元運（吉河氏の縁者）の一族で、文亀二年（一五〇二）七月、八十二歳で相州箱根湯本にて歿した。塩川氏は「梅雨會」と称して毎年多田院の牡丹花が咲く頃に丹生ノ七郎、丹生ノ乙イ助、丹生ノ左衛門五郎を招き多田院に於いて能勢氏・池田氏・伊丹氏・多田院御家人衆らと連歌の会を催していた。多田院にはその昔牡丹園があり、多田氏や塩川氏は牡丹花を家紋に用いている。

『新撰菟玖波集』には管領細川政元、細川野洲家政春、能勢因幡守源左衛門頼則、池田民部丞寿正（父）、池田民部丞綱正（子）、池田帯刀允正能、池田遠江守正盛、池田若狭守正種、伊丹兵庫助元親らも名を連ねている。文明十七年（一四八五）三月の『新住吉千句』（能勢氏の領内に住吉社を勧請したことを祝って政元を頂点にした摂津国内の被官たちがおこなった連歌会）にも細川政元、能勢頼則、塩川秀満、池田綱正、同正種の名がみられ、塩川豊前守秀満は細川政元、池田民部丞家そして能勢氏や伊丹氏とよしみを通じていた。特に、池田では長享元年（一四八七）頃に連歌師牡丹花肖柏（一四四三〜一五二七）が来住し、永正十五年（一五一八）堺に移り住むまでの間、宗祇、宗伊らと連歌会の宗匠をつとめた。池田氏、伊丹氏、能勢氏、塩川氏らが連歌会に参加して国人相互の融和が保たれていた。

明応五年（一四九六）八月十五日、塩川豊前守秀満は六十七歳になり剃髪して昌慶と号し、さらに明応九年（一五〇〇）五月十四日に出家して「月山昌光大居士」と号し、同年七月十四日、七十一歳で逝去した。計算すると永享二年（一四三〇）に生まれたことになる。「応仁の乱」の時には三十七歳から四十七歳であり、管領兼摂津守護細川勝元・同政元父子に仕えた。秀満の法号は昌慶、戒名は昌光である。塩川秀満の正室は池田民部丞寿正の娘で、永正三年（一五〇六）三月四日、六十五歳で歿した。諡号を「春賀妙慶信女」と号し甘露寺に葬られた。秀満の側室戌子は能勢頼弘（応仁の乱で討死）の子息能勢弥次郎頼康の娘で、長満を生み、長満は吉河豊後掾長頼の嗣子となった。塩川豊前守秀満の嫡男彦太郎種満は寛正五年（一四六四）に生まれ、明応七年（一四九八）十一月、三十四歳のときに池田民部丞綱正（寿正嫡男）の娘綱子を娶った。綱子は田尻能勢家の娘で池田綱正の養女となっていた。『高代寺日記』に「十一月、彦太郎（種満）婚禮、室は池田民部丞綱正ノ娘ナリ、今年種満三十四歳、慎玉フ年成故ニ所々立願セラル、依去、安村介市名代ト為シ旁々へ願禮セラル、」とある。

塩川彦太郎種満は明応九年（一五〇〇）、三十六歳で秀満から家督相続し豊前守を名のった。同年四月十四日に種満の嫡男源太（太郎左衛門尉国満）が生まれた。幼名は千代寿丸と号し、母は綱子ノ方、乳母は塩川孫三郎仲朝（塩川伯耆守秀仲の孫）の妻である。この頃、多田蔵人行綱公の末裔と称していた塩川豊前守秀満・種満父子は吉河流塩川氏との攻防に勝利し、吉河流塩川氏は本家（塩川孫三郎仲朝）・分家

（塩川源兵衛尉宗英）ともに塩川種満の臣下となっていた。

去る程に、明応三年十月、塩川豊前守秀満は父慶秀の代に吉河流塩川氏から手に入れた塩川城（川西市山下）を満国流塩川氏である塩川三河守三郎兵衛満家と同息孫太郎信氏に奪われ、塩川孫太郎信氏は伯耆守を名のった。是に由り、塩川秀満・種満父子は摂州多田庄西多田村の屋形に住居した。西多田の屋形は北方に多田院を拝する現在の浄徳寺の辺りにあったと思われる。浄徳寺は明応元年（一四九二）に今井可蔵大夫（慶順）によって建立された一向宗の寺院で慶順は蓮如上人に帰依したという。周辺には今井氏、平井氏、西村氏ら井上氏一族（藤原仲光の一族）が屋敷を構えていた。当時、西多田には藤原仲光を祀る田尻神社があった。

←「西多田亭」からは北に多田院の山門が見える。浄土真宗大谷派浄徳寺がある。

塩川三河守三郎兵衛満家と「明応多田の変」

塩川三河守三郎兵衛満家は塩川刑部大輔惟親（蓮阿）、同息三郎満国を元祖とする藤原（大内）流塩川氏の嫡家である。塩川三郎満国、同息伯耆守満直は「承久の乱」で失脚し、満長の代に上杉氏に仕え鎌倉甘縄に住居し、満長の嫡男満永の代に足利尊氏幕下にて軍功あり、以降、代々足利将軍家に御供衆として仕えてきた。上杉氏は丹波国阿鹿郡上杉庄を本貫地とし、鎌倉幕府六代将軍宗尊親王に供奉して関東に下向し、後に足利家の宿老となり、関東管領となった。『長禄寛正記』に「寛正四年（一四六三）卯月十六日、赤松次郎法師カ第ニ伊勢守貞親ヲ招請申サル丶、音阿弥参り乱舞仕ル諸人奥ニ入遊宴最中ニ尾張守方ヨリ嶽山責落ノヨシ注進被申伊勢守大ニ悦則御所へ参り其ノ由披露被申公方様ヲハシメ奉り京中ノ諸人大慶不可過也、是ニヨリテ同月十七日諸大名御所へ参り嶽山ノ御敵没落目出度ノヨシ御悦義被申上各々御太刀御樽御馬被進献管領右京大夫勝元伊勢伊勢守方へモ同参賀有ト聞ヘシ、去程ニ畠山右衛門佐義就（総劢家）ハ生地カ館ニ籠り甲斐庄、和田、塩川氏以下ノ河内衆数多河州へ引退ヘキヨシ議スルト聞シカハ畠山尾劢家政長ヨリ管領細川勝元へ此由ヲ注進有シカハ則大和衆越智弾正大将（義就方）トシテ若江ノ城ノ後詰ニ発向ス……云々」とあり、この「河内衆塩川氏」とは塩川三河守三郎兵衛満家の叔父塩川伯耆守為満であり、塩川伯耆守為満は河内に住居し、守護畠山総劢家持国・義就に味方していた。塩川伯耆守為満は畠山義就逝去の前年（延徳元年・一四八九年）に歿している。塩川三河守三郎兵衛満家の父塩川宮内少輔為宗は将軍御供衆で、文明七年（一四七五）に逝去している。

【畠山氏略系図】河内国と紀伊国の守護

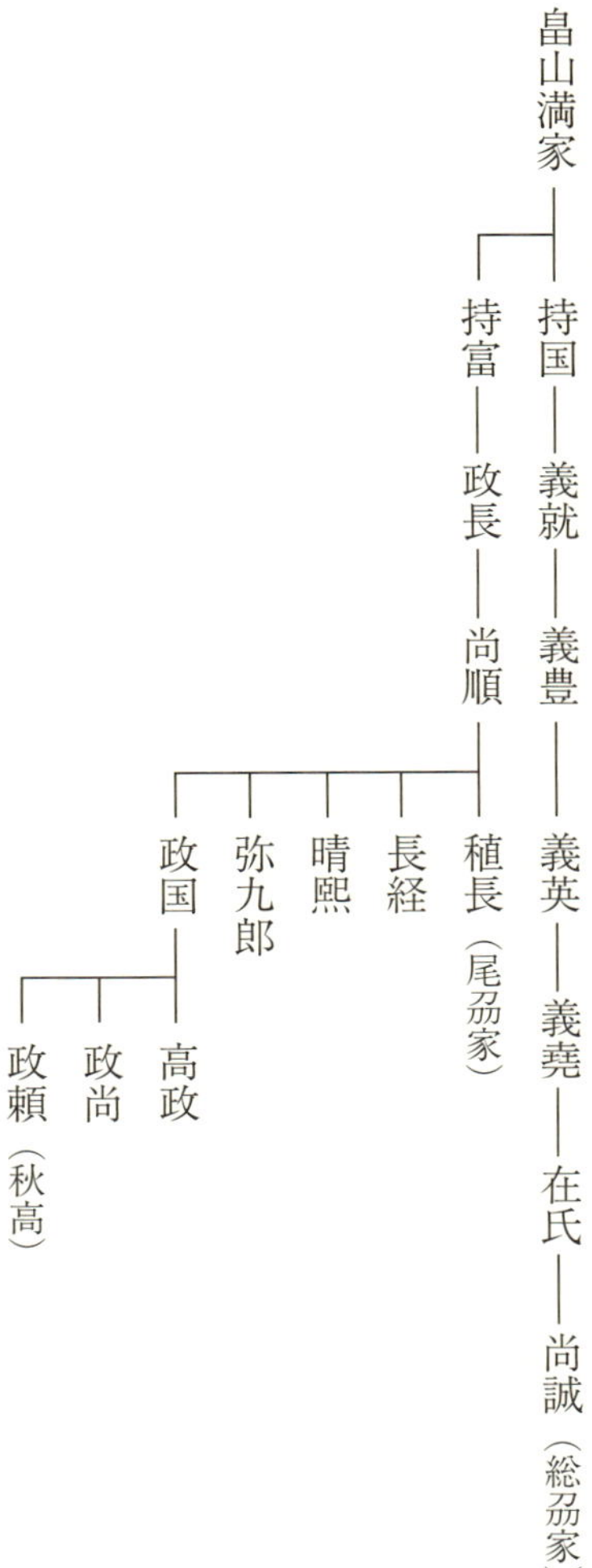

明応二年四月、京師では管領細川右京大夫政元が十代将軍足利義材を追放し、足利義高（義澄）を将軍に擁立して自らは管領となっていた。それまで塩川三河守三郎兵衛満家は将軍足利義材に御供衆として仕えていたが、「明応の政変」で足利義材が細川政元に追放されると、足利義材に従い河内に出陣していた塩川三河守三郎兵衛満家は管領細川政元に捕らえられて追放され、三人の子息（孫太郎信氏・満定・吉大夫国満）を連れて、元祖塩川刑部大輔惟親の本貫地である摂州多田庄（山下・笹部・見野）に戻ろうとその機会を窺っていた。

明応三年十月廿三日、塩川三河守三郎兵衛満家と同息孫太郎信氏らは多田塩川城を攻め、城主塩川秀満を城から追放したのである。塩川秀満は父慶秀の代に塩川伯耆守秀仲（吉河流塩川氏）から多田塩川城を奪い取ったが、今度は藤原仲光を祖とする満国流塩川氏に城を奪われてしまった。以後、塩川三河守三郎兵衛満家の嫡男孫太郎信氏が伯耆守を名のった。

中川右衛門督政清討死

『中川氏系図』明応三年十月廿日、多田院御家人中川右衛門督政清の項に「中川政清は河内国上越ニテ討死（享年三十三歳）」とあり、嫡男清村（十三歳）の項に「同年十月廿三日、多田落城シ池田弾正忠館ニテ育ツ」とある。中川右衛門督政清は塩川伯耆守秀重（中川秀重）の一族で、多田太郎秀国（中川清深）から七代に亘って摂津国豊能郡中河原村に住居して同族の塩川慶秀・秀満に与力していた。多田院御家人中川右衛門督政清の父清長は文明四年八月十七日、多田院鳴動により多田満仲公（正四位下）の贈位（従二位）を将軍義政に奏上して従四位下左衛門督に任じられている。中川清長は前述した中川左衛門佐教清の嫡男である。明応三年、塩川秀満は六十歳余、嫡男種満は三十歳であり、中川右衛門督政清と塩川種満が軍勢を率いて畠山尾刕尚順（尚慶）に味方して河内に出陣している最中に塩川三郎兵衛満家と同息孫太郎信氏らが多田塩川城を奪い取ったのである。言うなれば「明応多田の変」である。「明応の政変」で敗れた畠山尾刕尚順は遊佐・斉藤らを率いて再び畠山総刕義豊（基家）の諸城を攻めた。畠山尾刕尚順の内室は中川右衛門督政清の妹（従妹）を養女にしており、中川政清は畠山尾刕尚順に味方して明応三年十月廿日、河内国上越にて討死したのである。

←鯖江藩「間部家系譜」満国流塩川氏塩川三河守一家（満家）家系図

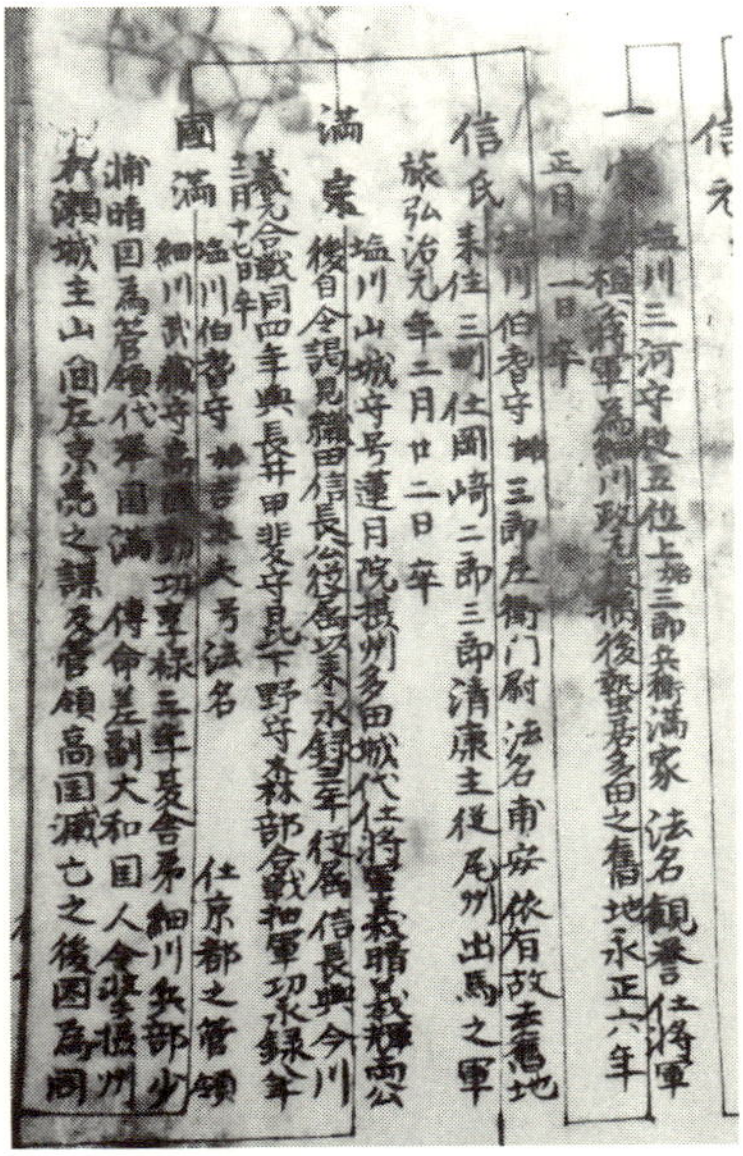

←塩川伯耆守為満

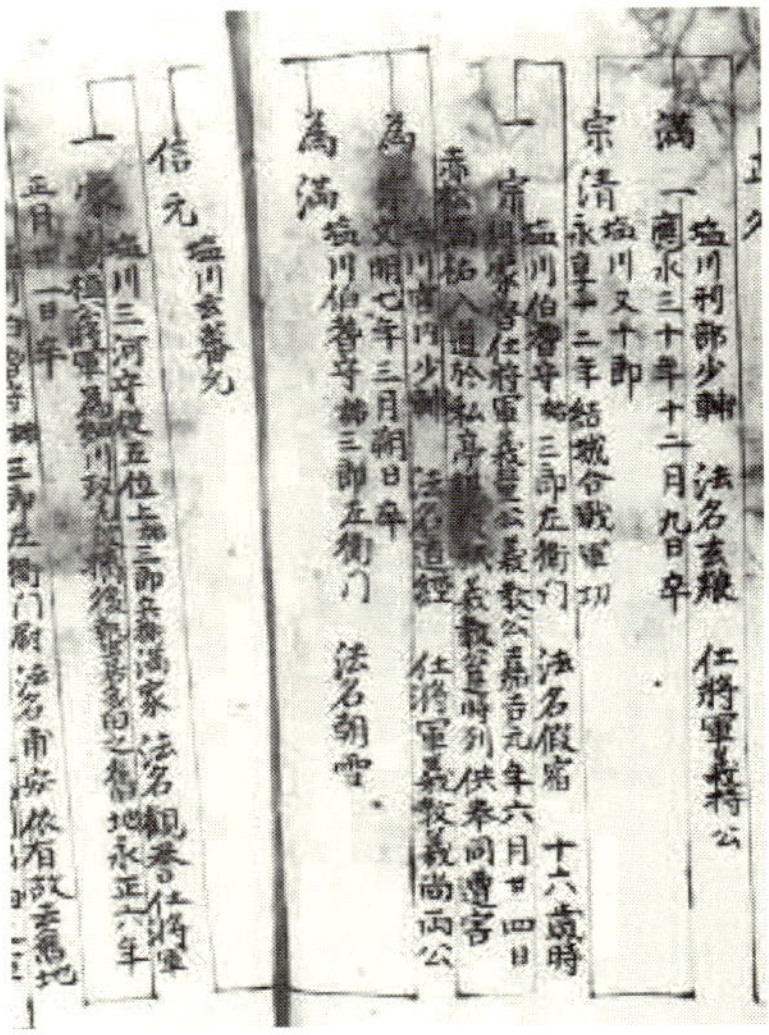

（満国流塩川氏）　塩川惟親（蓮阿）——満国——一宗——為宗——為満——満家（一家）——孫太郎信氏

（惟仲流塩川氏）　塩川惟親（蓮阿）——惟仲——仲樹——為仲——又九郎師仲

『中川氏系図』政清

22政　清　中川右衛門督　従四位下
寛正三年壬午生
歴任美作、佐渡、摂津等守右衛門督至従四位下
明応三年甲寅十月二十日戦死于河内国上越享年
三十三

清村

23清　村　中川左衛門尉　初名亀寿丸
文明十三年辛丑生
明応三年甲寅十月二十三日多田落城養育于池田
弾正忠館後住于摂津国島下郡中河原村

塩川三河守三郎兵衛満家は一族である惟仲流塩川氏の跡目と称して本貫地多田庄に入部する

塩川刑部大輔惟親（蓮阿）の次男塩川帯刀長惟仲の末裔である惟仲流塩川氏は鎌倉時代多田院御家人筆頭格であったが、三野又七郎仲澄は西畦野村内平居にある満願寺領を侵した咎により失脚し、弟の塩川又九郎師仲は「四条畷の合戦」にて討死し絶家していたので、藤原仲光を祖とする同族の満国流塩川氏がその跡職を知行して多田庄に入部したのである。

塩川三河守満家は一家と改名し、新たに堅固な一蔵城（山城）を築城し、山下《さんげ》の一蔵に御根小屋（居館）を築いて住居した。

満国流塩川氏は「満」を通字とし、惟仲流塩川氏は「仲」を通字としていた。満国流の塩川三河守満重は足利義満に仕え「満」の偏諱を許された。家紋は牡丹丸に獅子。

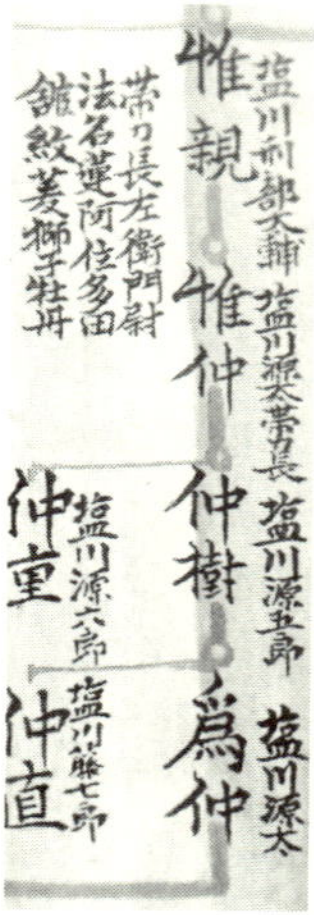

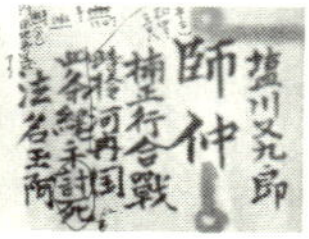

←「惟仲流塩川氏」（刑部大輔惟親―帯刀長惟仲―仲樹―為仲―師仲）大昌寺蔵「塩川氏系図」

←鯖江藩「間部家系譜」塩川嫡家（刑部大輔惟親—三郎満国—満直）

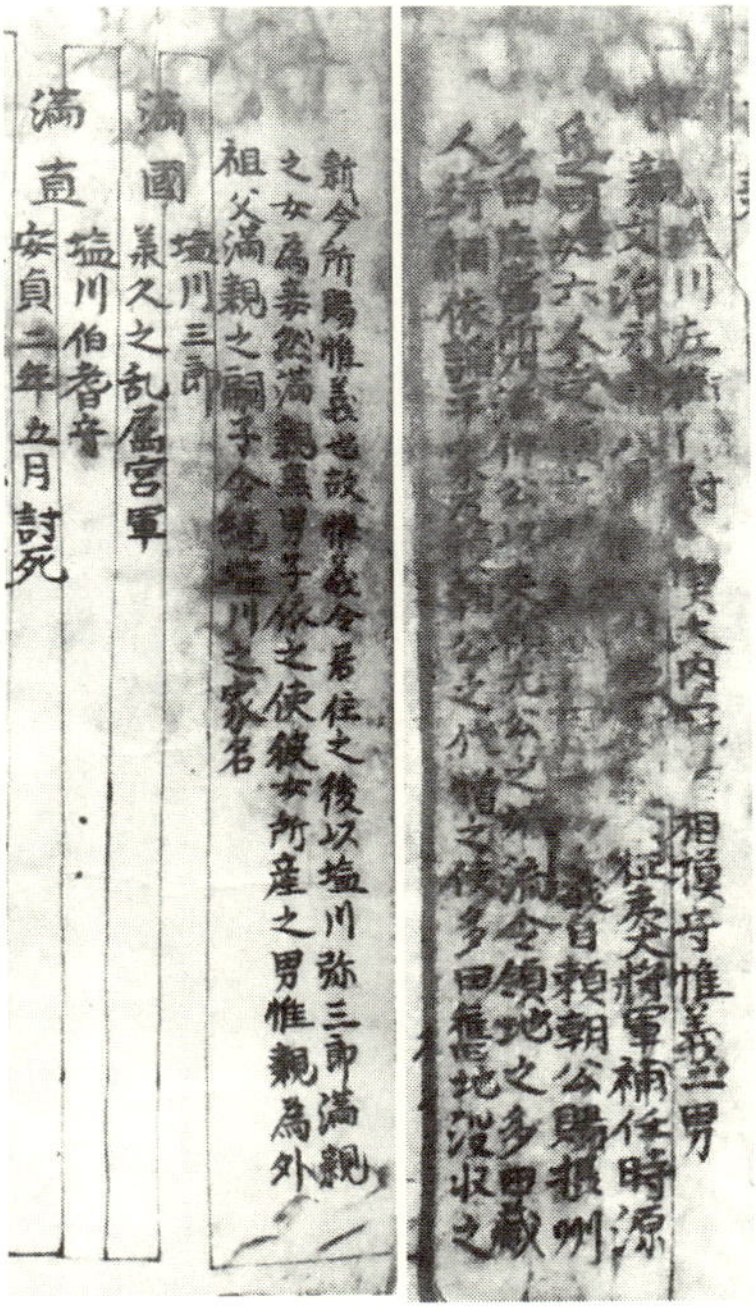

「塩川左衛門尉惟親実者大内□□相模守惟義二男文治元年八月□□□□□□□□征夷大将軍補任時源氏之同姓六人受領□□□□□□□□□自頼朝賜摂州多田庄当所乃満仲公以来頼光公の嫡流令領地之多田蔵人行綱依諂平家及頼朝公之代憎之使多田旧地没収之新今所賜惟義也故惟義令居住之後以塩川弥三郎満親之女為妾然満親無男子依之使彼女所産之男惟親為外祖父満親之嗣子令継塩川之家名」

多田上津城と上津多田氏

摂州多田庄塩川五家（吉河流塩川氏惣領家・同分家柏梨塩川氏・多田中川流塩川氏・満国流藤原塩川氏・同分家惟仲流塩川氏）の攻防とは別に、摂州多田庄東多田村内上津村にあった多田上津城には藤原仲光の猶子源次丸コト多田満信（上津氏）と多田蔵人行綱公の血脈である多田越中守春正が住居して、多田蔵人行綱公の正嫡と称して塩川氏と互いに権勢を誇り、上津多田家に従う多田院御家人衆も少なくなかった。上津氏・来田氏・下仲氏は上津多田氏の諸流と思われる。多田蔵人行綱公（一一四〇～一一八九）の正室は『小蓑山多田氏系図』では木曽義賢の娘松宵姫となっているが、これは江戸時代の歌舞伎『源平布引滝』からとられたもので不確かである。側室は上津秀清の娘と西田義綱の娘とある。

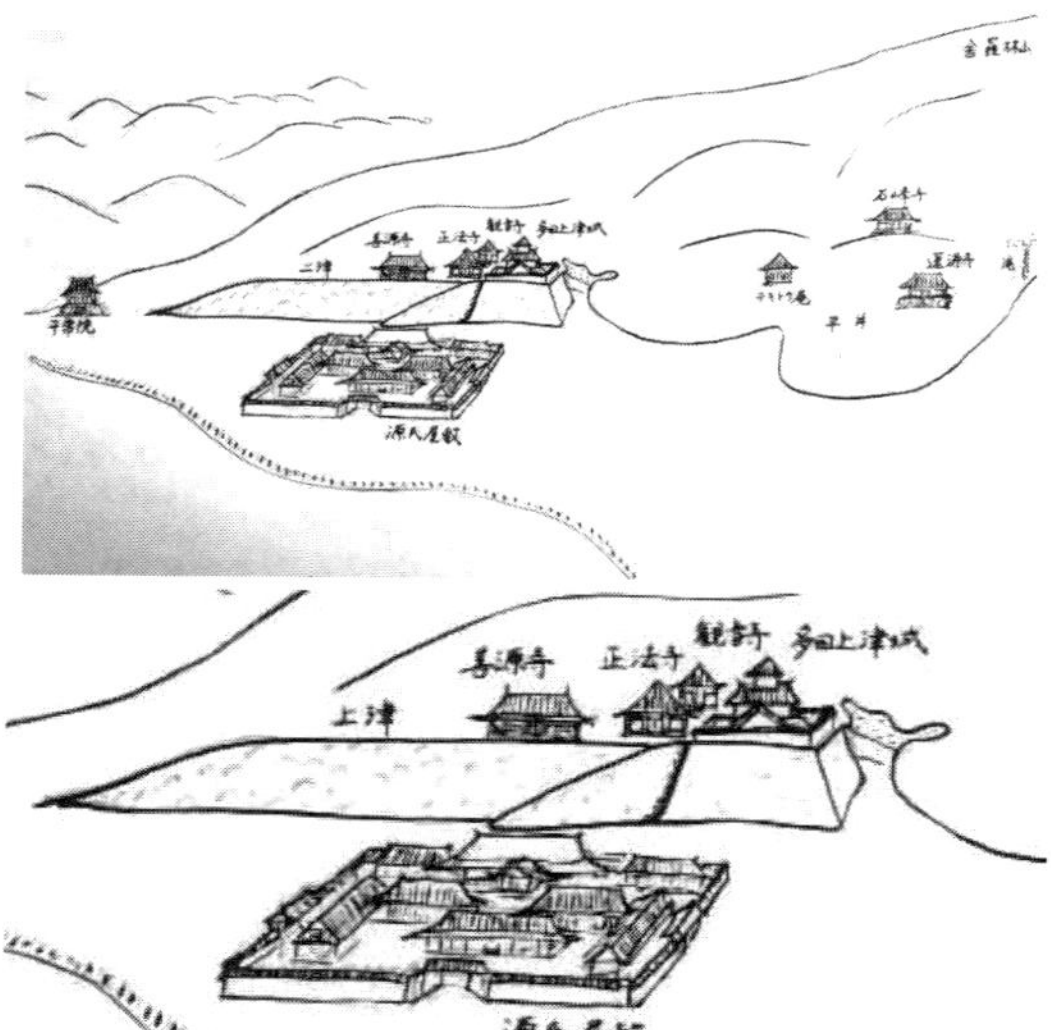

多田源氏累代の屋形と多田上津城

舎羅林山麓の東多田村字御所垣内と字権現には多田満仲公から多田蔵人行綱公までの多田源氏累代の屋敷址があり、後方の段丘（上津）には多田満仲公が創建した多田源氏累代の菩提寺上津善源寺と源頼光公の御臺所開基の忍辱山正法寺があった。また、満仲公創建の舎羅林山石峯寺もあったが鎌倉時代兵火にかかり焼亡したという。付近には「蓮源寺」「テキトウ庵」なる地名も存在する。多田院御家人衆はたとえ戦場で敵味方になっても、多田庄へ戻れば多田院を守護する役目のもとで緩やかに結束し、元来多田庄内での私闘や殺生は満仲公の遺命により禁じられていた。

永正四年（一五〇七）六月、管領細川政元が暗殺され、政元の嗣子細川澄元が管領となったが、永正五年六月、細川野洲家政春の子息細川民部少輔高国は周防の大内氏ら西国の軍勢を率いて上洛を目指していた前将軍足利義尹（義材）と戦うのを不利と見て足利義尹を将軍に迎え、自らは細川右京大夫政元の嗣子と称して管領になると、一蔵城主塩川三河守三郎兵衛一家（満家）と塩川伯耆守孫太郎信氏父子は再び将軍足利義稙（義材・義尹）と管領細川右京大夫高国に仕えた。

「永正の錯乱」管領細川右京大夫政元と細川澄之被誅事

管領細川京兆政元は明応二年（一四九三）、「明応の政変」と言われるクーデターで将軍足利義材を捕えて足利義高（義澄）を将軍に据えると、足利義材は幽閉先から逃げ出し、義尹と改名して細川政元に対抗し、周防の大内氏のもとで復権の機会を窺っていた。

■永正元年（一五〇四）九月、摂津守護代薬師寺元一（與一）は細川阿波家成之（慈雲院）、赤澤宗益らと語らい西岡被官衆らを味方につけ、管領細川京兆政元を廃し、阿波守護細川讃岐守義春の子（慈雲院の孫）細川六郎（澄元）を管領に擁立しようと淀で挙兵したが、弟の薬師寺三郎左衛門長忠（與次）と香西又六元長らに攻められ自害して果てた。管領細川政元は修験道を修して妻帯せず女人を遠ざけていたために実子がなかったので、細川野洲家政春の子息高国を嗣子にしようと考えていたが、堀越公方足利政知と通じ、政知の子息清晃の母方（武者小路家）の従兄弟に当たる前関白九條政基の末子九郎澄之を嗣子に迎えていた。しかし、堀越公方足利政知が延徳三年四月に病歿すると、亡き薬師寺元一の考えを採用して、細川慈雲院成之の孫である細川六郎を嗣子として迎えることにした。

■永正二年（一五〇五）六月、多田庄では塩川孫三郎仲朝に長子が生まれ、太郎号を許され孫太郎（仲延）と名付けられた。母は安村仲方の娘である。七月、塩川豊前守種満に次男が生まれ長松丸と名付けられた。これは約束の事があり吉川豊後亮長直の養子となり吉川家を継ぐことになった。このとき吉川長満（種満弟）が後見となった。吉川長直は豊後掾長頼の長子で吉川家の正嫡であり、この時、吉川長直は三十四歳であった。

■永正三年四月、細川六郎はまだ若く、補佐役として三好筑前守之長（長輝）と高畠與三を召し連れて阿波から上洛し、公方足利義澄（義高）と管領細川政元からそれぞれ一字を与えられ細川六郎澄元と名のった。今まで嗣子であった九郎澄之は丹波守護職に任じられ京から追い出された。これにより幕府内に細川九郎派と細川六郎派の対立が生じた。

■永正四年（一五〇七）六月、摂津守護代になった薬師寺三郎左衛門長忠（與次）と香西又六元長は細川九郎澄之を管領に擁立しようと企み、ついに謀反をおこし、入浴中の管領細川右京大夫政元を湯殿にて暗殺し、細川澄元と三好之長らを攻め京から追放した。細川六郎澄元と三好筑前守之長は甲賀の山中新左衛門を頼み落ちていった。薬師寺三郎左衛門らは細川九郎澄之を細川京兆家の家督に据え管領と為し、謀叛は成功したかに見えたが、五十日程して細川典厩政賢、細川淡路守尚春、細川野洲家民部少輔高国らは管領細川澄之を攻め、薬師寺三郎左衛門と香西又六兄弟を討ち果たし、管領細川九郎澄之は自害して果てた。細川六郎澄元は入京して右京大夫（京兆）に任じられ管領職に就いた。

多田庄では、五月朔日、安村仲景の孫である安村仲繁と弟の安村又三郎仲方は兄弟二人塩川姓を許され、仲方は豊嶋郡吉田村の山小路（山庄司）家を継ぎ塩川加賀守正吉と号し藤原仲光の古城「八幡城」の城代となった。多田庄では城主クラスが「守」を名のることが認められた。

細川澄元と細川高国の権力闘争が始まる

■永正五年（一五〇八）、管領細川右京大夫澄元と細川民部少輔高国が対立し、三月十七日、細川高国は参宮し謀反の為に逐電した。四月九日、細川高国勢は伊勢から摂津と丹波等の軍勢を催し京に攻め上ると、その夜、管領細川澄元と三好之長らに屋形に火をかけ再び江州甲賀へと出奔した。同十日、細川民部少輔高国は細川政元の嗣子と称して「室町殿となった」とある。細川高国は奈良修理亮元吉、伊丹兵庫助元扶《もとすけ》、内藤備前守貞正らと内儀評定し、将軍足利義澄を見捨て周防の大内氏と手を組み前将軍足利義尹（義材）の擁立を企てた。四月十六日の夜に将軍足利義澄も江州へ出奔した。六月八日、前将軍足利義尹は大内左京大夫義興を始め長門・周防・安芸・石見・備前・備後などの奉公衆を率いて堺に上陸し、畠山尾張守尚順、塩川三河守一家（満家）、同息伯耆守信氏、池田民部丞綱正ら畿内衆を従えて入京し吉良亭に入った。

池田城落城　池田筑後守貞正（正棟）自害

摂津では細川六郎澄元の唯一の味方であった池田筑後守貞正（正棟）が池田城に籠城したので、細川高国は細川尹賢に命じてこれを攻めた。戦いは五月三日に始まり、七日に城内の池田遠江守正盛が寄せ手の池田民部丞綱正に懐柔され降参すると、十日、城主池田筑後守貞正は自害し、同名廿余人は城を枕に討死した。池田貞正の嫡男信正は父の首級を抱えて母と弟池田勘右衛門尉正重と叔父池田帯刀允正能の案内で城を脱出し、五月山の峰伝い豊嶋郡東山村の山中に父の首級を埋葬し仏僧を呼んで供養した。池田帯刀允正能は東山村にて山脇氏を名のり一族は代々貞正の墓を守った。信正はさらに有馬の山中（高平谷）に逃げた。

この池田城攻めには、池田民部丞八郎三郎綱正、塩川三河守三郎兵衛一家（満家）、同息伯耆守孫太郎信氏、仁邊新左衛門尉国連らは細川高国方として参陣し、池田筑後守貞正が討死した後には池田民部丞綱正が池田城主となった。この戦いで仁邊新左衛門尉国連は細川高国から感状を得たという。この時、塩川豊前守彦太郎種満は後巻のため四百人を率いて米谷の中村城に入った。同年七月一日、足利義尹（義材）は従三位征夷大将軍に還任し足利義稙と改名し、細川高国は右京大夫に任じられ管領となり、大内義興は管領代になった。摂津下郡では薬師寺国長（與一の子息）が守護代になり、能勢因幡守頼則、河原林對馬守政頼、伊丹兵庫助国扶が郡代になった。永正十年と永正十一年の『多田院文書』に、細川高国奉行人中沢秀綱から郡代である能勢因幡守と河原林對馬守宛の寄進状と、薬師寺與次と伊丹兵庫助宛の多田院への段銭免除の奉書が残されている。

塩川三河守三郎兵衛尉一家（満家）逝去

■永正六年（一五〇九）正月、塩川三河守三郎兵衛尉一家（満家）は逝去し、嫡男塩川伯耆守孫太郎信氏（不詳～一五五五）が多田一蔵城主となった。後に、次弟は元服し塩川山城守満定（一四九九頃～一五六五）と名のり城代になり、末弟は塩川吉大夫国満（一五〇四頃～一五八五）と名のった。この満国流塩川氏の三兄弟は管領細川高国・同晴国兄弟と気脈を通じた。

六月十七日、江州に逃げていた細川澄元と三好筑前守之長は京に攻め入り、如意ケ岳で細川高国勢と合戦になり、公方足利義稙から塩川家にも軍勢督促があり、塩川勢五十騎上下八百余人が出陣したが、戦いに間に合わず途中で帰陣した。このとき、細川右京大夫高国から能勢因幡守頼則に感状が与えられた。三好之長の子息三好長秀は如意ケ岳合戦で高国に敗れ伊勢に敗走し、高国方の北畠氏に攻められ弟の頼澄と共に自害して果てた。

■永正七年（一五一〇）二月十四日、管領細川右京大夫高国は江州に向けて発向し、塩川家にも再び軍勢督促があり、塩川勢廿余騎が出陣したが、廿四日、高国勢は敗北し京に戻ってきた。足利義澄は朽木谷に、細川澄元らは江州甲賀に隠れていたが、澄元は阿波に帰り、足利義澄は九里備前守の江州岡山城（近江八幡市牧町）に居を移した。八月七日の夜、大地震があり国々の堂舎仏閣が倒壊し、余震が七十日余止まず、八月廿七・廿八日、遠江国へ大波が押し寄せ陸地が忽ち海となった。十一月十二日付け、管領細川右京大夫高国は多田院に寺領安堵状を発給し、公方足利義尹（義稙）は袖判を印している。

■永正八年（一五一一）、三月五日、江州岡山城にて足利義澄に若君亀王丸（義晴）が誕生し、合戦半ば故に、その母と共に播州に落とすべく、密に塩川豊前守彦太郎種満は家人三十余輩をして摂丹わき路より三木越えにて播磨守護赤松義村のもとへ送り届けた。程無く生まれた次男（別腹）は細川澄元に預けられ、阿波の細川氏に育てられ、後に足利義維《よしつな》と名のり堺公方として担がれることになる。七月十日、吉川豊後掾長頼が逝去し、長子源六長直が家督を継いだ。十月、吉川長満に長子が生まれ次郎丸（定満）と名付けられた。

芦屋河原の合戦

七月、前管領細川澄元と三好筑前守之長（長輝）は赤松氏ら播磨勢を催《もよお》し、京を奪還するために阿波にて挙兵した。十三日、細川典厩政賢、細川和泉守護、畠山総劢義英、遊佐河内守らは高国方の摂津衆と和泉国深井で合戦になり、高国方は敗北し、細川澄元勢は摂津中嶋まで進軍した。さらに、細川澄元方の細川淡路守勢は芦屋浜に上陸すると、高国方の河原林對馬守正頼は西宮の河原林城からより堅固な芦屋の鷹尾城に立籠もり、安富民部丞、斉藤三郎右衛門、柳本入道、波多野孫右衛門元清、波々伯部三郎右衛門、能勢因幡守頼則、荒木大蔵少輔高村、塩川伯耆守孫太郎信氏、仁邊新左衛門尉国連らが高国の命を受けて河原林の援軍として加勢し、七月廿六日、淡路衆と芦屋河原で合戦となった。これを見た赤松義村ら播磨衆が淡路勢に加勢すると、八月十日の夜に河原林勢はたまらず伊丹城に逃げ込み、河原林正頼は密かに丹波の波多野の城へと逃亡した。細川澄元勢と大和・和泉・河内衆・摂津衆・播磨衆ら数万人は摂津中嶋と伊丹方面から京へ攻め上った。前将軍足利義澄の奉公衆も近江から京に攻め入ると、将軍足利義稙と管領細川高国は丹波の神吉へ逃亡した。

舟岡山の合戦

永正八年八月廿四日、将軍足利義稙と管領細川右京大夫高国は再び軍勢を立て直し、丹波から京へ攻め上り舟岡山で合戦となり、澄元勢は細川典厩政賢、遊佐河内守らが討死し、細川澄元と三好筑前守之長は大敗し阿波へと敗走した。伊丹城を囲んでいた赤松勢も帰国した。河原林正頼は鷹尾城へ帰陣し、越水城を修築して居城とした。細川典厩政賢が討死すると、高国は政賢の子息澄賢を差し置いて、従弟の細川尹賢（野洲家分家春倶の子）を政賢の猶子にして典厩家を継がせ右腕とした。将軍足利義稙と管領細川高国は京に戻った。前将軍足利義澄は舟岡山合戦の数日前に近江八幡の岡山城で病死していた。享年三十二歳であった。

この頃、摂州池田家では池田民部丞八郎三郎綱正は高国方であり、池田筑後守貞正の嫡男池田三郎五郎信正は澄元方と池田家中が高国派と澄元派に分裂していた。塩川豊前守種満は池田民部丞綱正の娘（養女）を正室にしていたので池田民部丞家に味方していた。舟岡山合戦には多田庄から塩川伯耆守孫太郎信氏、塩川豊前守種満、安村、沢渡、鵜川、本井、山問、横川、福田以下廿五騎上下四百余人が高国方として参戦したが、鵜川と横川が討死した。

尼子経久は大内義興に従い上洛して舟岡山の合戦に参陣した。尼子経久の次男国久は高国から、三男の興久は大内義興から偏諱を受けている。

■永正九年（一五一二）、塩川豊前守彦太郎種満の嫡男源太（太郎左衛門国満）は十二歳になり初冠の祝いが行われた。また、吉河流塩川氏の分家である柏梨の塩川次郎太郎が元服し塩川源兵衛尉宗英（宗莫）と名のった。

■永正十年（一五一三）八月五日、塩川加賀守入道正吉が逝去した。享年六十七歳である。遺言により十五歳の末娘は種満の内室綱子ノ方に介抱されることになった。塩川加賀守正吉の嫡男は塩川出雲守満房と称し、系図には「居鳥野合戦討死」となっているが、「居鳥野合戦」の詳細は不明である。池田市伏尾町東野山の八幡城主塩川隠岐守（下止々呂美青龍寺開山）は塩川出雲守満房の嫡男と思われる。

九月、山問太郎は十九歳で元服し山問民部丞頼里と名のった。山問家は多田満仲公の七男丹波守頼明の末裔で多田四名家の一家とされ、頼里の祖父は塩川伯耆守秀仲の次男塩川源三郎頼行である。多田院御家人衆は多田満仲公の廟所多田院を守護する武士団であり、塩川家の家臣となる者もあり、あるいは国衆として摂津守護代や郡代の軍勢督促に応じて加勢する家もあったが、山問本家は国衆として終始細川高国を支持し、高国と共に滅んだ。

十月、吉川豊後亮長直は京で頓死し、塩川豊前守種満の次男長松丸が九歳で吉川の家督を継ぎ吉川左京進頼長と名のった。塩川豊前守種満の弟吉川長満が後見人となった。

■永正十一年（一五一四）九月、安村仲成は加賀掾と号し、一子助十郎が誕生した。母は沢渡源六郎の娘である。沢渡氏は多田満仲公五男丹波守頼明十九代山問頼房から分かれた。十二月、塩川豊前守種満の五十歳の祝賀が行われた。

■永正十二年（一五一五）五月に貞純親王の六百年忌が修された。六月、多田亀寿丸は廿一歳になり元服し久蔵と名を改めた。多田新介頼輝の子息である。多田家は多田禅師源全の末裔である。九月、柏梨の塩川次郎太郎源兵衛尉宗英（宗莫）は塩川豊前守種満の長女（養女）を娶った。この娘は塩川加賀入道正吉の娘で、塩川孫三郎仲朝の妻の妹でもあり、宗英は仲朝と義兄弟となり、正吉は山小路（山庄司）家を継いだので山小路家の娘分として娶ったという。

■永正十三年（一五一六）正月、芥川ノ新城で能勢因幡守頼則（頼豊）が宗長・肖柏・玄清・宗碩らを招き連歌の会を催した。七月、源頼仲（吉河氏元祖）の四百回忌を高代寺枚本坊が修した。八月、芥川城主能勢因幡守頼則が卒した。法号は宗心と号す。嫡子源五郎国頼が家督を継いだ。

塩川山城守満定元服、塩川孫大夫宗頼誕生

■永正十四年（一五一七）正月、この頃、一蔵城主塩川伯耆守孫太郎信氏の次弟が元服し、塩川山城守満定と名のり多田一蔵城代となった。十二月、柏梨の塩川次郎太郎源兵衛尉宗英に長男が生まれ、源次郎と命名したが次郎号を許されず孫丸と名づけられた。この人が塩川孫大夫宗頼で、宗頼の母は塩川豊前守種満の長女（実は塩川加賀入道正吉の娘）である。

■永正十五年（一五一八）四月、昌慶（塩川秀満）の側室戊子は落髪し妙雲と名のった。八月、妙雲は我子吉川長満と能勢一族の招きに応えて地黄へ帰った。八月、京に出張っていた大内左京大夫義興は長く国元を離れて、尼子経久の勢力が侵略してきたために周防へ帰り、管領細川高国は強力な味方を失った。十一月、吉川長仲が逝去した。享年七十歳であった。十二月廿八日、塩川秀満の弟塩川左京亮弘満が逝去した。法岳弘倹居士と号す。秀満にはもう一人の弟塩川新左衛門尉秀正がいる。尼子経久の嫡男政久は永正十五年に討死したとされている。尼子氏は京極氏の分家で、佐々木道譽の孫高久を元祖とする。高久の次男持久が出雲の守護代となり月山富田城（安来市）を居城とした。この頃、持久の孫尼子経久は山陰・山陽十一州の太守となっていた。

塩川太郎左衛門尉国満元服

■永正十六年（一五一九）正月、塩川豊前守彦太郎種満の嫡男源太は廿歳になり元服した。烏帽子親は池田民部丞八郎三郎綱正である。池田綱正が管領細川右京大夫高国の内意を得て、細川高国から「国」の一字を賜り塩川弾正忠太郎左衛門尉国満と名を改めた。しかし、父の種満はさして喜ばなかった。内心では細川澄元を支持していた。細川澄元は細川政元が認めた嗣子であるが、高国は嗣子と称しているだけだという。

池田三郎五郎信正の活躍

四国の前管領細川澄元は再び入京の機会を窺っていた。永正十六年の秋、細川典厩尹賢に攻められて自害した池田筑後守貞正（正棟）の嫡男池田三郎五郎信正（久宗）は阿波の細川澄元に使いを送り、今度の上洛の節にはぜひ先陣を承りたいと伝え、有馬郡の下田中城に軍勢を集結させていた。それを聞きつけた高国方の河原林對馬守正頼、池田民部丞八郎三郎綱正、塩川伯耆守孫太郎信氏らは夜襲をかけた。その夜は暗く雨が降っていたうえ裏切り者があり、夜襲の情報が洩れて、塩川衆と河原林衆は散々に討たれて逃げ帰った。池田三郎五郎信正は三十首余りをあげ阿波の澄元に注進した。細川澄元は池田三郎五郎信正に豊嶋郡を安堵し弾正忠にした。この時、下田中城は田中城と呼ばれていた。有馬郡には高平谷に田中城があり、後世区別するために下田中城と呼ばれた。城主は北畠氏とされている。

細川澄元と三好筑前守之長ら阿波衆は兵庫浦に上陸し、播州の赤松衆も澄元勢に味方し、細川澄元は西宮神呪寺の南鏡尾山に陣取り、三好筑前守之長は海部・久米川に陣取り、香川と安富らは廣田・中村・西宮辺に陣取って、澄元勢一万余騎が河原林對馬守正頼の立籠もる越水城を取り巻き合戦が始まった。一方、管領細川右京大夫高国は丹波・山城・摂津衆に陣ぶれし、十一月廿一日に京を発ち、池田民部丞八郎三郎綱正の摂津池田城に陣取った。

三好筑前守之長討死、細川澄元病死

■永正十七年（一五二〇）正月十日、高国は二万余騎にて澄元勢に攻めかかった。細川高国方の内藤備前守と伊丹兵庫助国扶らが激しく攻めたてたが阿波衆の猛攻に遂に高国方は退却を始めた。河原林對馬守正頼は城抜けし、高国方の雀部與二郎、同次郎太郎は討死し、若槻伊豆守は自刃した。伊丹城の伊丹但馬守と野間豊前守も自害した。高国方は尼崎長洲まで引き、三好筑前守之長が難波に陣取り攻めたてると、高国は京へと退却したが、京へは入らず近江へと逃げ去った。将軍足利義稙は高国方劣勢と見るや京に留まり、細川澄元・三好之長を頼った。同年三月、三好筑前守之長は京へ攻め入り、西宮神呪寺の細川澄元は伊丹城に留まった。この時、細川澄元は病が重く危篤であったという。近江に逃亡した管領細川高国は六角定頼、京極、朽木、蒲生、多賀、三上、朝倉、土岐、斉藤勢らが援軍に駆けつけ、たちまち大軍勢に膨れ上がった。塩川伯耆守孫太郎信氏、池田民部丞八郎三郎綱正、塩川豊前守彦太郎種満、能勢因幡守国頼らも高国の軍勢催促に応じて派兵した。五月、高国勢が江州から北白川に攻め上ると、三好筑前守之長は大軍勢に勝ち目無しと、将軍足利義稙の妹祝渓聖寿が入山している嵯峨天龍寺曇華院に逃げ込み、高国勢は曇華院を八重九重と取り囲むと、三好筑前守之長はもはやこれまでと自害して果てた。これを聞いた伊丹城の細川澄元は播磨をさして落ち、播磨から阿波に帰り着いた。細川澄元は亡き将軍足利義澄の次男義維を擁立して再び京へ攻め上ろうと考えていたが、同年六月十日に病死した。享年廿九歳、或は三十二歳ともいわれている。

管領細川右京大夫高国が実権をにぎる

■永正十八年(一五二一)正月、塩川豊前守種満は上洛し管領細川高国とよしみを通じた。二月、池田民部丞八郎三郎綱正の嫡男池田基且に男子が生まれた。後の池田八郎三郎且正(勝正)である。三月、将軍足利義稙と管領細川高国との間に隙間が生じ、将軍は畠山尾張守尚順の子息畠山式部少輔稙長を管領に任じようと画策し高国と対立すると、突然淡路に蟄居した。すると、七月、管領細川高国は播磨の赤松家で育てられていた前将軍足利義澄の十一歳になる長男を元服させ、正五位下左馬頭に叙して足利義晴と名のらせた。八月に改元され、大永元年十二月、細川高国は足利義晴を征夷大将軍に据え自らは管領となった。

池田民部丞八郎三郎綱正逝去　池田弾正忠三郎五郎信正城主となる

■大永二年（一五二二）正月、吉川長松丸（種満次男）が元服し吉川左京進頼長と号した。六月、塩川孫三郎仲朝に次男が生まれた。後の塩川民部丞頼敦である。この頃、池田民部丞八郎三郎綱正は亡くなり、池田弾正忠三郎五郎信正が池田城主となった。塩川豊前守種満は舅の池田綱正の手前細川高国を支持していたが、これを機会に管領細川高国と距離を置いた。九月、山問民部丞頼里の弟源次郎（頼勝）が生まれた。

■大永三年（一五二三）三月、柏梨の塩川源兵衛尉宗英に三女が生まれた。後にこの娘は江州の吉川新左衛門の妻となる。四月九日、前将軍足利義稙は阿波国撫養（徳島県鳴門市）で逝去した。享年五十八歳であった。九月、塩川孫三郎仲朝の長男塩川孫太郎が十九歳で元服し、塩川孫太郎仲延と号した。塩川民部丞頼敦の兄である。塩川孫三郎仲朝は吉河流塩川氏の嫡家でありながら、この頃には落ちぶれて塩川豊前守彦太郎種満に小臣していた。

塩川孫三郎仲朝が山問源六郎を討ち果たす

■大永四年（一五二四）正月、塩川孫三郎仲朝は平野社と多田院への初詣の帰りに山問家に立ち寄り、従弟の山問源六郎と酒を酌み交わすうちに口論になり、源六郎を討ち果たして帰宅し自殺をはかった。二人は従兄弟同士で、山問源六郎の父源三郎頼行は塩川伯耆守秀仲の次男で山問家に養子に出されていた。孫三郎の父塩川源治郎仲弘は塩川伯耆守秀仲の嫡男でありながら太郎号も名のれず、塩川孫三郎は多田塩川古城の城主塩川伯耆守刑部大輔仲章の直系であり吉河流塩川氏の嫡家であったが、宝徳三年（一四五一）の「多田の乱」で敗れ、多田中川流塩川氏（種満）の臣下となっていたのである。しかも、同じ吉河流塩川氏の分家である柏梨の塩川次郎太郎源兵衛尉宗英（宗莫）は塩川豊前守種満の娘を内室としており、吉河流塩川氏の嫡家である孫三郎仲朝よりも重んじられていた。酒に酔い孫三郎の不甲斐無さを従弟の源六郎が嘲ったのである。同年五月四日、塩川豊前守彦太郎種満の六十歳の祝賀が行われた。七月十四日、昌慶（秀満）の二十五回忌が善源寺と大昌寺で修され、塩川孫三郎仲朝の家督を継いだ塩川孫太郎仲延がこれを奉行した。八月には山問民部丞頼里が山問家の家督を継いだ。山問頼里の内室は塩川左京亮弘満の娘である。

【吉河流塩川氏略系図】 惣領家と分家柏梨塩川氏　筆者作成

塩川伯耆守仲章――仲常――伯耆守秀仲――源治郎仲弘――孫三郎仲朝――仲延
　　　　　　　　　　　　　　　　　　　└山問源三郎頼行――源六郎――頼里
└塩川柏梨次郎仲宗――平岡九郎次郎頼宗――弾正忠宗基――宗英――宗頼

『多田院文書』嘉吉元年（一四四一）十月廿八日、柏梨ノ子平岡九郎次郎頼宗広根村田畠寄進状に塩川秀仲が袖判を押印しており、秀仲が一族の惣領であることがわかる。

塩川吉大夫国満元服

この頃、一蔵城主塩川伯耆守孫太郎信氏の末弟吉大夫は元服し、塩川吉大夫国満と名のった。義兄の管領細川右京大夫高国から「国」の一字を賜った。偏諱は通常（高国→国満）というように始めにおかれる。これにて多田庄に二人の塩川国満が出現した。塩川豊前守種満・国満父子が細川高国と距離を置いたための牽制措置と思われる。

■大永五年（一五二五）九月、塩川豊前守彦太郎種満の娘辰女が十八歳で池田山城守基好に嫁した。池田基好は池田民部丞八郎三郎基且の弟である。横川橘助、薗田兵助、飯高七之丞と女房十一人を添えられた。このとき池田山城守基好は伊丹城の留守居であった。

管領細川高国転落の始まり

大永五年四月、管領細川高国は四十二歳になって病に罹り出家して松岳道永（常桓）と号し、嫡男六郎稙国に家督を譲ったが、六郎稙国は突然病死してしまった。享年十九歳であった。

■大永六年（一五二六）七月、高国の命により細川右馬頭尹賢の尼崎城築城の節、右馬頭の人夫と香西四郎左衛門の人夫が争いを起こし、管領細川高国は細川右馬頭尹賢の讒言によって香西四郎左衛門元盛を自害に追い込むと、これに反発した香西元盛の兄弟である波多野稙通と柳本賢治は同年十月、細川高国に叛旗を翻し、波多野は八上城（篠山市）に、柳本は神尾寺城（亀岡市）に立籠もり、四国の阿波衆と手を結んだ。十一月十三日、管領細川右京大夫高国は細川右馬頭尹賢に命じて波多野の八上城と柳本の神尾寺城（神尾山城・本目城）を攻めた。

柳本の立籠もる神尾寺城へは内藤弾正、長塩民部丞、奈良修理亮、薬師寺九郎左衛門、同三郎左衛門、波々伯部兵庫助、荒木大蔵少輔高村らが攻め寄せた。丹波の赤井氏は波多野に加勢して神尾寺城の寄せ手に斬り込み薬師寺・荒木勢と合戦になり、高国方は敗れて京へと引き上げた。戦いには負けたが、このときの軍功で薬師寺は備後守に、荒木大蔵は安芸守に任じられた。八上城へは河原林修理亮、同弾正忠、塩川伯耆守孫太郎信氏、池田弾正忠三郎五郎信正（久宗）らが派遣され、十二月朔日、高国方は敗れた。

池田弾正忠三郎五郎信正は元来阿波の細川澄元方であり、高国方の池田民部丞八郎三郎綱正の歿後に池田城主となり、摂津衆として心ならずも高国に従っていたが、池田信正は波多野の甥でもあったので波多野方に寝返り河原林・塩川勢の引き上げる道を遮り、矢戦をしかけた。有馬源二郎は高国方であったので、河原林・塩川勢は有馬路へ迂回して引き上げ、池田弾正忠三郎五郎信正は池田城に籠城した。

桂川の戦い

阿波国から細川右馬頭澄賢、三好左衛門督勝長、同舎弟三好政長、川村淡路守らが堺に上陸し、細川和泉守護らと摂津欠郡中嶋に布陣した。

■大永七年（一五二七）、三好勝長・三好政長勢らは波多野・柳本勢と合流して京へ攻め上ると、管領細川高国勢に若狭の武田伊豆守元光勢も加わり、二月十二日、桂川を挟んで阿波勢と合戦が始まり、十四日、高国方は大敗し将軍足利義晴・管領細川高国・武田元光は近江へと敗走した。この合戦で高国方の奈良修理亮元吉、同息與三郎、同源五郎、そして高国の御馬廻り荒木大蔵少輔安芸守高村の一族十四人ら雑兵含め三百余人が討死した。中川左衛門尉清村の嫡男清照も高国に味方して討死し、中川氏の嫡流は途絶え、中川氏は高山石見守重利の子息重清を娘婿として迎えた。阿波方は赤澤新次郎・香西元盛が奈良氏に討取られ、大将三好左衛門督勝長は手傷を負い死去した。

足利義維を堺公方として擁立

三月廿二日、阿波国から将軍足利義澄の次男足利義維（十七歳）に細川澄元の嫡男細川六郎晴元（十四歳）と三好筑前守元長（廿七歳）が供奉して堺に上陸し、足利義維と細川晴元は堺にて元服した。九月十四日、三好筑前守元長は持ち堪えていた高国方の伊丹兵庫助元扶の伊丹城を攻撃した。一方、管領細川高国は朝倉氏と佐々木氏を頼み、再び下京・東寺・西七條・唐橋・鳥羽・鴇森《ときのもり》に布陣した。十月廿八日、三好筑前守元長は一旦伊丹城攻めを取りやめ、丹波の波多野・柳本と申し合わせ、斎院に陣取り、丹波衆は五条・六条・七條に陣取って、越前衆は阿波方遊佐河内守勢と渡り合い首百三十余り討取り、三好衆は越前衆の首二百ばかりを討取ったが、その後、互いに合戦もなく、明けて大永八年正月廿一日、越前朝倉衆と三好元長方は双方和睦することになった。

■大永八年（一五二八）正月、三好元長のライバル三好政長は京から堺へ赴き御屋形細川晴元に三好元長を讒言した。三好元長は細川高国と会い和睦を確認し堺へ赴き御屋形細川晴元に申し開きをしたが、晴元は三好政長の讒言を信じ納得しなかった。去る程に、薬師寺備後守・同三郎左衛門と伊丹兵庫助元扶ら摂津衆も降参して堺の細川六郎晴元に帰参し、近江の佐々木衆、越前の朝倉衆も帰国すると、将軍足利義晴と管領細川高国は再び京から江州朽木民部少輔稙綱の屋形へと脱出した。八月廿日、享禄に改元された。

塩川太郎左衛門尉国満祝言

大永八年（一五二八）五月、塩川弾正忠太郎左衛門尉国満は廿八歳になり祝言を挙げた。内室は江州佐々木六角高頼の兄である江州大老種村伊予守高成の娘（養女）で、前管領細川澄元の息女種村種子である。この頃、塩川太郎左衛門尉国満は弾正忠を称していた。母は池田民部丞綱正の娘綱子であり、池田綱正は高国方であり、塩川弾正忠国満は元服の時に細川高国の「国」の一字を賜り国満と名のっていたが、池田綱正は既に亡く、元来父の種満は細川澄元こそ細川京兆家の正嫡と考えていた。この縁組により塩川豊前守種満は管領細川高国と不和になり、細川高国方であった塩川伯耆守孫太郎信氏・同山城守満定・同吉大夫国満の三兄弟とも大きな隙間が生じた。この縁組のきっかけは、細川澄元の補佐役であった三好筑前守之長（長輝）は吉川家の縁者であり、細川澄元は娘を江州の種村高成に預けていたが、三好之長は高国に攻められ京で自刃し、孫である三好筑前守元長（長基）の才覚により、細川晴元の姉である種村種子を塩川弾正忠太郎左衛門国満の正室とし、また、種村高成の舎弟六角高頼の子同定頼の娘を細川晴元の内室（側室とも）としたのである。吉川家は三好家と縁者であるので代々「長」を通字とした。

■享禄二年（一五二九）正月一日未明、山崎にて柳本賢治と三好元長方の伊丹弥三郎との合戦があり、柳本が勝ち、伊丹弥三郎を始め六人が討死した。これを聞いて三好遠江守と塩田若狭守は京から山崎に加勢に駆け付けると柳本は枚方へ逃げた。八月十日、これは御屋形細川晴元の同意の事であれば詮なしと三好元長は落胆し阿波へ帰国してしまった。八月十六日、柳本賢治・高畠甚九郎・三好政長らは、三好元長も阿波へ帰国してしまった以上、元長も同意の上なれば攻めよとて、伊丹城を攻め、十一月廿一日子ノ刻、伊丹城は落城し、伊丹大和守元扶ら一族三十余人は討死した。伊丹城には高畠甚九郎が入った。

将軍足利義晴は未だ江州朽木民部少輔稙綱の屋敷に逗留しており、塩川家の諸将十二騎は江州朽木の公方に新年の参賀に赴いた。五月、吉川頼長の祝言があった。内室は能勢十郎之頼の娘である。九月、吉川次郎丸が十九歳で元服し、吉川右京進長定と号した。吉川左京亮長満の嫡男である。十月、吉川長頼の十七回忌を吉川長満が修した。

細川高国の反撃

管領細川高国は伊勢国から近江の佐々木六角氏、越前の朝倉氏、出雲の尼子氏を頼ったが皆同心を得られず、ようやく備前の浦上掃部助村宗の力を借りて上洛することになった。

「嘉吉の乱」で自刃した赤松満祐の甥赤松時勝が浪々の身となり早世すると重臣浦上則宗は時勝の幼少の嫡男政則を養育し赤松家の家名復興に尽力した。「長禄の変」の功績も認められ、応仁の乱では赤松政則と浦上則宗は細川勝元に属し、赤松政則は公方足利義尚に供奉し、細川政元と結んで赤松家を再興したが、明応五年（一四九六）四月に赤松政則が病死すると嗣子がなかったので浦上則宗、別所則治、赤松政秀、小寺則職らは一族の赤松範資の末孫義村を嗣子として迎えた。文亀二年（一五〇二）に浦上則宗も逝去すると、大永元年（一五二一）、則宗の猶子浦上掃部助村宗は義村を殺しその子政村（政祐、政晴）を擁立して勢力拡大を図った。

赤松政則═══義村───政村（政祐、政晴）　＊足利義晴は赤松義村の元で育てられた。

浦上則宗═══村宗（義村を殺す）─┬─政宗
　　　　　　　　　　　　　　　　└─宗景

「嘉吉の乱」嘉吉元年（一四四一）六月、赤松満祐が六代将軍足利義教を暗殺して幕府軍に討たれ領地を没収された事件、将軍足利義教に供奉していた塩川伯耆守一宗も赤松党に生害された。一宗は塩川三河守満家の曽祖父に当たる。

「長禄の変」長禄二年（一四五八）赤松家の遺臣らが後南朝の行宮を襲い神璽を取戻し幕府から赤松家再興が許された。

■享禄三年（一五三〇）六月、柳本賢治は播州三木の別所氏に請われ、同心して浦上方の依藤ノ城（小野市）を攻めたが、夜半に何者かに刺殺されてしまった。それに勢いづいて浦上村宗は、小寺の城、三木別所の城、有田城を攻め落とし、八月には細川高国・浦上村宗勢は西宮の神呪寺に布陣した。細川晴元方は、高畠甚九郎が伊丹城に、池田筑後守三郎五郎信正（久宗）が池田城に、薬師寺三郎左衛門国盛が尼崎の富《と》松《まつ》城にそれぞれ陣取った。

細川高国・浦上村宗勢は富松城を攻め落とすと、それに対峙して薬師寺三郎左衛門、山中遠江守、和泉衆が尼崎大物《だいもつ》・久々地・坂部に陣を張った。伊丹城の高畠甚九郎は討って出て細川高国・浦上勢と南富松で合戦になり、高国・浦上勢は益々勢いづいて、大物の山中遠江守と河原林左衛門尉は欠郡中嶋まで退却した。その時、薬師寺三郎左衛門国盛は高国方に寝返ったために、堺に人質に出していた七歳の子息が生害された。細川高国・浦上勢は高畠甚九郎の伊丹城を落とすと、高畠は堪らず池田城に逃げ込んだ。

多田庄では、同年（一五三〇）六月、塩川弾正忠太郎左衛門国満に長女が生まれ於虎と名づけられた。

母は正室種子ノ方である。十一月、弘倹（塩川弘満）の十三回忌を取越した。十二月、能勢頼実に次男が生まれ虎松と名づけられた。

「大物崩れ」三好元長に攻められ遂に管領細川高国自害

■享禄四年（一五三一）二月、三好筑前守元長は細川讃岐守持隆に宥められて、阿波から堺の細川晴元に帰参した。三月、細川高国・浦上勢は池田城に攻め寄せると、池田筑後守三郎五郎信正（久宗）が守る池田城はその日のうちに落城してしまった。この池田城攻めに塩川伯耆守孫太郎信氏と嫡男信光は高国方として出陣した。塩川山城守満定は後詰で多田一蔵城に詰めていた。細川高国・浦上勢は中嶋・野田・福島に陣取り、今にも堺を攻め落とす勢いに、細川晴元は堺公方をどこかへ落そうと考えていたところへ、細川讃岐守持隆が八千余騎を率いて阿波から堺に着陣し、河内守護畠山総冏義堯の守護代木澤左京亮長政も晴元方として参陣した。五月、細川晴元勢は、細川右馬頭尹賢（高国を見限り晴元に帰参）と香川中務丞が築嶋に陣取り、三好筑前守元長勢は住吉に陣取り、久米・河村・東條・七條・一宮・三好山城守一秀らは吾孫子・苅田堀に陣取って双方合戦が始まった。赤松勢は細川高国に味方して西宮神呪寺まで出陣していたが、高国方の浦上掃部助村宗は赤松政祐（晴政）の親の仇であったので、赤松政祐はこの時とばかりに細川晴元に内応すると、浦上方の播磨の諸将たちは次々と赤松方に寝返った。六月、三好筑前守元長勢が打って出ると、細川高国方は浦上掃部助村宗と嶋村弾正は討死し、伊勢六郎左衛門貞能、伊丹兵庫助国扶、河原林日向守、薬師寺三郎左衛門、波々伯部兵庫助正盛らも討死した。高国勢は敗れて野里川の水は真っ赤に染まり死人の山と化した。三好山城守一秀は逃げる敵を追捕し、浦上内蔵助と同六郎右衛門らが生瀬口（宝塚市）へ落ちて行くところを赤松勢と晴元の御馬廻衆が渡り合い討取った。

高国は尼崎町内の紺屋に潜んでいたところを見つかり捕えられて、六月八日、尼崎大物の廣徳寺で自刃した。享年四十八歳であった。七月廿四日、細川右馬頭尹賢は高国を見限り細川晴元に帰参していたが、晴元の命で木澤長政に討取られた。これにより細川尹賢の子息細川氏綱は七年後に細川高国の跡目と称して細川晴元に対して挙兵することになる。

同年（一五三一）四月、塩川豊前守種満に、三好筑前守元長（長基）の家人下津作内が使者として訪れ参陣の要請があり、六月、塩川豊前守種満は塩川源兵衛尉宗英、塩川孫太郎仲延、吉川右京進長定（定満）、塩川弾正忠宗基、塩川九郎左衛門頼繁ら一千余騎にて天王寺今宮まで出張し細川晴元方として参戦した。高畠甚九郎が伊丹城から城抜けし、高国方の伊丹兵庫助国扶が討死すると伊丹兵庫助親永の次男伊丹次郎親興が伊丹城に入った。伊丹兵庫助親永と長男の伊丹安芸守親保の動向は不明である。

山問民部丞頼里は高国に味方して敗れ多田を出奔する

山問家は丹波守頼明を元祖とし、一樋氏は頼明四代満景から別れ、澤渡氏は頼明十九代頼房から別れ、波豆の山問氏は頼明廿代頼俊から別れた。山問源六郎の嫡男山問民部丞頼里は細川高国方として参戦し敗れて嫡男の紀二郎氏里と共に大和国へ落ち、頼里は天文十年（一五四一）三月十五日、三十六歳で逝去し、氏里の子息頼清（頼秀）は天正二年（一五七四）七月十九日、四十六歳で逝去して以降末裔は出口氏を称した。山問源六郎の次男山問頼勝は多田庄に留まり、塩川豊前守種満に仕え塩川氏と共に滅んだ。

【山問氏略系図】 筆者作成

源満仲―丹波守頼明―右馬允頼忠―右馬丞頼宗―満景―満高―民部丞頼長―光重

―頼永―満永―義益―満秀―義延―右馬丞頼久―右馬丞頼氏―民部丞頼康

―右馬丞範仲―右馬入道道秀―道直―右馬丞頼房―頼俊
　延元二年八幡山籠城
　　　　　　　　　　　　　　　　　　　　　　　―頼尚（澤渡氏）

―右馬丞秀頼＝源三頼行―源六郎―民部丞頼里―氏里
　享徳三年田寄進状

―刑部丞国義―民部丞長義（波豆）
　実塩川秀仲子　大永四年被討仲朝
　　　　　　　　　　―左近衛門頼勝―源六辰ノ助
　　　　　　　　　　　高国方天文十年卒　大和国江行

―上野介頼秀―頼道―山問孫八郎頼貞　元和元年銀山討死
　河内国出口之光善坊軍法与力
　　　　　　　　　―宗懿（出口氏）天正十三年旧地ニ帰ル

塩川伯耆守孫太郎信氏・信光父子は高国に味方して敗れ多田を出奔する

摂津一蔵城主塩川伯耆守孫太郎信氏・同信光父子は細川高国に味方して敗れ、多田庄を出奔して三州岡崎城主松平清康（家康の祖父）に仕えた。四年後の天文四年（一五三五）十二月五日、松平清康は尾張に攻め込み、尾州森山（守山）の陣で家臣阿部弥七郎に名刀村正で切り殺される。世に言う「森山崩れ」である。松平清康は享年廿五歳であった。松平清康に従って出陣していた塩川孫太郎信氏と同息三郎兵衛信行（信光）は尾州森山ノ陣から三州岡崎へ帰る途中、伊田にて敵と遭遇し合戦になり、三郎兵衛信行（信光）は討死した。その時、嫡男弥九郎（詮光）は五歳であり、泉大津の母の実家である真鍋主馬兵衛貞詮に引き取られて育ち、真鍋（間部）姓を名のった。塩川孫太郎信氏は弘治元年（一五五五）二月廿二日に逝去した。

塩川伯耆守孫太郎信氏父子が多田庄を出奔した後、信氏の次弟塩川山城守満定は兄の伯耆守を継承して塩川伯耆守政年と改名し、多田一蔵城主となり公方足利義晴に仕えた。塩川伯耆守政年の内室は細川野洲家政春の娘で細川高国の妹である。そしてまた、川邊郡六瀬（猪名川町）に住居していた末弟の塩川吉大夫国満も伯耆守を名のった。塩川伯耆守吉大夫国満の内室は細川高国の御馬廻り荒木安芸守高村の娘である。この時代の受領名は正式に朝廷から任じられた官職ではなく、主人から与えられるか、京の有力寺院が受領名を発給して収入を得ていた。塩川豊前守彦太郎種満は高国方であったが、三好元長の仲介により細川晴元方となり勝利することができた。これも吉川家が三好之長（元長の祖父）の縁者であり、塩川弾正忠太郎左衛門尉国満が細川澄元の娘種村種子を内室にしたからである。同年三月、多田久蔵は名を中務丞と改め、頼清或は国清と号した。九月、安村助十郎は十八歳で元服し仲信と改名した。仲成の子息である。

第二話　将軍足利義晴と細川右京大夫晴元の確執

三好筑前守元長は堺の顕本寺で自刃する

三好筑前守元長（三十二歳）は三好政長（廿五歳）と対立して阿波に帰国していたが、細川讃岐守持隆に宥められて再び細川晴元に帰参し、細川高国追討に大きな手柄を立てると、三好元長の勢力が再び強くなり、ライバルの三好政長は細川晴元（十八歳）に再び讒言して三好元長と対立する。

■享禄五年（一五三二）正月、三好元長は叔父の三好山城守一秀を大将に逸見、市原、森飛騨守、塩田若狭守らに命じて、京の三條に立籠もる細川晴元の家臣柳本賢治の嫡男甚次郎を攻め、柳本甚次郎は自刃するという事態が発生した。これは享禄元年に、柳本賢治が山崎において三好元長方の伊丹彌三郎を討った弔い合戦だという。三好元長は髻を切り海逭と号し、河内の守護畠山総刕義堯《よしたか》、丹波の波多野氏、大和衆らと申し合わせ堺南庄に立籠もり、細川晴元の従兄細川讃岐守持隆に仲裁を頼んでいたが、三月に讃岐守は阿波へ帰国してしまった。

五月、畠山総刕義堯（義宣）は重臣の木澤左京亮長政が背いて細川晴元に味方したために木澤の飯盛城（四条畷市・大東市）を攻め、三好元長の一族である三好遠江守元吉と大和衆も畠山総刕義堯に味方した。

三好政長と木澤左京亮長政は細川晴元に訴えると、晴元は妹婿の山科本願寺光教（証如）に援軍を求めた。

本願寺門徒一揆衆はたちまち畠山勢を蹴散らし、三好遠江守元吉と郎党らは討死し、畠山総劦義堯（義宣）は自刃した。

細川晴元勢と本願寺門徒衆数万人は三好元長をも誅そうと、和泉・河内・摂津の門徒衆が大挙して堺南庄へ向かうと、三好元長は嫡男千熊丸（長慶）と内室を阿波の細川讃岐守持隆の元へと逃がし、三好筑前守元長、三好山城守、塩田若狭守父子、加地丹波守父子らは顕本寺にて自刃して果てた。細川晴元の姉婿塩川弾正忠国満も三十余騎を率いてこの戦いに参陣し、細川晴元から感状数通を得た。この年七月に天文に改元された。

更に本願寺一揆衆と木澤左京亮の郎党らが争いをおこし、木澤衆が一揆衆に討取られると、木澤勢は浅香の一向宗道場を焼き払った。すると和泉、河内、大和、摂津に一揆が起こり、堺の細川晴元の屋形へも襲い掛かり木澤左京亮は自ら刀を抜いて応戦した。摂州池田城にも一揆が押し寄せた。江州の六角定頼は細川晴元の舅であり、門徒一揆に対抗して京の法華衆と一味して山科本願寺に押し寄せ寺院を残らず焼き払った。十月、南都へも一揆衆が押し寄せた。十一月、摂津上郡では摂津衆が本願寺の富田道場を始め所々の門徒寺院を焼き払い、池田衆と伊丹衆は一味して摂津下郡中の道場を残らず放火した。

■天文二年（一五三三）癸巳正月、尼崎大物城の松井越前守の屋形へも一揆が押し寄せた。二月、堺の細川晴元の御座所へも一揆勢が押し寄せ、細川晴元は淡路へと避難した。三月、伊丹に一揆が起こり「らうか」という物を一町余り二通りこしらえ尼女まで集り城の堀を埋め立てた。木澤左京亮は法華衆と與《くみ》して門徒衆を後巻きにし、一揆衆五百人ばかりを斬捨てると門徒衆は散々になって退いた。

細川野洲家晴国挙兵

天文二年五月、故細川高国の実弟細川晴国は摂津と丹波の高国方の諸将に担がれて山城国で挙兵し、細川晴元に寝返った薬師寺国長の山崎城を攻め、国長を敗死させると、細川晴国は石山本願寺一揆勢と手を結んだ。塩川伯耆守吉大夫国満、仁邊新左衛門尉国基、田中中務丞ら六瀬衆も細川晴国に味方した。

三月、細川晴国は能勢源五郎頼明宛に八上城攻めの軍勢督促をし、八月には能勢源左衛門尉頼明宛に本地（能勢）と芥川分の安堵状を発給した。同月に細川晴元も能勢源左衛門尉頼明宛に本地（能勢）と西岡（山城国）の安堵状を発給した。細川晴元は淡路から池田弾正忠三郎五郎信正の池田城に入り、芥川城を居城とした。細川晴元勢は木澤勢、法華衆らと大坂の本願寺の城に攻めかかったが、城は堅固で攻めあぐね、ようやく双方和睦して陣を引いた。九月、河原林と本願寺一揆衆は越水城に夜討ちをかけ篠原衆八人討取り城を奪ったが、三好伊賀守利長（三好元長の嫡男千熊丸、十二歳）、同久助、池田衆、伊丹衆らが越水城へ押し寄せると河原林勢は一戦も交えず詫言を云い中嶋まで退き、三好方は越水城を奪い返した。

多田庄では、天文二年（一五三三）三月四日、昌慶（秀満）の側室妙雲尼（能勢氏）が頓死した。享年六十八歳であった。三月四日は昌慶の正室妙慶尼（池田氏）の祥月命日であり皆は感心した。五月、塩川弾正忠国満の長女於虎を柏梨の塩川源兵衛尉宗英が養うことになった。この娘は後に塩川源兵衛尉宗英の嫡男孫大夫宗頼の内室となる。沢亘新九郎仲家が後見となった。六月、於虎の乳母が頓死した。一向宗であったので東多田横山村の光遍寺で弔われた。

十月十七日、塩川伯耆守吉大夫国満は田中弥四郎ら六瀬衆を率いて摂津国米谷の中村城を攻め取った。城代若槻某は退散し玉泉庵を生け捕り、十九日に細川晴国から感状を受けた。同月、多田院御家人衆の親睦をはかるために亥ノ子の祝いが米谷の中村城で行われた。塩川伯耆守吉大夫国満は塩川弾正忠太郎左衛門尉国満ら御家人衆に回文して中村城に招いたが吉川党は参加しなかった。これは三好海運元長の追討に塩川衆が参陣したためである。

猪名川町槻並の『田中家文書』にこの時の感状の写しがある。「去十七日米谷中村城切取時属塩川伯耆守手蒙太刀疵二ケ所由尤粉骨至候也謹言　十月十九日　晴国　田中弥四郎とのへ」とある。宝塚市中筋村にある堀に囲まれた妙玄寺は摂州中村城址と思われる。『摂北温泉誌』によれば、米谷庄は山本方、中村方、米谷方に分かれ、中村は後世に中筋村と改められた。『多田院御家人由来伝記』に多田満仲公は正暦元年米谷に舛形城を築城したとある。これが後世「中村城」と呼ばれたものと思われる。『高代寺日記』には円慶寺とあり、妙玄寺が円慶寺であろうと思われる。妙玄寺は慶長七年（一六〇二）法華宗に改宗され寺名も変えられたことが『宝塚の民話』にある。

←宝塚市中筋「妙玄寺」は摂津中村城址

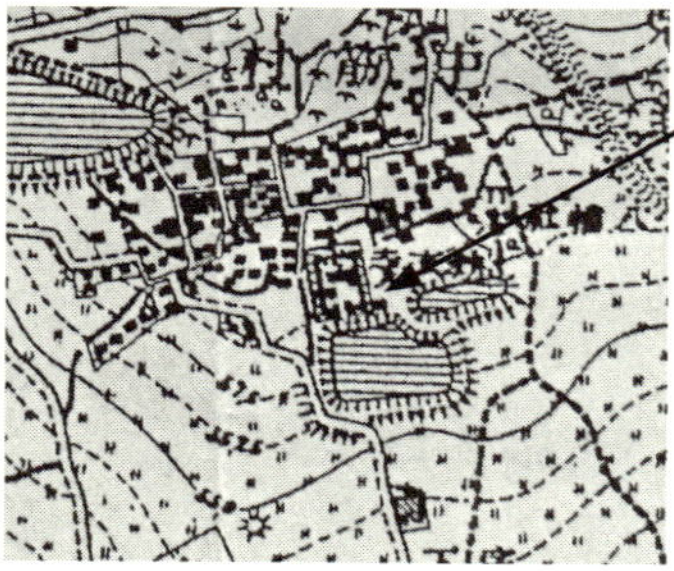

中村城

■天文三年（一五三四）、六月、将軍足利義晴は朽木稙綱の元に身を寄せていたが前関白近衛尚通の娘を内室に迎えて、六角定頼の仲介で細川晴元と和解して九月に帰京した。

この頃、畠山尾刕尚順は出家し「卜山」と号し、高屋城を子息稙長に譲り紀州に隠居していた。畠山尾刕稙長は本願寺と與し、木澤長政に対抗しようとしたが、木澤長政は稙長の家臣遊佐長教と與し、遊佐は杉原石見守、斉藤山城守らと稙長を廃して稙長の弟石垣左京亮長経を家督に据えた。畠山尾刕稙長は紀州に逃げ根来寺に匿われた。翌天文四年に遊佐長教は石垣左京亮長経も追放し、長経の弟晴熙を擁立した。

同年八月十一日、三好伊賀守利長（千熊丸）・同久助と本願寺が一味して細川晴元に敵対し椋橋城に立籠もると三好政長は伊丹・池田勢らと椋橋城の三好伊賀守利長・同久助を攻め、本願寺衆も加わり田中という処で合戦があった。

織田信長誕生

天文三年五月十二日、織田信長は尾張国中島郡にある織田信秀の居城「勝幡城」で誕生した。勝幡城は信長の祖父織田弾正忠信定によって築城された。信定は享禄元年（一五二八）に逝去した。信定の嫡男信秀は永正五年（一五〇八）この城で生まれ清洲三奉行の一人となった。天文元年、信秀は今川氏豊の那古野城を攻め取り、天文四年には古渡城を築城して城主となり、信長を那古野城に入れ勝幡城は廃城となった。その後、信長は守護斯波氏と守護代織田大和守家を清洲城から追い出し居城とした。織田信秀の正室は守護代織田大和守の娘で、継室土田御前は信長、信行、信包らの母であるが、土田御前は信行を溺愛した。その頃、池田政秀には子が無く滝川貞勝の子息恒利を娘婿に迎え池田恒興が生まれたが、恒利は病死し娘は養徳院と名のっていた。織田信秀は養徳院を信長の乳母として召出し、その後、側室とした。それにより池田恒興は信長とは乳兄弟となった。

尾州中島郡国府宮《こうのみや》には「尾張大国霊社」があり、神主塩河成清の子息塩川源六郎秀光は信長より三歳年下であった。また、信秀の重臣織田信房の子息に菅屋玖右衛門長頼という者がおり、信長は幼い頃から池田恒興、塩川源六郎、菅屋玖右衛門らを従えて「朝夕は馬の稽古、川に入り水練、長竹鎗で叩き合い、弓・鉄砲・兵法の稽古、鷹狩などに興じて、半帷子に半袴姿で髪は茶筅に萌黄糸で結い、大刀は朱鞘で、腰に色々ぶら提げて、柿・栗・餅・瓜などをかぶり、庶民の祭りや踊りを楽しんだ。人々は皆大うつけと陰口を言っていた」という。尾張大国霊社の副神主家は蜂須賀氏で蜂須賀小六家とは別家とされている。木下藤吉郎（秀吉）は百姓ではなく、父の名前も分からず、母が再婚して義父とは折り合いが悪く家出して、信長と遊びほうける池田恒興、塩川源六郎、菅屋玖右衛門らを横目に、清洲城下で縫針などを売り歩いて生計を立てていた。天文廿一年（一五五二）頃に木下藤吉郎（秀吉）は今川家臣遠江国頭陀寺城主松下加兵衛に下男として仕えていたが、秀吉が長浜城主になると松下を家臣にしたという。

幼少期に父母の愛に恵まれず心から打ち解ける者が少なかったことが信長独特の性格を形成する要因でもあった。即ち、逆らう者には徹底して冷酷になり、慕う者には徹底して親愛の情を示した。信長はサイコパスだったという学者もいる。サイコパスは0歳から十二歳までの大脳が発育する時期に母親の愛を受けられず、且つ父親の行過ぎた児童虐待（体罰とスパルタ教育）が引き金となって起る脳の発育障害とされている。幼い時に過度な虐待を受けると、自分では対応できないためその苦痛から逃れようと自己を客観的に（他人事として）見つめるようになり、自己と肉体が乖離する。それが過度になると、そこに他の意識体が入り込むのである。十二歳位になると自分なりに対応できるようになるが他の意識体との縁は中々切れない。憎む相手に対して同情感が欠落し、死を恐れず、愛しい者に対しては過大な親愛の情を示し、特に年上の女性を好む。知能指数が高い場合はその残忍な性格により軍隊の指揮官や企業戦士として成功するタイプと知能指数が低い場合は軽犯罪を犯して刑務所を出入りし、死刑をも恐れない社会に適応できないタイプがある。

吉川定満婚礼　塩川宗頼元服　塩川仲延婚礼

多田庄では、天文三年（一五三四）二月、塩川豊前守種満の七十歳の祝賀があった。五月、吉川右京進長定（定満）が内室を娶った。幕府奉行人飯尾次郎左衛門元運の娘である。七月十四日、昌慶（秀満）の三十五回忌法要が上津の善源寺永源和尚によって修された。

『高代寺日記』に「八月、塩川太郎左衛門尉国満家臣多召連多田院へ参詣セラルヽ、立願アリ」とある。塩川弾正忠太郎左衛門尉国満は三十五歳になるにあたり「伯耆守」の名のりを取り戻し多田庄の盟主となって満仲公の廟所を守護する旨の誓いを立てた。

九月十五日、丑孫丸が十八歳になり元服し塩川孫大夫宗頼と号した。これより孫大夫は吉川新左衛門を頼り江州に赴き、江州大老稙村伊予守高成に仕えた。十一月朔日、塩川孫太郎仲延が室を娶った。細川晴元の家来仙石与市の娘石子である。

小舟山合戦

天文三年十月二日、塩川伯耆守吉大夫国満は仁邊新左衛門国基、田中中務丞ら六瀬衆を率いて小舟山合戦（大舟山合戦）に出陣して細川晴国から感状を得た。小舟山合戦の詳細は不明であるが、細川晴元方の山問左京亮（波豆の山問民部丞長義の縁者か？）、波豆川村の北畠氏と兵庫氏、木器《こうづき》、高平谷を攻めた合戦であろうと思われる。高平谷から丹波に通じる海道があり、北畠氏は八上城の波多野氏と通じ細川晴元に味方していた。大舩山は波豆川谷と高平谷の間にあり、山頂近くに大舩山大舟寺《だいしゅうじ》があったが、後に織田信澄に破却され里に再建される。

『間部家譜』の「間部刑部詮光」の項に次のような記述がある。

詮光の母ハ泉州大津ノ住人真鍋主馬兵衛貞詮ノ女、主馬太夫貞成ノ姉、塩川三郎兵衛信行討死ノ時、弥九郎僅二五歳、故ニ母ト倶ニ於乙に至り、外祖ノ家ニ養ハル、其後従祖父塩川国満男子ナキニ依テ我家ニ迎へ、遂ニ養子トナサントスルノ意アリ、時ニ塩川国満細川家ノ下地を受テ、摂州六瀬ノ城主山問《ママ》左京亮ヲ攻ム、弥九郎進テ先登シ敵将左京亮ノ首ヲ打取ル、管領代兵部少輔晴国是ヲ実験シ、初陣ノ働ヲ感賞アリ、書記ニ載セラレ、真鍋弥九郎ト唱フ、時ニ塩川国満進ミ出書役ノ者ニ談シ塩川弥九郎ト改メシム、弥九郎自ラ思フニ、幼稚ヨり外祖撫育ノ恩ヲ蒙ルカ故ニ成人ノ後、真鍋を以テ氏トス、当時、暫ク塩川国満ノ家ニ在トモ、未夕父子ノ約ヲナサス、今吾カ軍功アルニ依テ、強テ塩川ト称セシムルコト本意ニ非スト、云々

前述したように、天文四年「森山崩れ」の後、塩川三郎兵衛信行討死の時嫡男弥九郎詮光は五歳であり、天文五年八月に細川晴国は自害しているので、この家譜の真鍋弥九郎に関する記述は年代が合わない。しかし、『田中家文書』に、塩川伯耆守吉大夫国満は「小舟山合戦で細川晴国に加勢して感状を賜った」とあるので、この家譜の記述は小舟山合戦を指しているものと思われる。『山問氏系図』によれば「山問右馬丞秀頼の弟山問刑部丞国義の子息山問民部丞長義は波豆に住居した」とある。波豆川庄の「北畠殿」コト源景満は多田源氏の末裔であり、その縁者である兵庫氏は源頼親四代頼風の末裔である。波豆川村字殿垣内に屋敷跡と墓地があり、中世、北畠氏・兵庫氏は高平・西谷一帯の波豆川庄を治めてい

た。「小舟山合戦」の小舟山は大舟山に比定できる。別の例では能勢氏と塩川氏が戦った「小部合戦」の戦場は「小部峠」と記されていたが、現在では「大部峠」となっている。また、川西市字小戸（大部）は「おおべ」と読む。しかし、この『間部家譜』の内容は年代が合致しない。これは後述するが多田兵部光義（元朝）宅の古文書の写しに問題があると思われ、多田兵部は『多田満仲五代記』の編者であり、この話は多田兵部により脚色された可能性が高い。（「おわりに」を参照）

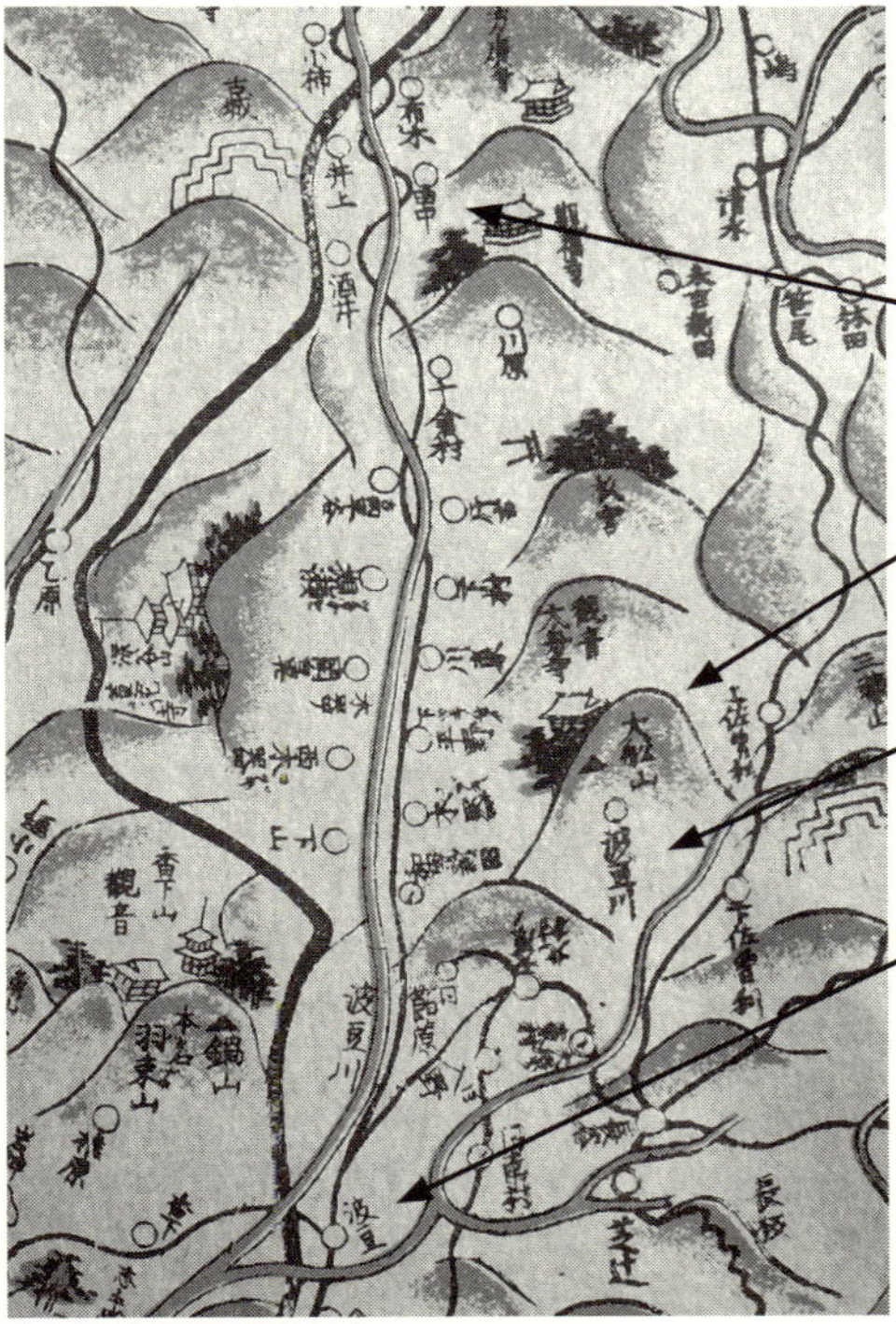

波豆川村にある北畠氏墓地

塩川弾正忠太郎左衛門尉国満の長男（小法師丸、宗覚、右京進頼国、全蔵、運想軒）誕生

■天文四年（一五三五）二月、塩川豊前守種満は岩屋山（石屋金峯寺）に参詣し同行していた能勢頼冨は途中で亡くなった。石屋金峯寺は京都鴨川の源流にあり役ノ行者が創建した修験道の山で、弘法大師が再建し様々な怪異が起こる魑魅魍魎と妖怪の巣窟といわれていた。
四月十日己上刻、塩川弾正忠国満の長男が石道若狭掾の屋敷で誕生した。母は江州大老種村伊予守高成の養女種村種子（細川澄元娘）である。乳母は吉川出羽掾の妻で、吉川弾之助の母である。美女にして能書の聞えありという。七月十日、吉川長頼の廿五回忌を吉川長定（定満）が勤めた。九月、安村牛之助が十九歳で元服し、養父安村仲宗の跡を知行し安村勘四郎と号した。この頃、荒木村重が誕生した。

足利義輝誕生、細川晴国自害

■天文五年（一五三六）三月十日に若君菊童丸（足利義輝）が誕生した。母は近衛尚通の娘である。卯月十二日、多田院に御太刀一腰が奉納された。七月廿六日、中嶋の一揆衆に富田中務が一味して椋橋城の三好伊賀守利長（長慶）を攻め、伊賀守は負けて木澤左京亮長政を頼み信貴山城へ退いた。廿九日、木澤左京亮長政、三好伊賀守利長、三好政長が大坂へ発向し石山本願寺の一揆勢を蹴散らした。細川晴国兄弟と三宅出羽守国村は石山本願寺に味方していたが、一揆勢が木澤勢に討たれ劣勢になると、八月廿九日、三宅出羽守国村は細川晴国を堺へ落そうとしたが途中で気が変わり討手を差し向けて細川晴国に腹を切らせ、己は晴国の弟たちと細川晴元に帰参した。三好伊賀守利長（長慶）は三好筑前守元長の嫡男千熊丸であり、天文二年に十二歳で元服し、三好孫次郎利長と名のり伊賀守を称して本願寺一揆勢と戦い摂津越水城（西

宮市）を一揆勢から奪い取り居城としていた。天文三年には本願寺一揆勢に味方して細川晴元・三好政長らと戦ったが、木澤長政の仲介で細川晴元に帰参した。細川晴元と三好政長は父の仇と知っていたが、細川晴元は主筋でもあり、出世のための後ろ楯として利用しようと考えていた。天文八年には、三好伊賀守孫次郎利長改め三好孫四郎範長は十七歳になり摂津越水城を細川晴元から正式に与えられ、摂津下郡の守護代に任じられた。

多田庄では、天文五年（一五三六）丙申正月、塩川弾正忠国満の長女於虎は七歳になり手習いを始めた。二月小、多田中務丞頼清に男子が生まれ彦八郎（元継）と名づけられた。七月、塩川孫太郎仲延に長子が生まれた。母の石子は橘を夢に見て懐妊したので橘三郎（橘大夫頼方）と名づけられた。種子ノ方と細川晴元の家来仙石与市の娘石子とは姉妹ノ結ありと言う。

細川晴元管領となる

■天文六年（一五三七）二月六日、木下藤吉郎秀吉が生まれる。細川晴元（廿四歳）は天文五年九月に入京し、将軍足利義晴（廿七歳）と和解してこの年右京大夫に任じられた。四月十九日、佐々木六角定頼の娘（実は権大納言三条公頼の長女とも）は細川晴元に嫁した。十一月十三日、若君千歳丸（足利義昭）が誕生した。母は近衛尚通の娘である。同年、尼子経久は孫の晴久に家督を譲り、尼子晴久の代には出雲・隠岐・伯耆・因幡・美作・備前・備中・備後の守護となり、尼子晴久は細川晴元から偏諱を受けた。

塩川弾正忠太郎左衛門尉国満に次男誕生、源太系図被伝譲　細川氏綱挙兵

■天文七年（一五三八）正月小三日と十八日に慶光（藤原仲光）の五百五十回忌が上津の善源寺にて永源和尚により修せられた。四月十一日、塩川弾正忠太郎左衛門尉国満に次男源次郎（基満）が生まれた。母は伊丹兵庫助親永の娘である。故に山問源次郎頼勝を左近衛門と改められた。九月十四日、塩川孫太郎仲延の次男が戊年戌日に生まれたので犬童子と名づけられた。橘三郎の弟（半右衛門尉）である。

十一月十五日、源太（弾正忠国満の長男）の袴着の祝賀があり、石道若狭掾と塩川孫太郎仲延がこれを奉行した。十二月朔日、源太は宗琳叟（種満）から系図一巻を伝譲された。塩川豊前守種満は源太を嫡男と定めて塩川家の系図を伝譲したのである。次男の源次郎が生まれ家督争いを懸念されてのことであった。

河内国では木澤長政が畠山総州義堯の弟在氏を家督に据え飯盛城を手に入れ、守護代遊佐長教は畠山尾州家の弥九郎を家督に据え其々河内国を二分して実効支配した。

和泉国では、細川右馬頭尹賢の子息細川氏綱が細川右京大夫高国の跡目と称して挙兵し、泉州玉井氏を味方につけ堺南庄へ討ち入り、蘆原口で松浦肥前守と戦って負け軍勢を引いた。三好孫四郎範長（長慶）が出陣し、泉州横山の合戦で玉井勢は負け、喜連・杭全まで出張っていた細川氏綱勢も散々になって退却した。

■天文八年（一五三九）正月八日、源太の系図伝譲の祝賀が高代寺薬師院にて行われ、石道若狭掾、吉川出羽掾、田中勝之助、野間与三郎以下多くの郎党が参列した。同年八月、土佐の権大納言一條房通公が内大臣に任じられた。九月、安村辰ノ助が廿歳になり元服し、安村三郎四郎仲貞と号した。十一月、土佐の

一條房家公が土佐にて薨ぜられた。享年六十五歳であった。

塩川豊前守種満逝去、塩川弾正忠国満の娘子祢誕生

■天文九年（一五四〇）五月三日、宗琳叟（塩川豊前守種満）が逝去し上津の善源寺に葬られた。享年七十六歳であった。塩川孫三郎仲朝の日記によれば、宗琳叟（種満）は常に慶光（藤原仲光）の事を念じ給い、慶光と同日に逝去された。本尊は不動明王であり、多宝如來を念じ、廣田大明神を信仰し、皆は不動と崇めたという。弔は上津の善源寺の他に石屋金峯寺、高代寺、七條の不動堂で行われた。後に源太宗覚（運想軒）が紀州に出奔して利運を得られたのも宗琳叟の加護と皆は言った。

七月十日、塩川弾正忠太郎左衛門尉国満に女子が生まれ年の支干と同日であるので子祢《ねね》と名づけられた。母は塩川加賀入道正吉の末娘であり、塩川孫三郎仲朝の妻の妹でもある。塩川加賀入道正吉は永正十年八月に亡くなり、種満公の内室綱子ノ方が正吉の末娘を介抱していたところ塩川弾正忠国満の手がついたのである。塩川弾正忠国満よりも一～二歳年上という。尼子晴久は毛利氏の居城吉田郡山城に攻め入ったが大内義隆・陶隆房の援軍もあり、翌天文十年には兵を引いた。

三好孫四郎範長、三好政長、波多野秀忠が多田一蔵城に来襲する

■天文十年（一五四一）多田庄では先年塩川豊前守彦太郎種満が七十六歳で逝去し、塩川弾正忠太郎左衛門尉国満は四十一歳で家督を継いだ。九月六日、三好孫四郎範長（長慶）、三好政長、政長の娘婿池田筑後守三郎五郎信正、波多野備前守秀忠らが多田一蔵城に押し寄せた。一蔵城主塩川伯耆守政年（満定）は

多田一蔵城に籠城した。三好孫四郎範長らは九月六日から廿七日まで城を取り巻き、塩川政年の御根小屋（一蔵亭）を含め辺りを焼き払った。

一蔵城主塩川伯耆守孫太郎信氏は享禄四年六月、細川高国滅亡後に三河国へ出奔し、舎弟塩川山城守満定が伯耆守を襲名し、塩川伯耆守政年と改名して多田一蔵城主となっていた。塩川政年の内室は細川野洲家政春の娘で細川高国の妹と言われている。三好孫四郎範長（長慶）は高国の縁者が一蔵城にいるとの風聞から三好政長と語らい一蔵城に攻め寄せたという。多田一蔵城は籠城のための山城で、普段、塩川政年（満定）らは麓の御根小屋である一蔵亭に住んでいた。御根小屋は山下《さんげ》とも言い麓に武家町を形成していた。それらが悉く焼き払われてしまったのである。

この頃、塩川弾正忠太郎左衛門尉国満は西多田亭（川西市西多田）に住居していた。塩川弾正忠国満の正室は細川澄元の娘（晴元姉）であり、塩川弾正忠国満と波多野は晴元方であるので、この多田一蔵城攻めは三好政長と塩川弾正忠国満が裏で語らい、三好政長が三好孫四郎範長を焚き付けて塩川孫太郎信氏に続いて舎弟の塩川山城守満定（伯耆守政年）の追い落としを謀ったものと思われる。

伊丹次郎親興と三宅出羽守国村は一計を案じて木澤左京亮長政に援軍を頼むと、木澤は伊丹の婿である弟の左馬允を名代に立て、廿九日、伊丹城に後詰のために駆けつけると、一蔵城へ攻め寄せていた三好勢はその日の内に越水城へ引き上げ、波多野は丹波へ帰り、池田筑後守信正は池田城に籠城した。伊丹衆は越水城へ足軽を出して西宮辺まで放火した。河原林對馬守は西富松城に立籠もった。越水城に立籠もった三好衆が淡州へ注進すると淡路から細川衆・三好衆らが大勢駆けつけて西富松城を攻めると、河原林對馬守政頼はより堅固な伊丹城に立籠もった。木澤左京亮長政、斉藤山城守、杉原石見守らは十一月四日、三好方の原田城（豊中市）を攻めたが、三宅出羽守国村が京の細川晴元方に帰参したと聞いて木澤勢は軍勢を引いた。

天文十年（一五四一）辛丑、二月十日、能勢（大南）頼實が歿した。享年六十三歳であった。四月、池田八郎三郎基且の嫡男が元服し且正（勝正）と号した。五月三日、善源寺、円慶寺、善福寺にて宗琳叟（種満）の追福が修せられた。その余の寺院にても施行せられ、落西の長福寺と福勝寺にても追善供養が行われた。十一月大十五日に源次郎の袴着の賀があり、塩川孫太郎仲延と吉川豊前守定満がこれを奉行した。

「太平寺合戦」にて木澤左京亮討死、塩川伯耆守政年（満定）は多田庄を出奔する

■天文十一年（一五四二）紀州に追放されていた畠山尾州稙長が旧臣たちによって紀州から河内の高屋城（羽曳野市）へ迎えられて、遊佐河内守長教が旧功の人々を城に呼び寄せた。遊佐はたばかられてやって来た斉藤山城守を討ち果たすと、木澤左京亮長政と杉原石見守は尼上嶽ノ城（奈良県葛城市二上山）に立籠もり、高屋城の遊佐を攻めようと評定し、本願寺一揆勢と伊丹次郎親興・塩川伯耆守政年（満定）にも陣触れし、若狭の武田と粟屋も初めて加勢に駆けつけて、遊佐河内守長教、三好政長、三好孫四郎範長らと河内の落合上畠で合戦に及んだ。木澤左京亮長政方が負けて木澤長政、同名左近、粟屋父子は討死し、尼上嶽ノ城と信貴山城は焼失した。世に云う「太平寺合戦」である。木澤長政は河内の守護畠山総劦義堯に仕え奉行人から遊佐氏と並ぶ守護代にまで上り詰めたが、三好元長に與した主君の畠山総劦義堯を細川晴元と與して殺害したが、今度は細川晴元と與したライバルの遊佐河内守長教に殺害されてしまった。同

年、伊丹次郎親興は晴元に帰参を許された。翌年の正月、飯盛城も落城して畠山総劦在氏も没落し、河内国は畠山尾劦稙長の一人守護となった。

前年九月に一蔵城下の御根小屋を焼かれたうえ、「太平寺合戦」にも敗れた塩川伯耆守政年コト塩川山城守満定は多田庄を出奔して尾張国に行き織田信秀に仕えた。これにより多田一蔵城は廃城となった。

塩川弾正忠太郎左衛門尉国満は獅子山に笹部の城（山下城）を築城する

多田庄では、天文十一年（一五四二）二月大十三日、塩川弾正忠国満の嫡男源太は小法師丸と号して、多田院の高實と尊殊を師とした。五月三日、上津の善源寺にて宗琳叟（種満）の三回忌が修された。

七月末より塩川弾正忠太郎左衛門尉国満は獅子山の山頂に新たに城を築いた。この新城は芥川山城や飯盛城のように城主の居館として築城された。獅子山の山麓には吉河流塩川氏元祖塩川刑部丞仲義が築城した塩川古城址や、塩川伯耆守仲章が築いた多田塩川古城址があった。一蔵城代塩川山城守満定（伯耆守政年）が三好長慶らに攻められて山下の御根小屋一帯が焼き払われ、塩川満定（政年）が「太平寺合戦」に敗れて多田庄を出奔したために塩川弾正忠国満が新たに獅子山に築城して山下の町を整備し、祖父秀満の代に奪われた多田塩川古城一帯を漸く取り戻すことができ立願が成就したのである。塩川伯耆守仲章の孫にあたる塩川伯耆守秀仲の曾孫が塩川孫太郎仲延と同民部丞頼敦であり、獅子山の城は塩川刑部丞仲義の古城址の山頂に築かれたので、城の外苑には塩川孫太郎仲延の居館である山城丸（仲章の古城址）と塩川民部丞頼敦の居館である民部丸（仲義の古城址）も築かれ、新旧の多田塩川古城をも再建された形となり、塩川仲延・頼敦兄弟も面目を果たした。是により塩川孫太郎仲延は山城守を称した。

中川清秀・徳川家康誕生

天文十一年、『中川氏系図』によると、この年に中川清秀が誕生した。幼名は虎之助、後に瀬兵衛尉と名のった。父は高山石見守重利の三男重清、母は中川左衛門尉清村の娘である。高山石見守重利の子息重晶も中川重清の猶子となり、重晶は中川清秀の舎弟淵兵衛を猶子とした。中川清村の嫡男清照が桂川合戦で討死したために、中川氏の嫡流が途絶え、中川清村の娘に一族の高山氏から婿を迎え、高山氏が中川家を乗っ取った形になった。

池田筑後守長正の嫡男知正は天文十一年～十三年頃に生まれたようだが、中川清秀よりは年下と思われる。同年十二月廿六日に徳川家康が誕生した。大内義隆は毛利氏ら安芸・周防・石見の国人衆を率いて尼子氏の月山富田城を包囲したが、尼子晴久は翌天文十二年には大内軍を敗走させた。

本願寺顕如誕生

■天文十二年（一五四三）一月六日、本願寺十一代顕如が石山本願寺で誕生した。父は十代証如、母は庭田重親の娘如従（驪能・八代蓮如の曾孫）である。顕如の内室は三条公頼の三女である。三条公頼の長女は細川晴元の正室であり、次女は武田晴信（信玄）の正室である。

塩川山城守孫太郎仲延と同民部丞頼敦は城代になる

多田庄では同年（一五四三）三月、吉河城主吉川長定（種満弟長満の嫡男）は吉川豊前守定満と改名した。四月大朔日、新しい城の祝賀があり、塩川山城守仲延と同民部丞頼敦が諸役を務め二人は新城の城代に任じられた。元々獅子山の麓にあった多田塩川古城は仲延と頼敦の父祖塩川伯耆守仲章が再興した城であり、塩川弾正忠国満は彼らの立場をよくわきまえて彼らを城代に任じたのである。彼らの父塩川孫三郎仲朝はその不甲斐なささを従弟の山問源六郎になじられて源六郎を殺し自殺したことは前述した。

この時、塩川弾正忠国満は未だ西多田亭に住居していたが、新城が完成すると居を移した。宗琳叟（種満）の内室は剃髪して貞琳と号した。五月、安村仲成が亡くなった。享年七十歳、大昌寺の普厳和尚が葬った。長子である安村仲信が跡を継いだ。七月、吉川豊後掾長頼の三十三回忌を吉川豊前守定満が勤めた。

■天文十三年（一五四四）、宗琳叟（種満）の菩提のため寺舎五箇寺造り畢える。天文十年より事始め引き延ばされ今成る。七月に一族参詣して供養が行われた。五箇寺がどこの寺かは不明であるが、天文十年五月三日に、善源寺、円慶寺、善福寺にて宗琳叟（種満）の追福が修せられ、その余の寺院にても施行された。洛西の長福寺と福勝寺にても追善供養が行われたとある。天文十五年五月に、貞琳尼（種満室）の一周忌が「善源寺且つ円・善・長・福・四箇寺」にて施行されたとあり、この五箇寺とは上津の善源寺、米谷庄中村の円慶寺、原坊谷の善福寺、洛西の長福寺と福勝寺と思われる。

能勢氏は細川氏綱方となり、波多野氏は能勢に乱入する

■天文十四年（一五四五）、細川氏綱方の丹波の内藤備前守国貞は関というところに山城を構えて立籠もった。波多野備前守秀忠は娘婿である三好孫四郎範長（長慶）に加勢を頼み、三好範長と三好政長が出陣し

内藤の山城は落城した。

五月廿四日、細川晴元勢と細川氏綱勢が南山城で合戦した。細川晴元勢は三好範長（千五百）、香西與四郎（五百）、柳本又二郎（三百）、池田筑後守信正（千五百）、三宅出羽守国村（五百）、三好政長（三百）、伊丹親興（三百）、多田塩川（百）、山城諸侍（四百）、その他合わせて一万計とある。六月、一條左大臣房通公が土佐から上洛し関白に任じられた。

多田庄では、同年四月、安村助十郎仲信に男子が生まれた、母は福田八郎の娘である。六月廿五日、種満の内室綱子ノ方（貞琳尼）が逝去された。十月、吉川長直の三十三回忌を吉川豊前守定満が勤めた。

十二月二日夜、丹波八上城主波多野與兵衛尉晴通は能勢に乱入し、剣尾山槻ケ峯寺（月峯寺）は放火され灰燼と化した。同三日、塩川勢も能勢西郷に乱入し神社仏閣を破却した。この事件が塩川氏と能勢西郷衆との争い（岐尼宮合戦）のきっかけとなった。また、塩川氏と能勢西郷衆とはカイモリ峠を境に、採銅所の利権をめぐって度々小競り合いがあったという。

十二月十三日、管領代飯尾元運から波多野與兵衛尉晴通宛の文書によれば、内藤備前守国貞に呼応して能勢氏が細川氏綱方となったので、「能勢氏の諸職諸役を停止し、その知行惣分の三分の一を波多野が支配するように、また塩川国満とよく相談するように」と申し渡している。さらに、塩川国満が能勢の山内村名主百姓中に、昨年まで能勢源左衛門に収めていた年貢を本年分から波多野與兵衛に納めるように命じた文書が残っている。

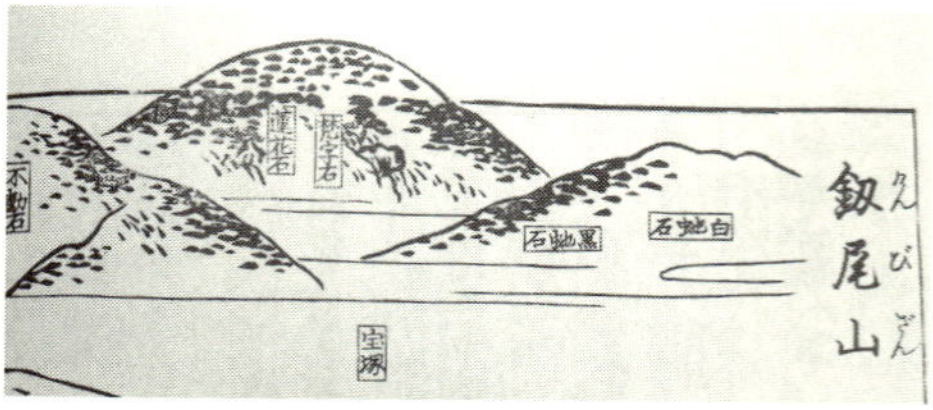

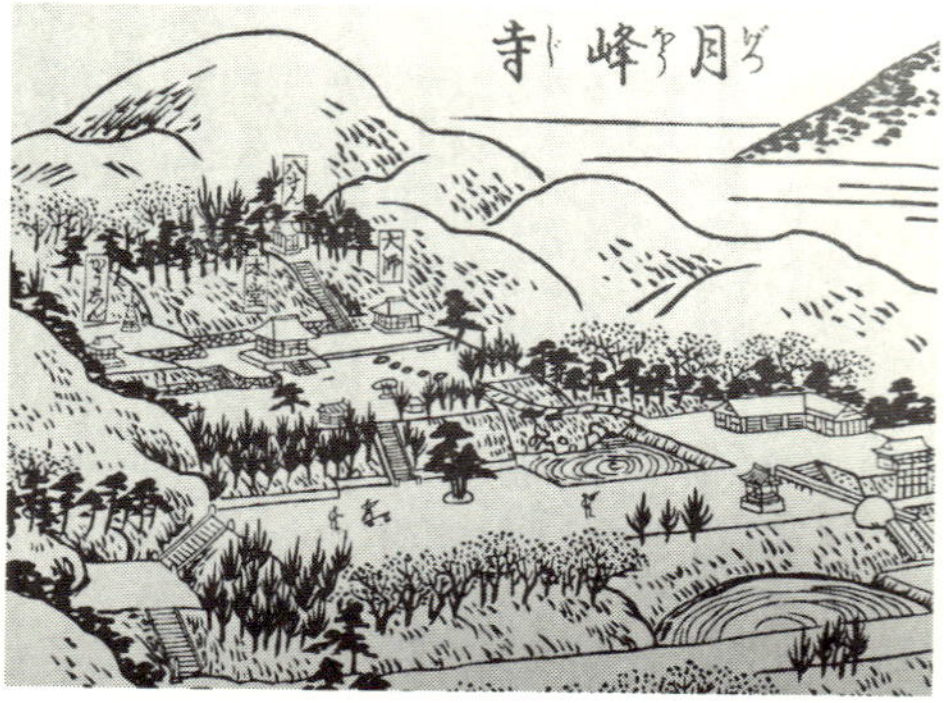

←剣尾山槻ケ峯寺　焼失後里に再建

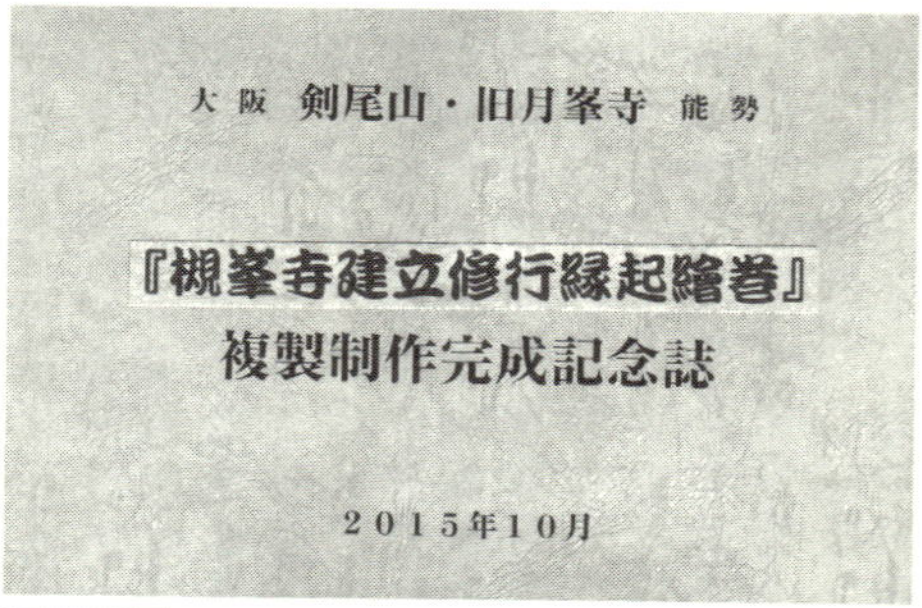
大阪　剣尾山・旧月峯寺　能勢

『槻峯寺建立修行縁起繪巻』

複製制作完成記念誌

２０１５年１０月

福畑らによる明応四年成立の『槻峯寺建立修行縁起絵巻』複製

伊丹次郎親興大和守になる

河内の守護高屋城主畠山尾刕稙長が、天文十四年五月に四十二歳で亡くなると、子息がなかったので守護代遊佐河内守長教は稙長弟の長経・晴熙・弥九郎そして政国を次々と家督に据えて権力を握った。

■天文十五年、遊佐長教は年若い畠山政国を巻き込んで、細川氏綱に加勢して挙兵した。細川晴元はこれを聞きつけ、八月、三好孫四郎範長（長慶）に出陣を命じたが、相手方多勢に付き堺会合衆の助けで一旦退却し、阿波、讃岐、淡路に援軍を要請し、安宅摂津守は淡路衆を率い、十河民部大輔は阿波衆を率いて攻め上ってきた。

細川氏綱と遊佐勢の攻撃を受けている山中又三郎が立籠もる天王寺の大塚城を助けるために三好政長と淡路の安宅勢が向かったが、摂津の三宅出羽守国村と池田筑後守三郎五郎信正（久宗）が細川氏綱方に加勢し、中嶋で足止めを喰らっている間に、天王寺の城は奪われてしまった。ただ一人伊丹次郎親興だけが三好に味方したので、後日その忠節により細川晴元は伊丹親興を大和守に任じた。池田勢が池田城に帰陣すると三好勢、淡路衆、伊丹勢が池田城を攻め池田市場辺りを焼き払った。遊佐衆と畠山衆は芥川城を攻め、三好政長は丹波衆を率いて遊佐・畠山衆と合戦になり、双方多数の死者を出して三好政長は伊丹へ、畠山・遊佐勢は高屋城へと双方引き上げた。

足利義藤（義輝）将軍となる

桂川合戦（大永七年）に敗れて将軍足利義晴は管領細川高国と共に近江に退くと、細川晴元は足利義晴の異母弟義維を阿波から堺に招き寄せ堺公方として仕えた。享禄四年（一五三一）に細川高国が自刃すると、天文元年（一五三二）、将軍足利義晴は近江の朽木から観音寺に幕府を移し、天文三年（一五三四）、六角定頼の仲介で細川晴元と和解して帰京した。天文六年には細川晴元を右京大夫に任じたが、天文十年（一五四一）には再び近江坂本に逃れ、天文十一年に帰京、天文十二年に再び近江に逃れた。天文十五年（一五四六）には細川氏綱、畠山政国、遊佐長教と通じ細川晴元と対立した。七月、一條秀房は内大臣を辞し一條権大納言兼冬が内大臣に任じられた。

天文十五年十二月、将軍足利義晴は菊童丸（十一歳）を元服させて将軍職を譲り足利義藤（義輝）と名のらせ、義晴は将軍後見人となった。就任式は近江坂本の日吉神社で行われ、元服の加冠は六角定頼、理髪は細川中務大夫晴経である。従四位下左馬頭に任じられ征夷大将軍の宣旨があった。足利義晴も右大将に任じられた。

多田庄では、天文十五年（一五四六）正月、塩川弾正忠国満は諸式を終えて柴島《くにしま》城（大阪市東淀川区）に行き三好政長と参会した。風聞によれば二人は母方の従兄弟と言われ、特によしみを通じていた。塩川弾正忠国満は明応九年（一五〇〇）生まれ、三好政長は永正五年（一五〇八）生まれである。三好政長は三好之長の甥であり、塩川弾正忠国満とは母方の従兄弟と言われているので三好政長の母は池田民部丞綱正の娘ということになる。二月小三日、源太小法師丸（運想軒）は髪を剃り宗覚と名を改めた。石道若狭掾が取り仕切った。石道は森本である。米地三段の貢米を以て賄われた。施物千疋は家の賄という。四月、貞琳尼（種満室）の一周忌が善源寺他四箇寺で施行された。この年は多田院満仲公の五百五十年忌にあたり、十月十五日に施行された。

舎利寺の戦い

■天文十六年（一五四七）丁未、二月、一條兼冬は右大臣に任じられ、近衛権大納言晴嗣（近衛前久）は内大臣に任じられた。将軍足利義藤（義輝）は参議に任じられ左中将を兼ねた。

昨年（天文十五年）の末に細川讃岐守持隆と三好豊前守實休（長慶の弟）を始め四国衆・淡路衆二万騎悉く上洛して、明けて一月、細川晴元は太平寺合戦で失脚した畠山上総介在氏を味方に引き入れ、まずは細川氏綱方の摂津の諸城を攻めるべきと決し、四国衆、淡路衆、三好勢、畠山上総介、遊佐越中守、木澤大和守らが三万騎で攻めかかり、摂津原田城、三宅城、薬師寺與一の芥川城が落城した。芥川城には芥川孫十郎が入った。池田筑後守三郎五郎信正は細川氏綱方についたが、舅の三好政長を通じて晴元に詫びを入れ開城した。

三月、再び細川晴元方の三好衆が京に乱入しようとしたため、将軍父子は北白川の城（勝軍地蔵山城）に立籠もった。四月朔日、細川晴元は四国の兵を率いて東山に陣取り、浄土寺、真如寺、鹿ケ谷一帯を放火して摂津に帰って柴島城に入った。七月、再び細川晴元は自ら入京して相国寺に陣取り、舅の佐々木六角定頼・義賢父子と手を結び白川を取り囲んだ。十二日のことである。七月十九日に将軍父子は北白川の城を焼いて坂本に退いた。この時、内府近衛晴嗣（近衛前久）より内意があって公臣和睦して、廿五日、佐々木六角定頼は赦免されて坂本の公方へ参向し陳謝した。

七月廿一日、三好筑前守範長（長慶）と三好政長、四国勢、淡路勢、畠山総刕尚誠（在氏の子）、松浦肥前守、遊佐越中守らは摂津欠郡と河内十七箇所（寝屋川市から守口市辺り）に布陣し、舎利寺周辺（大阪市生野区）において細川氏綱、遊佐河内守長教、畠山政国勢と合戦し、河内衆は四百騎が討死し、四国の篠原衆も五十騎が討死した。世に云う「舎利寺の戦い」である。八月、戦いは住吉から河内若林へと移って双方激しく戦った。山城国内野では細川氏綱方の細川玄番頭国慶と近江の多賀豊後守が合戦し玄蕃頭が討死した。

第三話　細川晴元と三好長慶の対立

将軍足利義輝は細川晴元と結び三好長慶は細川晴元と決別する

■天文十七年（一五四八）四月、六角定頼の仲介で細川氏綱ら河内衆と細川晴元の間に和議が整い、河内若林の陣は開陣し、四国勢は帰国し、三好筑前守範長（長慶）は越水城（西宮市）に帰城した。公方は進士美作守を通じて細川晴元と六角定頼に出仕するようにと申され、将軍父子らが帰洛すると細川右京大夫晴元は公方に出仕した。池田筑後守三郎五郎信正は帰参を願い出たが京で自刃させられた。

池田筑後守信正は三好政長の娘婿であり、三好政長が孫の池田長正の後見人として池田城に入ったが、池田勘右衛門尉正村、池田山城守基好、池田十郎次郎正朝、池田紀伊守正秀（清貧斎）ら池田四人衆は城主池田信正の助命嘆願もできなかった三好政長に愛想を尽かし、池田の家政を意のままにしようとする三好政長と激しく対立した。池田四人衆は三好筑前守範長（長慶）に相談すると、範長（長慶）は細川晴元の奉行人垪和《はが》道祐、波々伯部左衛門尉、田井源介、高畠伊豆守、平井丹波守に宛て、同年八月十二日付けの書状で三好政長が池田の家政を乗っ取ろうとしていると激しく讒言した。河内高屋城（羽曳野市）の細川氏綱、畠山政国、遊佐長教ら河内衆と細川晴元との和睦が整い人々は安堵していたが、三好筑前守範長は三好筑前守長慶と改名し、三好政長・三好右衛門大夫政勝父子を討ち果たし亡父三好元長の本意を遂げると決意した。細川家は三好家三代に亘っての主家であるから、御屋形細川晴元が三好政長をどのようにされるかは主家の判断に委ねると長慶方の諸将の間で内議評定された。三好長慶は池田四人衆らと語らい池田城を攻めて三好政長を追出しにかかった。

　三好政長は三好長慶の怒りが自分に向けられていると察して、池田城を抜け出し多田一蔵古城に立籠もり、息子の三好右衛門大夫政勝を榎並城（大阪市城東区野江）に入れ、京の細川晴元と対応策を練った。その間、十河民部大輔一存と三好加助は榎並城に入ったが、十河一存《そごうかずまさ》は三好長慶の実弟であるので長慶方に寝返った。細川晴元は三好政長を庇い河原林對馬守を召出し榎並城へ加勢させると、三好長慶は怒り高国の跡目と称している細川二郎氏綱に細川京兆家を継がせ、阿波の公方を将軍に取り立てると主張して、敵対していた遊佐河内守長教と筒井順照と通じ、波多野（晴元方）の娘を離縁して遊佐の娘を娶り、細川晴元に真っ向から敵対した。遊佐長教は「舎利寺の戦い」で三好長慶と激しく戦ったが、長慶の有能さを認め、娘を長慶に嫁がせた。長慶は父元長が一向一揆に攻められ自害したのは三好政長の陰謀であると遊佐長教から聞かされて三好政長を討つことを決意した。三好長慶方についた人々は、河内衆、摂津上郡の三宅出羽守国村、芥川孫十郎、茨木孫次郎、安威弥四郎、摂津下郡の池田四人衆、原田氏、河原林弥四郎、有馬氏、西ノ岡（西岡被官衆）の鶏冠井氏、能勢孫太郎、物集女衆、丹波の内藤備前守国貞、播磨の衣笠氏、泉州の松浦肥前守、阿波衆、讃岐衆、淡路衆らである。伊丹大和守親興と塩川弾正忠国満は細川晴元方であった。

　この頃、多田庄では、同年七月、山問左近衛門頼勝が亡くなった。戦いに出陣して負傷し近年歩行難渋していたという。源六辰之助が家督を継いだ。八月、吉川出羽掾は塩川山城守仲延の次男犬童子（半右衛門尉仲宗）を養子とした。九月十六日、塩川孫大夫宗頼が室を娶った。塩川弾正忠国満の長女於虎である。孫大夫と於虎は西多田亭に新居を構えた。この人は江刕に赴き種村氏に仕え「年歴を経てこのとき多田に住居す」とある。

塩川次郎太郎宗英（宗莫）中嶋城にて討死、細川晴元は多田塩川城（獅子山城）へ入る

■天文十八年（一五四九）正月、三好政長は多田一蔵古城から塩川宗英・安村仲宗ら多田塩川衆を率いて池田に乱入し市場辺を放火し柴島城に入った。二月、三好長慶ら越水衆は伊丹の近郷を悉く焼き払い堺にて遊佐河内守長教と軍評定し中嶋城と榎並城を攻めることになり、三好長慶は淡路衆と越水衆を率いて尼崎まで出陣し、遊佐衆、畠山衆、河内衆は攝津欠郡（住吉・東生・西成郡）に陣取った。三月一日、三好長慶方は全軍中嶋へ発向し、細川典厩衆と三好政長衆が立籠もっていた柴島城を攻め、城の西方浜で合戦があり、三好政長方は負けて柴島城は落ち、河原林又兵衛、三好加助ら十七人が討死した。三好長慶方は河合（河邊）孫七郎一人が討死した。三好政長は子息の三好右衛門大夫政勝が守る榎並城へ退いた。榎並城は要害でなかなか落ちなかった。三好政長に加勢した塩川衆は塩川源兵衛尉宗英と安村勘四郎仲宗が三月十五日の戦いで柴島城にて討死した。三宅出羽守国村が三好長慶方に寝返ったため、細川晴元は香西越後守元成に命じて三宅城を攻め取った。

四月廿六日、細川右京大夫晴元は京から多田塩川城（獅子山城）へ入り、廿八日に三好政長勢は武庫郡西宮まで放火すると、三好方の淡路安宅衆は尼崎に在陣していたが、小勢であったため越水城まで退いた。翌日、三好政長衆と伊丹衆は尼崎まで放火し村々の堂塔を焼き払った。五月一日、三好政長衆は東富松城

へ討って出たが城は堅固で攻めあぐねて退いた。五月二日、惣持寺の西河原で三宅城の香西越後守元成と芥川城衆・三好日向守が合戦し、香西勢が負けた。五月五日、三好政長は諸勢を率いて三宅城へ入り、五月廿八日、細川晴元は多田から三宅城へ移った。九日、泉州岸和田衆と木澤衆は堺北ノ庄に陣取ると三好長慶方が攻めかかり散々となった。五月、かつて細川晴国方であった塩川伯耆守吉大夫国満と仁邊新左衛門尉国基ら六瀬衆にも三好長慶と細川氏綱から軍勢催促があったが同心しなかった。五月廿七日付け『多田院文書』に、三好越前守政長（半隠軒宗三）から「塩伯、田源、平丹」宛の書状がある。「今度之合戦則時得勝利候様御馳走所仰候云々」とあり、この「塩伯」は塩川伯耆守吉大夫国満、「田源」は田井源助、「平丹」は平井新左衛門である。「今度の合戦」とは「江口の戦い」であり、三好政長は天文十八年六月十一日の「江口の戦い」に塩川伯耆守吉大夫国満ら六瀬衆にも軍勢督促したものと思われる。

江口の戦いにて三好政長討死する

六月十一日、三好政長は三千余騎で榎並城から中嶋の近くの江口城に陣取った。三好長慶方は軍評定し江州六角左京大夫定頼の援軍を討取ろうと中嶋城で待っていると、その間に三宅城の細川晴元を討取るべしと弟の十河一存が長慶に進言した。長慶は重代の主筋を攻め滅ぼすのは大罪（逆賊）に値すると迷っていたが、弟の十河は廿四日の未明、三百余騎を率いて三宅城に向かった。二之木戸口まで攻め込み今一歩のところで臆して、兄長慶の言葉を思い出し返陣した。翌日、十河一存は河内衆と淀川を渡り江口城に押し寄せ、長慶は江口城の東の木戸に押し寄せて決戦の火ぶたが切られた。世に言う「江口の戦い」である。

江口城の三好政長勢は屈強の兵共が多くいたが双方とも以前に味方同士の者共であり、互いに戦う気力を無くし城から落ちて行く者が続出し、三好政長方は天竺弥六、高畠甚九郎、平井新左衛門、田井源助、波々伯部、豊田弾正ら八百人が討死した。三好政長は城抜けし川を泳ぎきり対岸にたどり着いたところで敵兵に見つかり討取られた。これを見た榎並城の三好政長の嫡男三好右衛門大夫政勝と河原林對馬守らは落ちて行った。

三宅城の細川右京大夫晴元は丹波越えで京に逃げ戻ったが、負け戦のために入洛するのを躊躇していたところ、将軍足利義藤（義輝）から頻りに招きがあったので廿五日の夕方に入洛した。六角左京介義賢（定頼の嫡男）が江州勢を引き連れて上洛していた。前将軍足利義晴と公方義藤（義輝）も細川晴元と一味であり、近衛晴通、聖護院殿、大學寺殿、三寶院殿、久我大納言卿、細川右京大夫晴元、同典厩晴賢（晴堅）、同播磨守元常、六角左京介義賢らは東山葛岡で軍評定し、翌、廿八日、東坂本へ座を移した。公方は帰京を望まれたが、細川晴元は帰京する気は全くなかった。

塩川源太宗覚（運想軒）元服　謀反の疑いをかけられる

天文十八年（一五四九）正月、多田塩川城（獅子山城）では新年の儀式の後、塩川弾正忠太郎左衛門尉国満の五十歳の祝賀があった。八日、塩川弾正忠国満の長男宗覚（運想軒）は出家を取りやめ、吉川の高代寺に参詣し薬師院において元服した。烏帽子親は吉川左京大夫頼長で、塩川右京進頼国（光国）と号した。塩川弾正忠国満に無断で行われ、吉河城主吉川豊前守定満が諸事をつかさどった。二月、塩川弾正忠国満は三屋七郎と吉川弾之助に命じて右京進頼国（宗覚）を捕え多田院ノ方丈に押篭め殺害しようとした。正室種子ノ方を始め宗覚の一族は国満に詫びたが、しばらく多田院方丈にその身を預けられた。塩川弾正忠国満の側室は我子源次郎を塩川家の正嫡にしようと企み、吉川頼長が烏帽子親となって宗覚を元服させて塩川家を継がせ、国満を殺して塩川家を乗っ取ろうと企んでいると讒言したのである。宗覚は源太と号し塩川弾正忠国満の正室種子ノ方（細川晴元姉）が生んだ塩川家の嫡男であり、宗琳叟（種満）から塩川家の系図一巻を与えられていたが、種子ノ方の実弟である細川右京大夫晴元の勢力が弱体化すると、伊丹の側室が正室種子ノ方を侮るようになっていたのである。七月十四日、昌光（秀満）の五十回忌を永琳和尚が修した。

塩川弾正忠国満の正室種子ノ方出家

七月、塩川弾正忠国満の正室種子ノ方（右京進頼国の母）は我子頼国の助命嘆願をし、山本の喜音寺に入山された。喜音寺は天文元年に塩川豊前守種満により創建された寺であるが、塩川弾正忠国満は尼公を憐れみ喜音寺の開基とした。「嶽室理高尼」の法号がその人となりを表している。喜音寺の過去帳には「摂州笹部城主塩川伯耆守国満女・天文十八年七月二日」とあり、「女」を「ムスメ」と読み、「天文十八年七月二日、出家」を命日としたことで後世誤解が生じている。

小部合戦と岐尼宮《きねのみや》合戦

天文十八年八月二日、能勢西郷衆が天文十四年の遺恨から民田、阿古谷に攻め込んできて小部峠（大部峠）で合戦があった。世に言う「小部合戦」である。小部峠は現在「大部峠」と記述され、内馬場から民田に至る海道にある。

同年九月十八日、柏梨塩川氏と塩川伯耆守吉大夫国満、仁邊新左衛門尉国基、田中中務ら六瀬衆は阿古谷から上杉、森上の岐尼庄へと攻め込み、能勢西郷衆、今西城の森本左衛門、山田城の山田帯刀、山辺城の大町右衛門、栗栖城の水原右衛門尉、長谷城の長谷一貞、井内城の井内孫之進らと戦った。世に言う「枳根宮《きねのみや》合戦」である。塩川方では塩川次郎太郎宗基の子息塩川修理大輔宗満と塩川九郎左衛門尉頼繁の子息塩川主膳正頼勝が討死した。能勢の稲地には塩川方の戦死者を弔う多田塚が造られた。

【柏梨塩川氏略系図】 筆者作成

柏梨次郎仲宗 ―― 平岡九郎次郎頼宗
- 次郎太郎宗基
  - 宗英（宗莫）―― 孫大夫宗頼
  - 修理大夫宗満 ―― 宗仲
- 九郎左衛門頼繁 ―― 主膳正頼勝 ―― 頼武

天文十八年（一五四九）八月十五日、聖母被昇天の日にイエズス会宣教師フランシスコ・ザビエルは鹿児島に着いた。ザビエルは聖母マリアに日本を奉献した。しかし、キリスト教伝来と共に悪魔サタン・ルシフェルも日本にやって来たことはあまり知られていない。是により悪魔は日本の実力者（信長・秀吉・家康）の心を手玉に取り非戦闘員を含めた大量殺戮が行われる。其れまでの合戦は武士同士の正々堂々とした潔い戦いであった。十一月、能勢氏が三好長慶方となり、長慶は再建された剣尾山槻ケ峯寺（月峯寺）を御祈願所とし、その祈願書により能勢氏（能勢源左衛門尉頼明）の公事臨時課役を免除した。

■天文十九年（一五五〇）正月、足利義晴は慈照寺（銀閣寺）の大嶽《おおづく》の中尾に築城を始めた。「中尾城」「東山武家御城」「東山御城」等と呼ばれている。

細川晴元方の伊丹大和守親興の伊丹城は堅固で、先年八月より池田衆、淡路衆、三好衆らが取り囲み攻めあぐねていた。正月十一日、三好長慶は富松城へ出張り、遊佐河内守が伊丹大和守親興に和議を持ち掛け、伊丹の本興寺で和睦することになった。

五月、前将軍正三位大納言足利義晴は近江穴太御所で逝去した。享年四十歳であった。同月十四日、万松院殿足利義晴公の遺骨が多田院に分骨された。多田庄では、同年（一五五〇）三月十五日、塩川次郎太郎源兵衛尉宗英の一周忌を善源寺と宗善寺で修せられた。四月、吉川豊前守定満に男子が生まれた。婚礼の後十七年を過ぎ今初めて一子が生まれ、希太郎と名づけられた。或は喜太郎と云う。定満ノ家筋は代々吉川下の屋形で右京屋鋪という。

■天文廿年（一五五一）二月、三好長慶方の松永甚助長頼兄弟が江州に攻め込み、六角勢と小競合いになった。三月、京の伊勢伊勢守貞孝の宿所で三好長慶が進士九郎と云う者に刀で二刺しされたが傷は浅く、進士はすぐさま討取られた。五月五日、遊佐河内守長教（三好長慶の舅）は高屋城で時宗の僧侶を招き酒宴を催していた。酩酊して横になったところその時宗の僧侶に滅多刺しにされて殺された。暗殺の首謀者は遊佐氏の家来上郡代萱振某であると判明した。翌年二月、萱振は遊佐氏の家来下郡代安見《やすみ》宗房《むねふさ》に討取られた。両事件共に公方足利義輝と細川晴元内意による忖度であったと見られている。

七月、細川右京大夫晴元の家人衆は坂本を発ち相国寺に陣を張った。三好筑前守長慶は相国寺に押し寄せ放火すると晴元衆は戦うことなく散々に退却した。この時、塩川弾正忠国満の家人衆は晴元方に与力して田中、森本が討死した。森本は能勢彦三郎頼實の妹の子である。九月、周防の大内二品義隆は陶尾張守隆房の謀反により自害した。

北摂では天文廿年（一五五一）二月の頃、能勢頼實の次男虎松が能勢仁右衛門頼幸と号した。廿二歳である。能勢頼實と能勢左近大夫頼幸の父頼明とは従兄弟である。二人の能勢頼幸が地黄に居り、三人目の能勢頼幸が余野に居た。明応二年の頃、能勢氏の一流余野山城守頼幸（芥川城主能勢因幡守頼則の末裔）は幣ノ木山城（余野字城山）を築き、南の山麓（余野字本宅）に屋形を築き余野村と川尻村を領有していた。地黄の丸山城主能勢左近大夫頼幸と野間の能勢仁右衛門頼幸と余野の能勢山城守頼幸の三人は能勢の三惣領と言われた。六月、安村勘四郎の三回忌の弔いがあり、子が無いので兄の仲信が修した。

塩川弾正忠太郎左衛門尉国満は五十一歳になって伯耆守を名のる

天文廿年七月十四日、塩川弾正忠太郎左衛門尉国満は伯耆守を名のった。時に五十一歳である。塩川孫太郎信氏が伯耆守を名のり、塩川種満は伯耆守を名のれず豊前守を称していた。塩川伯耆守孫太郎信氏が細川高国滅亡後に三河国へ出奔してからは次弟の塩川伯耆守政年（山城守満定）と末弟の塩川伯耆守吉大夫国満が共に伯耆守を名のっていた。天文十一年に次弟の塩川伯耆守政年（満定）が尾張国に出奔すると、末弟の塩川吉大夫国満（四十七歳位）一人が伯耆守を名のっていたが、塩川弾正忠太郎左衛門尉国満は五十一歳になり、獅子山城主となり名実ともに多田庄の盟主になったので、この年になってようやく伯耆守を名のったのである。塩川伯耆守吉大夫国満と同じ塩川伯耆守（太郎左衛門尉）国満を称したので後世混同されている。これにより新伯国満の舎弟塩川仲貞が弾正忠を称した。『天文日記』によると、この年の七月十八日に新伯耆守国満は本願寺第十世証如上人（一五一六〜一五五四）に丹波の瓜弐荷数百を送っている。伯耆守襲名の挨拶と思われる。同年十二月十日、本願寺は瓜のお礼として、綿五把を遣わしたとある。

多田庄の横超山光遍寺

『横超山光遍寺来歴』によれば、東多田村の真宗大谷派横超山光遍寺の開祖空圓上人は二階堂右衛門尉幸藤と称し、甲斐国山梨郡牧庄を領地とする二階堂出羽守行藤の孫に当たる。二階堂氏は藤原南家武智麻呂流工藤氏から分かれた。幸藤の叔父二階堂出羽守道蘊貞藤は鎌倉幕府の政所執事で北条高時を補佐し、千早城攻めにも参戦した人物である。幸藤（空圓）は父宗藤が早世した為に若い頃から叔父の貞藤（道蘊）について弓箭の道を教わった。叔父貞藤は鎌倉幕府滅亡の後、赦されて建武の親政に参加したが謀叛の疑いをかけられて、建武元年（一三三四）十二月廿八日、道蘊と子息一人、孫三人は六条河原で斬首された。その時、道蘊に従っていた廿七歳の二階堂幸藤は「出家すれば罪は問わない」と処断され、臨済宗の禅僧夢窓国師に弟子入りし空圓という名を受けた。後に親鸞の著書である『教行信証』を読み忽ち改心して浄土真宗に帰依し、その後縁あって多田庄笹部村に草庵を結んだ。空圓は赤松筑前守貞範に会い、筑前守は懐かしがって播州明石の大蔵谷に庵と領地を寄進し光遍寺の末寺とした。

『太平記』巻十一金剛山寄手等被誅事付佐介貞俊事

「二階堂出羽守道蘊ハ、朝敵ノ第一、武家ノ補佐タリシカ共、賢才ノ誉、兼テヨリ叡聞ニ達セシカバ、召仕ルベシトテ、死罪一等ヲ許サレ、懸命ノ地ニ安堵シテ居タリケルガ、又隠謀ノ企有トテ、同年ノ秋ノ季ニ、終ニ死刑ニ被行テケリ」とある。

「二階堂出羽守道蘊貞藤は執権北条高時の命で、阿曽・大佛・江馬・長崎等と共に五万余騎で金剛山を攻めるべく鎌倉から派遣されていた。しかし、幕府が滅びた後も都を攻めようと南都に留まって様子を窺っていた。朝廷は中院中将定平を大将に五万余騎と、楠正成に畿内勢二万余騎にて追討に向わせたところ、遂に全軍投降し阿曾らは捕らえられて斬首された。しかし、二階堂出羽守は朝敵の第一と言われ高時の補佐役ではあったが、その賢才の誉は帝の耳にも達していたので死罪一等を許されて召抱えられることになり、懸命の地に安堵されていたが、陰謀の企て有りとして建武元年秋の末に終に斬首された」。ここで言っている二階堂道蘊の「賢才ノ誉」とは『太平記』（巻一資朝俊基関東下向事付御告文事）に「日野資朝・俊基が謀叛の罪で幕府に捕えられて処断されたが、執権北条高時のこれ以上の動きを静めるべく帝の御告文を吉田中納言冬房が草稿を認めて萬里小路大納言宣房卿が関東に持参した。その御告文を秋田城介が受け取り、相模入道高時が披いて見ようとした時、二階堂道蘊は天子自ら武臣に対して直に告文を下されたことは異国にも我朝にもいまだその例を承らず文箱を開かずに勅使に返すべきだと言ったが、高時は何が苦しかるべきことがあろうと斉藤利行に命じて御告文を朗読させた。斉藤利行は途中で目眩がして鼻血を出して退室しその日より喉の下に悪瘡ができ、七日の内に血を吐いて死んだ」という。

建武元年（一三三四）に正二位権大納言西園寺公宗の陰謀が露見して、陰謀に加担していたとして二階堂道蘊父子は六条河原で処刑された。西園寺公宗の陰謀とは、当時、天皇家は持明院統と大覚寺統の二流があり、北条氏の調停により交代で皇位を継承することになっていた。持明院統の花園帝の次に大覚寺統の後醍醐帝が即位し、次は持明院統の光厳帝が即位することになっていたが、後醍醐帝の帝位への執着と建武の親政の失敗から西園寺公宗が後醍醐帝を山荘に招き暗殺し、帝位を持明院統に戻そうと企てたのである。企ては異母弟西園寺公重の密告で発覚し、二階堂道蘊も企てに加わったとして処刑された。

【光遍寺二階堂氏系図】と年表

藤原鎌足─不比等─武智麿─乙麿─是公─雄友─弟河─高扶─斎夏─継幾─工藤為憲─時理─時信─継遠─維兼─維行─行遠─行政─行村─行義─行有─行藤─宗藤─幸藤（空圓・初代）─空賢─空蓮─空乗─空因─空玄─空真─空順─賢通

建武二年（一三三五）空圓笹部村に所縁ありて草庵をむすぶ。

康安二年（一三六二）空圓四十四歳法橋良圓を招き、身影を写さしめる。

応安二年（一三六九）空圓遷化、五十五歳　空賢継ぐ。

応永廿三年（一四一六）空賢遷化　七十一歳。

宝徳二年（一四五〇）空蓮遷化　五十六歳。

明応六年（一四九七）空乗鼓滝の西の方山頂に移し、東ノ峰に一宇建立して、蓮如上人（一四一五〜一四九九）から「光遍寺」の寺号を給わる。

文亀元年（一五〇一）空乗遷化　六十四歳。

天文二年（一五三三）癸巳、四月五日、光遍寺跡職沢亘方へ扶持セラル、（高代寺日記）

天文年中（一五三二〜一五五四）塩川伯耆守宗門に帰依し、古御坊の地を限り西は鼓滝を境とした横山を光遍寺に寄付し永代御免地とする。

天正年中（一五七三〜一五九一）織田信長公軍勢をつかわされし時、笹部村（現在の光福寺）に退く。賢通の時、大坂本願寺に内通忠節、信長公に横山の寺院を破却せられる。塩川没落後横山に帰る。大坂静謐ノ後東多田に御堂を建てる。天正年中には横山村にあったが、神保元仲の頃には東多田村に移された。

龍野の圓光寺多田氏

【多田氏略系図】

多田祐全—祐忻—祐妙—祐恵—祐應—祐仙—祐山—祐栄—祐顗—祐欣—祐明—慶祐

『圓光寺文書』によれば「圓光寺は摂津多田の住人初代当主多田祐全が蓮如に仕え、姫路英賀の三木徳正らの求めにより蓮如により英賀へ派遣された。文明十六年（一四八四）一向道場を建立し、一向宗の拠点として布教を行ったのが起こりとされ、後に播磨六坊の一寺圓光寺と称し一向宗の播磨における拠点寺院の一つとなった。その後、秀吉によって英賀を追われ、天正六年（一五七八）、龍野に寺を移した」とある。多田祐全は多田源全の末裔で、山下の多田新介頼輝の縁者と思われる。圓光寺六代住職多田祐仙の弟多田頼裕は宮本武蔵から圓明流の免許を受け、代々圓明流の師範として広島藩に仕えた。

葦毛馬の怪と『多田雪霜談』の虚構

『高代寺日記』によれば、「天文廿年八月、塩川弾正忠太郎左衛門国満の娘子祢女を尼寺へ上院せしめた」とある。この時、子祢は十二歳である。子祢は京の七条匣通り大通寺（源実朝の内室坊門信子が源経基王の旧屋敷地にて出家し尼寺となった）十法尼の弟子となった。一方、『多田雪霜談』に、「天文廿年六月、塩川弾正忠秀国は遠乗りに出ようと、葦毛馬に乗って城を出たところ、馬が暴れて真っ逆さまに落馬した。再び飛び乗ったところまた振り落とされて石の上に落下した。馬は足を損したようなので遠乗りをやめて城に帰って医師を呼んで診てもらったが、自分も馬も何の怪我もなくその日は暮れた。その夜、弾正忠秀国の十二歳になる亀女に多田満仲公が現れて「汝は葦毛馬を求めて乗るからである。葦毛馬は我が乗る馬である」という。息女は三晩この霊夢を見たので、多田院の円照上人に頼んで供養してもらい、息女は喜音禅尼と号し山本庄に庵室を建立し、出家することになった」という。

『多田雪霜談』の言う塩川弾正忠秀国は塩川弾正忠太郎左衛門尉国満の、亀女は子祢のすり替えである。また、『多田雪霜談』は亀女を喜音禅尼であるとしているが、山本の『喜音寺文書』「山下流次第」から喜音禅尼は塩川弾正忠太郎左衛門尉国満の正室種子の方である。(「おわりに」を参照)また、『仁部氏系図』では「……伯耆守仲国―国連―弾正忠秀国（国基）―伯耆守国満―主膳正国良」となっているが、「弾正忠秀国」はあくまでも国基その人であり、「伯耆守国満」とあるのは塩川伯耆守吉大夫国満その人と思われる。国基と伯耆守国満の親子関係はなく、国基の次男主膳正国良が塩川伯耆守吉大夫国満の猶子となったものと考えられる。仁部塩川氏は元来仁邊氏であり、仁邊国良が塩川伯耆守吉大夫国満の猶子になったものか、或いは、仁邊新左衛門尉国連が塩川孫太郎信氏から塩川姓を許されたものと思われる。

第四話　三好長慶の擡頭

三好長慶は将軍足利義輝と和解する

■天文廿一年（一五五二）正月十八日、塩川伯耆守太郎左衛門尉国満は富松城に人数二百余人を加勢した。富松城は多田中書頼清（国清）が預かる要害である。同廿六日、三好方と小競り合いがあり乾助五郎に感状が与えられた。また、三月廿四日には西難波へ人数を出し、同廿六日、三好と戦い安村、本井、乾助五郎に感状が与えられた。新伯国満は六月十二日にも再び富松に加勢し三好方と戦い、十七日に感状が出された。

【多田家略系図】

多田禅師源全……新介頼輝――中務丞国清――筑前守元継――茂助――庄九郎

室（国満娘）

娘（塩川頼一ニ嫁ス）

正月、江州六角左京大夫義賢から三好筑前守長慶に公方入洛について調儀があり、三好長慶も親の仇である三好政長は討たれてもはやこの世にはなく、御屋形細川晴元も三好三代の主君でもあり、すでに出家しているので、晴元の嫡男聡明丸（昭元）を人質として差し出し、且つ、細川氏綱を細川京兆家の家督にすえるので、公方様御入洛ご承知あれと六角が長慶に言うと長慶も同意した。公方足利義藤（義輝）が聡明丸を連れて入洛し、細川晴元も出家して心月一清と号し入洛した。三好長慶も入洛して公方に出仕した。二月廿六日、細川氏綱と細川藤賢らも入洛し公方に出仕し、三月十一日、細川氏綱は右京大夫に、弟の藤賢は右馬頭（典厩）に任じられたが、氏綱は名ばかりの管領で実権は三好長慶が握っていた。この頃、公方足利義藤（義輝）は東山清閑寺に霊山城を築城した。三好長慶は公方に出仕したが、公方は三好長慶を表向き受け入れたにすぎなかった。

四月、三好筑前守長慶は波多野與兵衛尉晴通の八上城を攻めるために丹波へ出陣したが、長慶の妹婿である芥川孫十郎と池田出羽守・小川らが波多野に内通して、三好長慶と松永久秀を討とうと内談し、有馬源次郎にも誘いをかけた。しかし、有馬源次郎は長慶の無二の味方であり、長慶にそのことを告げると、長慶は有馬郡へと迂回して越水城へ帰城した。

六月、細川晴元の七歳の嫡男聡明丸は人質として越水城へ下向した。細川晴元と三好長慶は和議を結んだが、下部の勢力は未だ其々敵対していた。十月、晴元方の香西越後守らが丹波桑田郡へ発向して、細川氏綱方の内藤備前守国貞らと合戦し、内藤方が負けて退却した。十二月、芥川勢は長慶に詫びを入れ細川氏綱方へ帰参した。

塩川右京進頼国（源太宗覚）出奔する

多田庄では同年（一五五二）正月十八日、塩川新伯耆守国満の長男右京進（宗覚・運想軒）が多田から出奔した。新伯国満の側室（伊丹氏）の讒言によって右京進を殺害しようと評定があり、石道若狭椽方より急ぎ告げ知らされ、則、田中勝之介と瀧川丹波椽が密かに泉州堺までお供し、それより右京進は紀州根来寺に赴き、直ちに寺士を頼んで長善庵に入り全蔵と改名した。七月八日、新伯国満は次男源次郎を源太と改め嫡男とした。ようやく伊丹の側室の念願が叶ったのである。

笹部の善源寺の新伯国満夫妻の位牌と過去帳には「桃源院殿天岑祥光大居士・祥雲院心月妙傳大姉」とあり、山本喜音寺の位牌にも「桃源院殿天琴祥光大居士・龍照院心月妙傳大姉」と併記されており、「心月妙傳大姉」が正室のようになっているが、正室は種子ノ方であることは『高代寺日記』にしか記されていないので後世誤解が生じている。また「天琴祥光」とあるが「天岑祥光」が正しい。時代が降ると口伝や文字も少しずつ間違って伝わるものである。

九月二日、『高代寺日記』に「伯国院中へ願書ヲ籠玉フ、上莚月可相調申ト書玉フ」とあり、『多田院文書』の立願状には「於万本意者満仲御上葺可相調申候」とある。塩川伯耆守太郎左衛門尉国満は五十二歳になり「多田庄の棟梁として多田院をお守りします」と御祭神満仲公に誓いを立てた。十月、伊丹甚助(親興)に男子が生まれ後に兵庫頭忠親と号した。十二月、細川晴元は丹波に蟄居したので塩川新伯耆守国満は鹿塩四郎を以て慰労された。

塩川新伯耆守国満は池田表に出陣する

■天文廿二年(一五五三)正月、三好筑前守長慶は上洛し将軍足利義藤(義輝)に出仕した。三月、山城国の畑で細川晴元方の牢人が蜂起したので松永久秀(一五一〇〜一五七七)が出陣してこれを鎮圧した。六月、細川讃岐守持隆は細川晴元の従兄であり、三好長慶の弟である三好豊前守義賢(實休)を聟にしていたが、三好豊前守實休は弟の十河民部大輔一存と相談し舅の細川讃岐守持隆を殺害した。三好長慶は度々上洛して幕政に口を出し権勢をふるうようになり、七月、公方は細川一清晴元を召出すと、一清（晴元）方の牢人一千余人が入洛し三好長慶の京の屋敷を放火した。三好長慶は芥川孫十郎が籠城する芥川城を包囲している最中に屋敷放火の知らせを聞き、八月朔日、三好長慶は畠山高政（政国の長子）、遊佐太藤、安見美作守宗房ら二万五千の軍勢を率いて京に攻め上ると、東山霊山城に籠城していた城代松田監物は城に火をかけ自刃し、将軍足利義藤（義輝）は近江朽木谷に出奔した。

八月十八日、塩川新伯耆守国満は細川晴元方の牢人衆らと五百人で芥川の後巻として池田表に繰り出し、三好長慶方の池田衆と合戦になり、平尾六郎景徳、安村三郎、山田次郎、沢亘五郎以下が討死し、翌日帰陣した。同廿二日、新伯国満は感状を出した。池田四人衆の筆頭池田勘右衛門尉正村らが城主池田筑後守長正を差し置いて実権を握り、三好長慶に味方していたのである。芥川孫十郎勢は兵糧が尽き開城し、三好長慶が芥川城に入城した。芥川孫十郎は妹婿の三好豊前守實休を頼って阿波に落ちていった。長慶の子息孫二郎と聡明丸も越水城から芥川城へ入り、三好長慶は芥川城を居城とした。

九月、長慶方の松永久秀の舎弟松永甚頭が丹波に出陣し、波多野與兵衛尉秀親の数掛山城を攻め双方戦いの最中に、細川晴元の家来香西越後守元成と三好右衛門大夫政勝（政長の子息）らが三好長慶の家臣松永長頼を後巻にして戦った。松永方は舅の内藤備前守国貞、池田、堀内らが討取られ八木城へ退却した。松永長頼も八木城に入り城を固めた。松永長頼は内藤備前守国貞の娘婿であり、以後、丹波八木城主となり内藤宗勝と改名した。

多田庄では、同年（一五五三）八月、吉川頼長に一子（左京亮）が生まれた。九月、塩川新伯耆守国満は塩川山城守仲延、塩川民部丞頼敦、沢亘新九郎、安村助十郎仲信、本井源蔵、上田八郎、滝川某らを家老にした。

■天文廿三年（一五五四）二月、将軍は名を足利義輝と改めた。十九歳である。四月、松永久秀は丹波桑田郡に出陣し三好右衛門大夫政勝を攻めた。三好長慶は三好日向守政康を大将として有馬源二郎に合力し播磨に出陣すると、三木の別所氏は籠城した。九月に三好日向守政康は帰陣した。播磨明石城に細川晴元方の人見氏と香西衆らが集まり赤松衆と度々合戦があった。十一月、阿波から安宅摂津守と篠原右京進が赤松勢の援軍として渡海してきた。明けて天文廿四年、三好長慶も明石表に出陣すると、明石勢は和議を申し出た。別所も詫びて和議を結んだ。

多田庄では、天文廿三年（一五五四）正月、吉川家と塩川家は不和であったが、吉川豊前守定満の一子希太郎が袴を着けて塩川新伯耆守国満に挨拶に来た。伯耆守は血脈であるので愛でられた。五月、山問左近将監源六郎辰ノ助が元服した。廿三歳である。『天文日記』によれば、六月廿七日、塩川新伯耆守国満は本願寺へ丹波の瓜五籠数百余を送った。

塩川新伯耆守国満の次男元服

■天文廿四年（一五五五）三好長慶方は三好日向守政康を大将に丹波の波多野與兵衛尉晴通の八上城を攻めた。三好右衛門大夫政勝ら細川晴元勢が波多野與兵衛尉に加勢したので三好日向守は退却した。九月、毛利元就は芸州宮島にて陶尾張守晴賢（隆房）を滅ぼし長門・周防の主となった。この年の十月に弘治に改元された。

多田庄では、天文廿四年正月十一日、塩川新伯耆守国満の次男源次郎改め源太は十八歳になり元服し、塩川源太基満と名のった。塩川孫大夫宗頼が加冠、塩川山城守孫太郎仲延が理髪、門中悉く参賀した。同月、吉川から祝賀の使者が来た。吉川豊前守定満公が自ら来られて賀せられた。

二月、多田彦八郎が廿歳で元服し、多田宮内左衛門尉元継と名を改めた。三月、塩川次郎太郎源兵衛尉宗英の七回忌が修せられた。「春華宗慶大居士」と号す。七月十日、塩川山城守仲延の長子橘三郎が廿歳で元服し、塩川橘大夫頼方と名を改めた。十二月朔日、能勢仁右衛門頼幸に男子が生まれ猪ノ助という。十二月、安村勘四郎の跡式を安村三郎四郎仲貞に賜わった。

池田八郎三郎且正（勝正）筑後守を称す

天文廿四年八月に池田八郎三郎且正（勝正・三十五歳）は筑後守を名のった。摂州池田城では池田四人衆（池田勘右衛門尉正村・同山城守基好・同十郎次郎正朝・同紀伊守正秀）の合議により、池田基且の嫡男池田八郎三郎且正（勝正）が筑後守を称した。城主池田筑後守長正は隠居したものと思われる。本来ならば池田筑後守長正（元来阿波方）の嫡男知正（十一〜十六歳）が継ぐべきところ知正は元服前だったので池田八郎三郎家（元来京方）の且正（勝正）が池田長正の嗣子となり三好に味方することを条件に池田四人衆に推挙され城主となった。

『信長公記』の荒木久左衛門は池田知正であり、久左衛門の子自念は天正七年（一五七九）十二月、十四歳で斬首されているので、久左衛門（知正）は少なくとも天文十二年（一五四三）〜十三年（一五四四）

頃の生まれと思われ、池田勝正よりも凡そ廿二～廿三歳年下、荒木村重よりも凡そ八～九歳年下と思われる。大廣寺の池田知正肖像画には「慶長九年（一六〇四）三月十八日卒」とあり、凡そ享年六十一～六十二歳位と思われる。『中川氏御年譜』「森田系図」に、「森田吉俊の娘は池田備後守知正室」とあり、「細野尚寛考ニ、池田備後守重成（知正）一万石関ヶ原役関東ニ属ス、慶長八年卒、初荒木村重臣タリ、荒木久左衛門ト名ノル」とある。池田八郎三郎家は民部丞を名のっていたが、池田八郎三郎且正（勝正）は四人衆の推挙により池田筑後守長正の嗣子となり筑後守を名のったものと思われる。『南郷今西家文書』に池田四人衆である池田勘右衛門正村、池田山城守基好、池田十郎次郎正朝、池田紀伊守正秀の署名がある。『大廣寺池田系図』では池田紀伊守正秀は池田玄蕃允某の子息とされ、清貧斎は池田若狭守正村の子息となっている。

摂州池田城

池田四人衆の花押『南郷今西家文書』より

この頃、尼子晴久は対立する新宮党の尼子国久・誠久父子を滅ぼし、天文廿四年には出雲・伯耆・隠岐・石見東部・美作・因幡西部・備後北部・備中北西部・備前西部まで支配したが、内紛は結果的に尼子氏の弱体化を招いた。

塩川孫大夫宗頼の嫡男辰千代誕生

■弘治二年（一五五六）三月廿一日、塩川孫大夫宗頼に男子が生まれ辰千代と名づけられた。後の塩川中務丞頼一である。母は塩川新伯耆守国満の娘於虎である。同年、能勢では御屋形能勢頼明が逝去し、嫡男能勢左近大夫頼幸が家督相続した。この頃、松永久秀は赤松氏の城であった灘の瀧山城（多喜山城）を三好長慶より預かり、改修して居城としていた。長慶を呼び千句連歌、観世能、茶会等を催していた。

■弘治三年（一五五七）池田筑後守八郎三郎且正（勝正）の父である池田八郎三郎基且が歿した。九月十二日、塩川山城守仲延の次男犬童子が廿歳で元服し半右衛門尉仲宗と号した。吉川出羽掾弾之助は子が無く仲宗を嗣子にしていた。

三好長慶方の松永孫六は丹波八上城の波多野與兵衛尉晴通を攻め、八上城は松永孫六に奪われた。波多野晴通は永禄三年（一五六〇）に歿し、波多野元秀と波多野秀治らは赤井氏を頼った。この頃、毛利氏は周防と長門を手に入れ、尼子氏の領地石見東部へ侵攻していた。

将軍足利義輝は三好長慶と再び和睦する

■弘治四年二月に改元され永禄元年（一五五八）となる。六月、将軍足利義輝と細川一清晴元は江州から北白川の勝軍地蔵山城に布陣し、六角左京大夫義賢と甲賀衆は軍勢を率いて供奉した。三好長慶は松永久秀に出陣を命じこれを攻め、六角と甲賀勢を相手に合戦があり、三好方が勝利した。七月、塩川新伯国満にも細川晴元から軍勢催促があったが新伯は同心しなかった。同月、阿波から三好日向守長逸が芥川城に着陣した。八月、阿波の三好豊前守實休も西宮に着陣し、安宅冬康も尼崎に着陣した。九月、三好方全軍が堺に集まり十河民部大夫と三好長慶の嫡男三好慶興も加わり軍評定を行い合戦の火蓋が切られようとしていたが、六角左京大夫義賢から再度和議の使いがあり、再び和議が整い将軍足利義輝は勝軍地蔵山城から相国寺に入り、三好長慶父子も上洛し将軍足利義輝に出仕した。十二月、将軍足利義輝は二条の本覚寺に入り、三好長慶と松永久秀は芥川城に帰った。三好豊前守實休と安宅摂津守冬康らも帰国し合戦は避けられた。しかし、将軍足利義輝は三好長慶ら三好一族を密かに調伏し、是より三好一族に様々な不幸が訪れる。

河内国では畠山政国の長子高政が河内と紀伊の守護を兼ねていたが、守護代遊佐河内守長教の死後、遊佐の息子（信教）がまだ若いので一族の遊佐太藤を守護代にしていたが、郡代安見宗房が威勢を振い畠山高政は安見を誅そうとしたが叶わず、十一月三十日、畠山高政は密かに高屋城を出て紀州へと降った。

■永禄二年（一五五九）四月、塩川新伯耆守国満の六十歳の加赦があった。同月、三好長慶が多田院に参詣し、塩川家に案内したが参会には及ばなかった。三好家も清和源氏で、新羅三郎義光の末裔である。多田満仲公の多田庄内殺生禁断の遺命があるので、三好長慶を暗殺しようとする者は居なかった。五月、河内根来大賀塚衆（河南町）と河内衆・安見衆が一味し、十河民部大夫一存が出陣して合戦になり、十河衆が負けた。六月、三好長慶と摂津衆が河内に入り安見方と合戦し、七月に援軍として松永甚助長頼（蓬雲軒）、播州別所衆、明石衆、衣笠衆、真嶋衆、有馬衆ら二万余騎が欠郡から河内へと陣を進めた。その頃、紀州の畠山高政は湯川直光と玉木與九郎らが供奉して三好長慶と和睦し河内へ発向した。八月、三好衆と畠山衆が高屋城に押し寄せると安見勢は飯盛城へ立籠もり、畠山高政は高屋城へ入った。安見勢は飯盛城も捨て筒井氏を頼り大和へ逃げ込み、松永久秀は伊丹衆を率いて大和路に攻め入った。畠山高政は湯川直光を守護代に任じた。三好長慶と畠山高政は細川右京大夫氏綱を淀城へ入れた。細川氏綱は三好長慶に擁立された名ばかりの管領であった。

コスメ・デ・トルレス師は京地方の布教に力を入れようと決心し、司祭ガスパル・ヴィレラ師、修道士ロレンソとダミアンの三人は同年九月に豊後を旅立ち、四十四日かかって堺に到着した。三日間堺に留まった後、三井寺から坂本に赴き、比叡山の大泉坊に会い、十二人の僧侶に対しロレンソが日本語でキリスト教の教義を説いたが、叡山の奉行である六角氏の家老永源や天台座主西楽院には会えず、布教許可と入洛の許可は得られなかった。

永禄二年、尼子晴久は毛利に攻められ備後から撤退し、山名氏に因幡を奪われ、備中では三村家親に備中松山城を奪われたが翌年三村氏を破った。石見では石見銀山に攻め入った毛利氏を破った。

三好長慶は将軍足利義輝から修理大夫に任ぜられる

■永禄三年（一五六〇）正月、司祭ヴィレラは建仁寺永源庵主の執成しにより公方足利義輝に会い、公方の側近である伊勢伊勢守と進士美作守の厚意によりキリスト教の布教許可状を受けた。三好長慶も布教許可を与えたが、仏僧たちの迫害が益々厳しくなり、その年の夏に司祭ヴィレラは再び公方に会い布教許可御札の拝領を願い出て認められた。

二月、公方足利義輝（ある説にこの時に将軍足利義藤は義輝と改名したという）は三好長慶を修理大夫に、同息孫次郎義興を筑前守に、松永久秀を弾正少弼に任じ、三人は御供衆に加えられた。五月、河内国では守護代が遊佐、萱振、安見、湯浅と替わったが、湯浅直光は河内の国人衆をまとめきれず、守護畠山高政は湯浅には畠山宮内少輔の家督を継がせ紀州へ返し、国衆が遊佐信教と安見宗房を慕うので二人を許して高屋城へ迎え入れた。三好長慶はこれを聞いて怒り、六月、三好康長と三好實休は河内十七箇所に陣取り、三好長慶は守口に陣取って、河内玉櫛に於いて畠山勢と合戦になった。畠山勢は負けて三好勢は若井、太田、若林、藤井寺と攻め寄せると、飯盛城から安見美作守が出陣し大窪で合戦になり安見勢も負けて退却した。七月、畠山勢は大和国の井戸若狭守の井戸城に立籠もり、これに対し松永弾正久秀が出陣し井戸城は落城し、畠山勢の後詰の筒井順照と合戦になった。十月に高屋城と飯盛城も落城し、畠山高政と安見美作守宗房は堺に逃亡した。十一月、三好長慶は飯盛城に入り舎弟三好豊前守實休は高屋城へ入った。松永久秀と摂津衆は大和に攻め入り、松永久秀は大和一国を平定して信貴山城に入った。この摂津衆の中に高山圖書頭も含まれており、高山圖書頭は松永久秀から大和国宇陀郡の沢城を預かった。以降、三好修理大夫長慶は飯盛城（四条畷市・大東市）を居城とし、三好豊前守實休は高屋城を居城とした。

桶狭間ノ合戦

永禄三年五月十九日、駿河の今川治部大輔義元は尾州桶狭間において織田信長のために敗死した。信長は出陣の際に幸若舞「敦盛」を一節謡いながら舞い、一万余騎上下二万五千人の今川の大軍に二千五百余騎で本陣を急襲した。俄かに村雨が降り、大粒の雨滴が石氷のように今川勢の面に打ち付け、織田勢の後方に降りかかる。やがて晴れて義元は塗輿も捨て三百騎の馬廻り衆に守られて退却したが、次第に無人になり、毛利新介が義元の首を討取った。摂州多田一蔵城主であった塩川満定（政年）は摂州多田庄から尾張国に来住して織田信秀に仕えていたが、信秀亡き後は織田信長に仕え、桶狭間の合戦に参陣し、その後、満定は永禄八年十二月十七日に逝去した。満定の嗣子塩川十兵衛尉満勝も信長に仕えたが、永禄九年、美濃攻めの時に十九歳で討死した。その時、満勝の一子（十兵衛尉満一）は三歳であったが、後に満一は池田恒興に仕え、池田恒興亡き後は塩川志摩守満一と称して豊臣秀次に仕え若江八人衆となり一千石を拝領する。

『尾張名所図会』「今川義元酒宴図」

「桶狭間ノ合戦」攻め寄せる信長

討取られる今川義元

再び葦毛馬の怪、十河民部大夫一存死亡

永禄三年十二月、三好長慶の弟十河民部大輔一存は戦で傷を負い有馬ノ湯に湯治に行くことになった。松永久秀は、有馬温泉権現は葦毛馬を嫌われるので葦毛馬に乗って行かないようにと十河をたしなめた。十河はこの忠告を聞き入れず葦毛馬に乗って行ったところ道が険しく落馬して死んでしまった。人の発する言葉には時に言霊として作用することがある。後に十河一存の子息三好義重（義継）は長慶の養子となり長慶の家督を相続する。永禄三年、尼子晴久は急死した。享年四十七歳、嫡男義久が家督相続した。

■永禄四年（一五六一）三好修理大夫長慶と同筑前守慶興父子は将軍足利義輝に出仕した。将軍は三好筑前守慶興に御字「義」を与え義興とし、桐紋を下賜し、御相伴衆に任じられた。三好長慶に入道一清（細川晴元）との和睦をすすめ、一清晴元を摂津国富田庄の普門寺に入れ、隠居料として富田庄を与えた。

七月、江州の六角左京大夫義賢は細川晴元の次男を担ぎ出し、二万余騎の軍勢を率いて東山の勝軍地蔵山の城に陣取った。細川一清晴元の次男は六角定頼にとっては孫、義賢にとっては甥にあたる。六角と畠山が三好を対治しようと相談して、畠山高政衆、紀伊衆、安見美作守宗房、遊佐河内守信教、根来衆らは岸和田辺に陣を張った。三好長慶は飯盛城に在城して、畠山に対しては舎弟三好豊前守實休を大将に安宅摂津守冬康、三好山城守康長、三好下野守政康、三好備中守、吉成勘介、篠原右京進長房ら七千余人を差し向けた。雑兵二万騎にて勝軍地蔵山城に立て籠もる六角勢に対しては三好筑前守義興と松永久秀を差し向けた。

多田庄では、三月、宗禅寺にて塩川源兵衛尉宗英の十三回忌が修せられ、孫の辰千代六歳も詣でた。十

一月、多田塩川家臣中村又三郎能重が分家した。これは六瀬鎌倉谷の平尾の一族である。十二月、多田中書が逝去した。享年六十七歳、嫡男元継が家督を継いだ。

泉州久米田合戦と教興寺合戦、三好豊前守實休討死

■永禄五年（一五六二）三月五日、三好豊前守實休は昨年より和泉国久米田（岸和田市）に陣取っていたところへ、畠山高政、安見美作守宗房、遊佐河内守信教、根来大賀塚衆らが二手に分かれて攻めかかった。四国衆も篠原右京進を大将に根来衆に攻めかかり、三好豊前守實休は畠山衆に攻めかかった。根来衆と安見衆は篠原衆と戦い苦戦していた。それを見た畠山衆の紀州湯川宮内少輔・玉木勢が駆けつけると今度は篠原衆が負けそうになった。それを見た三好山城守康長と同下野守政康勢は湯川・玉木衆の陣へ突撃し、三好豊前守實休の陣が手薄になったところへ畠山高政勢が斬りかかると、實休の足軽衆は散々になり實休は旗本衆の制止も聞かず敵をめがけて突撃し討取られてしまった。

これは先年實休が婿舅のよしみも考えずに細川讃岐守持隆を生害した、その讃岐守の霊魂の恨みによるものであるという。生害した同じ三月五日にこのようになった上は功名をあげ討死するより外にないと、實休は勝ち誇る敵陣に切り込み討死した。その結果、三好勢は総崩れとなり敗北してしまった。畠山高政は大悦し、遊佐、神保、誉田らを賞翫した。

この日の合戦の日取りは根来大賀塚衆侍大将塩川運想軒全蔵（塩川新伯耆守国満の長男）の提案した日取り、即ち細川讃岐持隆の命日であったという。白井某という者と日取りを争い終に全蔵の日取りが採用されたという。全蔵は天文廿一年に多田庄を出奔して紀州根来寺に匿われ、河内根来衆大賀塚道場（南河

内郡河南町大ヶ塚）の僧兵としてこの戦いに参加していた。犬耳五郎、吉野九郎以下廿余人が全蔵に従っていた。十一月、塩川全蔵（運想軒）は畠山高政から恩賞として河内国小寺村（二百五十石余）を与えられた。

高屋城へは畠山高政が入り、岸和田城の安宅摂津守冬康は退散して、細川刑部大輔（細川藤孝の養父）が入城した。五月、高屋城、岸和田城が落城し、三好豊前守實休も討取られ、三好長慶は飯盛城に立籠もっていた。四月五日より畠山衆は飯盛城を八重九重と取り囲み五月十九日まで日々に攻めかかると、松永久秀は三好長慶に後詰の勢を催して敵を追っ払うべしと言うと、三好長慶は少しも慌てず、松永弾正久秀に全てを任せると言う。松永弾正は方々へ軍勢催促をすると、三好筑前守義興を大将に三好日向守政康、三好久助、三好下野守、三好備中守、三好山城守康長、安宅摂津守冬康ら八千余騎が馳せ集まり、渡辺川を渡り、五月廿日、河内国教興寺表（八尾市）に押し寄せた。遊佐河内守と安見美作守は畠山高政が野陣にあるのを癒そうと陣所に招き風呂に入れ馳走するのを見た紀州丹下・玉木衆は「遊佐と安見が逆心なり」と誤解して我先に引き退いた。畠山高政も烏帽子形城（河内長野市）に引くと、紀州湯川宮内少輔・根来衆も退いた。それを見た三好方一万五千人が追撃して、湯川衆八百余人、根来衆二百人を討取ったが三好衆も一千余人が疵を負い三百人が討死した。遊佐と安見は石山ノ城へ落ち、畠山高政は烏帽子形城から堺へ逃げ込んだ。是により河内・和泉・大和・山城・摂津五箇国は皆三好に降参し、高屋城へは三好山城守康長が入った。三宅出羽守国村は畠山高政に味方していたが、摂津豊嶋郡に放火して城を開け渡して堺に逃げ込んだ。京の勝軍地蔵山城の六角勢二万余人も近江へと退却した。毛利氏は月山富田城を攻め、尼子義久は籠城した。

多田庄では、永禄五年（一五六二）三月廿五日、貞琳尼（種満室）の十七回忌が修された。六月、能勢仁右衛門頼幸は祇園にて喧嘩し地黄に蟄居した。九月、塩川孫大夫宗頼は名を頼成と改めた。或は元仲（基仲）とも言う。三月頃、能勢仁右衛門の子息猪ノ助は弥太郎の猶子となった。八歳である。永禄五年八月、能勢頼次は東郷能勢の丸山城で誕生し、童名を竹童丸、または御竹丸という。母は丹州桑田郡の数掛山城の城主波多野与兵衛尉秀親の娘である。幼少の時より倉垣郷の御家人喜多代紀伊守の屋敷に寄居して、月峯寺の喜圓を師とした。

池田長正・細川晴元・三好義興・細川氏綱ら他界、池田勘右衛門尉被誅

■永禄六年（一五六三）二月、ある伝にこの頃、池田前筑後守長正が逝去した。この時、長正の嫡男知正は十九～廿歳位であった。三月朔日、細川晴元は摂津富田普門寺で他界した。享年四十五歳、龍昇院心月一清庵主と号す。三月廿二日、池田筑後守八郎三郎且正（勝正）の叔父池田山城守基好は池田勘右衛門尉正村を誅した。『足利季世記』に「池田山城守カ同名勘右衛門尉ヲ自ラ誅伐シケル如何ナル子細有ケルソト人々申シケル従是池田ノ名字中一和セス」、『細川両家記』にも「三月廿二日、池田山城守、同勘右衛門尉を同内輪にて被誅也」とある。三郎五郎家の出である池田勘右衛門尉正村は八郎三郎家の出である城主池田且正（勝正）を廃し、元服した知正を城主に据えようとして対立した為に且正（勝正）の叔父である山城守基好に殺害されたものと思われる。

八月廿五日、三好筑前守義興が芥川城で死去し、長慶は申すに及ばず公方も「御愁傷限り無し」とある。黄疸という病にて身罷ったが、後に近習の輩か或は松永久秀が毒を盛ったと噂された。三好長慶は嫡子を

亡くし、弟の十河一存の子息三好義重（義継）を家督に定めた。十月十六日、三好長慶は根来大賀塚衆と和議を結んだ。十二月廿日、細川右京大夫氏綱も淀城で他界した。閏十二月、松永久秀は嫡男久通に家督を譲り久通は義重（義継）に供奉した。多田庄では永禄六年五月、安村三ノ助が十九歳で元服し安村勘十郎仲安と称した。

江州種村氏

佐々木六角久頼の四男高頼は正室の子であったので嫡男となった。三男高成は種村城を築き種村氏を称した。柏梨の塩川源兵衛尉宗英の嫡男孫大夫宗頼は若い頃に妹が江州の吉川新左衛門に嫁していたので、吉川新左衛門の伝手で種村伊豆守高成に仕えた。六角高頼の孫娘が細川晴元の内室となり、種村高成の養女種子（細川澄元の娘）が塩川太郎左衛門尉国満の正室となったことは前述した。種村伊予守高盛が高成の家督を継ぎ、種村伊予守高安が高盛の家督を継ぎ、高安は浅井の家臣大橋刑部忠久の娘を内室にしていた。高安の代に佐々木六角本家と不和の事があり種村氏は没落した。

永禄六年、高安の長男種村大蔵大夫道成は六角義弼の命で建部采女正と共に家老後藤但馬守を殺害し処刑されたか、或は出奔して以後蒲生家に仕えたという。是により次男隆忠は母方の大橋姓に改姓し、六角本家と和睦して種村城に蟄居した。後に隆忠は信長に帰順した。隆忠の嫡男隆重（忠政）は幼少より信長の近習となり、「本能寺ノ変」の後に牢々した。隆重の嫡男重成は池田輝政に仕えた。高安の弟和田左馬頭定秀は和田家を興し、その子息和田孫大夫の娘は織田秀信（三法師）の内室となった。

【種村氏系図】「近江源氏佐々木氏分流種村氏系図」より一部改編

宇多天皇—敦実親王—雅信—扶養—成頼—義経—経方—李定—秀義—定綱—信綱

- 泰綱（六角氏祖）—頼綱—時信—氏頼—満高—満信—佐々木政頼（久頼）
  - 三男種村高成
    - 高盛
      - 高安
        - 大橋二郎隆忠（仕信長）—隆重—重成
        - 道成
      - 和田定秀—和田孫大夫—女（三法師室）
    - 女（国満室）
  - 四男六角高頼
    - 氏綱
    - 定頼
      - 義賢（承禎）
        - 義治（義弼）
        - 義定
      - 女（細川晴元室）
- 氏信（京極氏祖）

河内の切支丹

永禄六年四月の頃、奈良で隠居していた松永久秀の家臣結城山城守忠正は人望が厚く博識であったために、法華宗を信じていた松永霜臺久秀から切支丹をどう扱うべきかを相談された。また京の仏僧たちも万策尽きて結城山城守の元へ相談に来た。

去る程に、京のディオゴという切支丹が松永霜臺久秀に訴え事があり結城山城守に取成しを頼もうとやってきた。ちょうどこれ幸いと結城山城守は切支丹の教えについて尋ねてみることにした。その教えを聞くや結城山城守はまるで深い眠りから目覚めたように賛嘆の言葉を発して、切支丹になるにはどうすれば良いかとディオゴに尋ねたのである。結城山城守は幾多の戦いで敵を殺し、人生の終焉を迎えてそれが心の重荷になっていた。結城山城守はディオゴから「洗礼を受けてゼウスに帰依することによってゼウスの御血の功徳により全ての罪は許され、洗礼によって今までの罪深い自己はゼウスとともに葬られ新しい永遠の命に生きるのです」と聴くと、今までの心の重みが一瞬にして晴れた。六月の頃、結城山城守と友人の清原外記は司祭ヴィレラから洗礼を受けた。大和国沢城主高山圖書頭は博学で高名な結城山城守エンリケ忠正が切支丹になったと聞き、同様にヴィレラから洗礼を受けた。

結城山城守には三十歳になる長男結城左衛門尉がいた。ちょうど伴天連が結城山城守を訪問していたときに父の許を訪れ、伴天連の説教を聞き、七名の武士と共に洗礼を受けた。結城左衛門尉（アンタン）は飯盛城に帰り、周囲の武士たちに切支丹の教えを話すと、武士たちは興味を示し切支丹の教えを聞きたいと言うので、結城左衛門尉は司祭ヴィレラに話すと、ヴィレラは修道士ロレンソを派遣し、三好長慶の幕下の武士たち七十三名の者たちが洗礼を受けた。三箇サンチョ頼照、池田丹後守シメオン、伊智地文大夫パウロ、三木判大夫、結城弥平次ジョルジ、庄林コスメらである。

飯盛城（四条畷市・大東市）は河内と大和の国境の飯盛山頂にあり、木澤長政や安見美作守宗房が造り上げた山城で、麓には三箇、砂、岡山といった寺内町（元は一向宗徒であった）があり、切支丹の三箇氏、結城氏、田原氏ら土豪が軍事力を持っており、三好長慶は飯盛城を手に入れると共に彼らの軍事力も手に入れた。三好長慶は切支丹には入信しなかったが、切支丹を保護し布教を許したので三好の家臣たちも入信し、それぞれの町には教会が建設された。烏帽子形城（城主甲斐庄正治）を始め周辺の村（河内長野市）にも切支丹がいたという。やがて河内の切支丹信者は三千人位に増えた。

高山と余野の切支丹

高山ダリヨ圖書頭には摂州高山（豊能町）に年老いた母が居た。ダリヨはロレンソ修道士をともない高山に赴き母と下女たちに洗礼を受けさせた。ダリヨの母は仏教徒でジアンという小さな寺を持っていたが、司祭が来てその寺に聖ジアンの名を与えミサを奉げた。また、高山ダリヨ圖書頭は修道士ロレンソを沢城に呼び、家族や家臣の者たちに説教を聞かせ、三百人の内百五十名の者が洗礼を受けた。大和国十市城主石橋某も高山ダリヨの導きにより洗礼を受けた。

高山ダリヨは摂州高山の近くの余野（豊能町）というところに住んでいるクロド殿にも切支丹の教えを説き、ロレンソ修道士が四十日間説教をし、クロド殿はその教えに感銘を受けクロド殿とその家族と家臣たち五十三名が洗礼を受けた。クロド殿の内室は池田（長正）の娘で、長女ユスタは高山ユスト右近の内室となった。余野では余野山城守国綱なる人物も切支丹になったという。国綱は明応年間余野と川尻の領主で余野幣ノ木城主余野山城守頼幸の縁者と思われる。国綱は家臣の諫めも聞かず付近の寺社を破却したというが、後に高山右近と隙を生じ、天正八年あるいは天正十三年に高山右近に攻め滅ぼされ自刃したという。

余野川の下流、止々呂美（箕面市）でも切支丹の布教が行われ、止々呂美の旧摂丹海道には翼のついた「日月大高不動尊」と呼ばれる聖ミカエル像に似た石仏がある。

切支丹は受洗するときに古い自分を捨て、新しく生まれ変わり主ゼウスに帰依するということから、今までの古い自分を葬り去る儀式として、所謂、逆修（生前葬式）を行ったものと思われる。そのため余野・川尻・止々呂美地区などに逆修石仏が多数あり、切支丹と関係があると言われている。摂津池田氏の菩提寺大廣寺墓地にも「乹逆修」「永禄七年三月十五日」と刻まれた池田氏の縁者のものと思われる石仏がある。

三好長慶他界

■永禄七年（一五六四）五月、安宅摂津守冬康（三好長慶の弟）が松永弾正の讒言により飯盛城で誅された。七月四日、三好修理大夫長慶が病気で他界した。丹腑の病という。享年四十三歳であった。嗣子の三好義重（義継）が幼いために三ヶ年秘密にされ、永禄九年に河内で葬儀が行われた。

多田庄では、同年三月、塩川源兵衛尉宗英の十七回忌が修せられた。この日、後室の妙英尼が頓死した。「春月妙英」或は「妙永」ともいう。

←当家伝来の脇指（相州住人秋廣作）

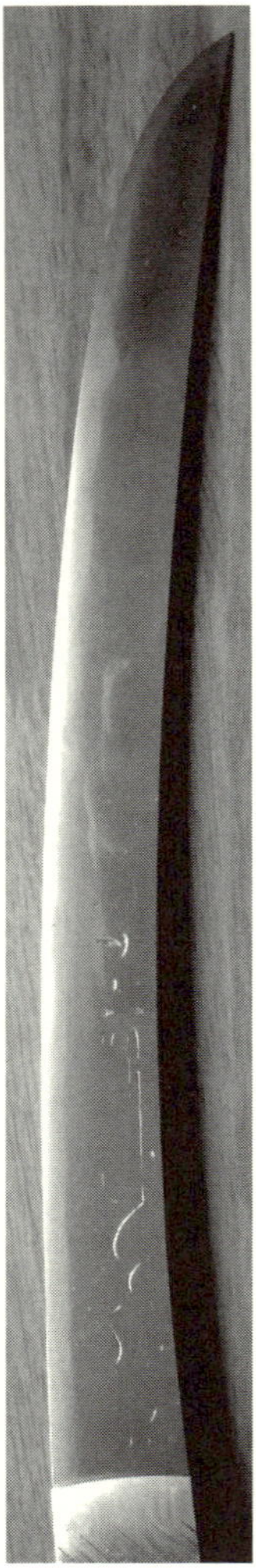

←逆修石仏（余野十三仏　永禄七年と川尻中の多尊石仏　天正元年）

日月大高不動尊

←「高山右近生誕の地」碑

高山の「ジアン」とされる西方寺

高山の「光明寺」

第五話　三好家の分裂

将軍足利義輝殺害される

■永禄八年（一五六五）五月十九日、松永弾正久秀の命を受けた松永久通は三好義継を大将に、三好日向守長逸、三好下野守政康、石成主税助友通、松山安芸守らと一万三千の兵で二条御所の将軍足利義輝を襲撃し殺害した。足利義輝は享年三十歳であった。世に言う「永禄の変」である。その意図は阿州公方足利義親（義栄）を征夷大将軍に据えるためであるが、三好家に次々と不幸が訪れ、公方足利義輝が三好一族を調伏しているとの風聞により三好方は公方殺害を決議したものと思われる。

三好勢は白昼何の前触れもなくいきなり二条御所に攻め込み、御所方は不意の事とて何の備えも無く、一色淡路守、有馬源二郎、一色又三郎、上野兵部輝清、同與八郎、結城主膳正、高伊予守師宣、彦部雅楽頭弟孫四郎、高木右近、小林左京亮、河端左近大夫、畠山九郎、大舘岩千代丸ら僅かの勢で防戦した。公方足利義輝も武田左衛門佐信景、杉原兵庫助、朝日新三郎、摂津糸千代丸、谷田民部丞、西川新右衛門、疋田弥四郎、松井新三郎らと共に戦った。御所方は「敵兵を二百人ばかり斬り捨てたが、敵は入れ替わり立ち代わり攻め寄せてきて皆討死し、公方は唯一人、天下の名刀をあまた突き立て、度々取替え数人の輩を斬捨て、敵兵は皆恐れて遠巻きに取り囲んでいたところ、池田丹後守の息子は脇に隠れて公方の足を薙ぎはらい、公方が転ばれたところに障子を掩いかけて、上から鎗で突き刺した。そのとき三好方が放火した火の手がまわり御殿が燃えだしたので公方の首は刎ねず、池田の息子は障子を掩いかけようとしたところ何かで眼を突き、盲目の座頭となり一生諸人から憎まれた」という。公方の御母堂慶壽院は敵に見つかり斬り殺され、側室の小侍従殿は混乱の中変装して宮殿から抜け出たが、三日後に発見されて捕らえられ、懐妊していたので斬首された。公方の御臺所は三好日向守長逸が哀れみ近衛家へ送り届けられた。相国寺の御舎弟鹿苑寺殿（周暠）も殺された。御舎弟奈良興福寺一条院門主覚慶殿（足利義昭）は細川藤孝と甲賀者らによって甲賀の和田和泉守惟助の屋敷へと助け出された。

慶壽院様に宮仕えしていた大納言一條房家公の御息女辰子様は公方光源院義輝公に見初められ女子を産み御年十三歳になっておられたが、御臺様と同様に政所執事摂津晴門が抱えて、辰子様共々一條家に送り届けられた。光源院殿義輝公の遺骨は三好日向守長逸の計らいで、相国寺から多田院に分骨された。後に、一條辰子様と光源院義輝公との間に生まれた娘は織田信長の養女として、塩川伯耆守長満の正室となる。

松永久秀・久通父子は法華宗の僧侶たちと内裏に働きかけて京の伴天連たちの殺害を企てた。京の伴天連たちはひとまず堺に退くことに決め、先ずは七月十七日（金曜日）、ガスパル・ヴィレイラ師は三箇サンチョ頼照ら河内の切支丹らの尽力により河内に向けて出立した。同月三十一日（火曜日）にはフロイス師が庄林コスメらの警護によりジョウチン立佐（隆佐）とディオゴと共に京を発ち、鳥羽伏見から船に乗り淀川を下り堺に向かった。松永久秀は京の教会を接収した。

松永久秀と三好三人衆が対立する

三好長慶の嗣子三好左京大夫義継（義重から義継に改名）は三好長慶の実弟十河一存の子息であり、一存が永禄四年に有馬で急死すると長慶に引き取られ、義興が亡くなった後に三好の家督を継いだが、若年であったために、三好下野守政康、三好日向守長逸、石成主税助友通の三人衆と松永弾正少弼久秀が後ろ楯となっていた。しかし、三好三人衆と松永弾正久秀が不和になり、三好の家中が二つに分裂した。三好山城守康長と篠原右京進長房は三人衆に一味同心して、飯盛城の三好義継を高屋城へ移し、阿州公方足利義親（義栄）から松永討伐の御教書を取り付けた。一方、松永弾正久秀は畠山政頼（兄高政から家督を譲られる）、遊佐河内守、安見美作守、和泉衆、根来大賀塚衆と一味同心し多聞城（奈良市）に立籠もった。

■永禄九年（一五六六）二月、松永久秀は畠山政頼、紀州衆、遊佐衆、安見衆、和泉衆、根来衆ら七千余騎を率いて堺南北、遠里、小野の里に陣を張り、畠山勢は河内に乱入し、三好方も高屋城から足軽衆を出し鉄砲戦となり双方退却した。数日後、三好左京大夫義継は一万三千人を率いて高屋城から出陣した。畠山勢も堺から出陣し、和泉衆は家原城から討って出て双方和泉上野芝というところで合戦になり、畠山方が負けて堺へ逃げ込み、和泉衆は岸和田城へ退却した。

丹波の八上城には松永弾正久秀の甥松永孫六が立籠もっていたが、波多野與兵衛尉晴通は城を取り戻そうと八上城の松永孫六を攻めた。城の水の手を断たれて丹波の別所勢が八上城から城抜けすると、松永孫六も城抜けし、波多野與兵衛尉晴通は弘治三年（一五五七）に奪われた八上城を十年ぶりに取り返した。永禄八年に丹波八木城の内藤宗勝（松永長頼）は黒井城の赤井氏を攻め討死したため、丹波国は波多野氏の支配となった。

五月、松永弾正久秀は大和多聞城を出て摂津中嶋・野田から喜連、さらに堺南北に陣を進め畠山勢と合流した。さらに伊丹大和守親興、松山彦十郎、瀧山城衆、越水城衆らが堺へ渡り合流して六千余騎に膨れ上がった。これに対し、三好方は高屋城の三好左京大夫義継を大将に三好山城守康長、三好日向守長逸、三好下野守政康、石成主税助、三好備中守、同久助、同帯刀左衛門尉、加地権助、塩田采女正、篠原玄番、加地六郎兵衛、矢野伯耆守、吉成勘介、松山安芸守、中村新兵衛尉、淡路十人衆、池田筑後守勝正ら摂津上郡下郡衆合わせて一万五千余人が対峙したが、能登屋、べに屋ら堺会合衆は松永・畠山勢が不利とみて松永・畠山勢を堺に引き入れ戦いが回避された。十一月、尼子義久は毛利氏に月山富田城を包囲され兵糧が尽きて降伏し、尼子氏は事実上滅亡した。

阿州公方足利義栄

六月、淡路の堺公方足利義維の孫足利義親は入洛のため、まず先陣の篠原右京進が二万五千騎にて淡路から兵庫に上陸し、沼間右衛門尉、河原林三河守、池田丹後守が守る越水城を攻め落とした。灘の瀧山城は淡路十人衆と三木別所勢・明石勢・赤松一族ら播磨衆が攻め落とした。松永方の山城国斎院小泉城・淀城・勝龍寺城が落城し、細川右馬頭藤賢の中嶋の堀ノ城も落城した。九月、伊丹大和守親興も松永に背いて阿州公方足利義親に味方した。十二月、足利義親は摂津富田普門寺に入り、翌永禄十年一月に朝廷から従五位下左馬頭に叙任され足利義栄と名のり、永禄十一年二月に第十四代将軍に就任したが、三人衆と松永久秀の抗争により入京できなかった。

多田庄では、永禄九年（一五六六）正月の諸賀を源太基満が執り行った。八月、吉川半右衛門尉仲宗に長子が生まれ寅之助と名づけられた。仲宗の妻は三屋嘉兵衛の娘である。婚姻の時不和という。寅之助は吉川出羽の孫でもある。十一月、安村丑ノ助が十九歳で元服し与市と名を改めた。父は天文十八年（一五四九）に中嶋の柴島城で討死したことは前述した。

三好左京大夫義継は三好三人衆を見限り松永弾正と與す、大仏殿炎上

■永禄十年（一五六七）二月、三好左京大夫義継は若年ながら三好家の当主であるにもかかわらず三人衆の意見に従わねばならず、三人衆に反発して彼らを殺害しようとさえ考えていたところ、この度の公方足利義栄公の上洛について三人衆から何の相談もなかったので怒り、家老金山駿河守の奨めもあり、ついに三人衆と絶縁して高屋城を出で松永弾正霜臺久秀と結んだ。松永弾正は大いに喜び三好義継に供奉して、四月、信貴山城（生駒郡平群町）から山城国を処々放火して多聞城（奈良市）へ入った。三好三人衆は松永久秀を討取るために奈良へ発向し、十月、東大寺大仏殿に本陣を取っていた。松永衆は多聞城から夜討ちをかけると、三好方が慌てて敗軍して逃亡するところを追撃し雑兵三百余人を討取った。この戦いで大仏殿が炎上してしまった。池田筑後守勝正の陣所だけは夜討ちの備えをしていたので持ち堪えた。この時、三人衆に味方して氷室山に陣取っていた別所大蔵少輔安治と郡山辰巳衆らは自ら陣に火を放って退いた。

『多聞院日記』によれば「子の刻より合戦が始まり穀屋から法花堂・廻廊へと次第に火を付け、丑の刻には大仏殿は悉く焼けてしまった。猛火天に満ち釈迦像も湯のように溶けてしまった。思慮に及ばず言語道断である。天平十六年（七四四）に聖武天皇御願により良弁が建立し、四三七年後の治承四年（一一八

〇）十二月に平氏により炎上、建久六年（一一九五）源頼朝建立より三七三年に当たる。大仏殿に陣取る三好勢は敗軍し、二〜三百人が斬り死に焼け死んだ。念仏堂・塔（唐）禅院・四聖坊・安楽坊・深井坊も焼けてしまった」とある。

『フロイス日本史』には、寄せ手の松永衆には切支丹が大勢居り「一人の熱心な切支丹の兵士が誰かにたきつけられたというのではなく、夜分、警護していた間に密かに火を付けた」とある。十一月、三好実休の子息三好彦次郎長治は元服し越水城から堺へ移った。

多田庄では五月、吉川豊前守定満の嫡男希太郎（十八歳）の初冠ノ式があった。十七歳にて行うべきところ柔弱ゆえこの年に行われた。九月、多田宮内左衛門尉元継は名を筑前守と改めた。十一月、弘倹（塩川弘満）の五十回忌の弔いがあった。十二月、多田中書頼清の七回忌が尼崎の本興寺と栖賢寺で弔われた。

「多田上津城」伊丹氏に攻められ落城

永禄十年（一五六七）八月五日夜半、伊丹の軍勢が来襲して多田上津城は落城した。城主の多田満仲公廿八代多田越中守春正は自刃した。享年四十二歳、寶壽院と号す。嫡男小次郎（三歳）は乳母に抱えられて江州三井寺に落ちた。多田春正の弟玄信坊は三井寺に入山していた。小次郎（有重）は十七歳まで三井寺で過ごし、その後、船坂ノ合戦（不詳）で負傷し上津に帰った。塩川伯耆守太郎左衛門尉国満は一蔵城の山下の井ノ内に屋敷を建て多田一族を介抱した。多田上津城落城の時に清和源氏累代の菩提寺である上津の善源寺と上津多田氏の菩提寺である忍辱山正法寺は焼失した。

多田春正は藤原仲光の猶子源次丸（多田満信）の末裔上津氏の血脈であり、上津秀清の娘が多田蔵人行綱公に嫁し、行綱公が鎌倉幕府から勘当されると、幼い行綱公の子息家氏を連れて上津の実家に戻った。家氏は長じて上津家清の娘を娶り上津の家督を相続した。鎌倉時代は多田姓を名のれず、室町時代になって再び多田姓を名のった。多田庄では塩川氏に従わない多田院御家人衆も多く、塩川新伯耆守国満は調略により一蔵城を三好政長に攻め滅ぼさせたように、この度も、多田院御家人衆を束ねていた上津多田氏を伊丹氏に攻め滅ぼさせて、一方では多田春正の家族を一蔵の御根小屋の跡地に屋敷を建て介抱したのである。多田庄内での御家人相互の私闘は満仲公の遺命により禁じられており、新伯国満は多田庄を完全支配するために伊丹氏と申し合わせてこういう仕儀に至ったものと思われる。

『摂陽群談』には「上津の善源寺は天徳四年（九六〇）、多田満仲公が父経基王の三回忌に建立された寺で、経基王は法号善源と号した。延久二年（一〇七〇）吉河越後守頼仲が東生郡にこれを移し、承久三年（一二二一）寇火、仁治元年（一二四〇）、塩川刑部丞仲義再建、建武年中荒廃、塩川仲義の苗孫塩川伯耆前司仲章と細川武蔵守頼之が造営、曹洞宗となって、至徳二年（一三八五）に上津に移され、この年（永禄十年）に焼失した」とある。上津には多田源氏累代の墓があったが、焼け残った墓石は満願寺に移され今の満願寺源氏七塔がそれである。

源頼光公が治安元年（一〇二一）七月廿四日薨去し、忍辱山正法寺は御臺所善如尼（平惟仲卿御息女）が開基となり、上津の城内に一宇を建立し天台宗「千面堂」と称して、代々上津多田氏の菩提寺であった。

『満願寺文書』の「源氏七塔記」に、「源満仲公の末弟満生（満正）朝臣は病に罹り官職を辞して当山に閑居した。天延年中剃髪して法師となり当山の西大谷内に起居し、逝去の後平野の上津に葬られた」とある。また「頼国朝臣の鳳児龍孫終焉の後各遺命収骨当山塔基七員記名左の如し」とあり、東から伊豆守源国房塔、出羽守源光国塔、下野守源明国塔、下総守源仲政塔、山縣三郎国直塔、摂津守源行国塔、兵衛大夫蔵人国基塔、その外にも多く諸霊が葬られたが霊名が失われてしまった。「平野の上津」と記されているところから、この文書は江戸時代の成立と思われる。満正（満生）公は「マンショコさん」と呼ばれて、上津多田家の元祖である。早世した満正公の遺児である源次丸と源蔵丸は藤原仲光の猶子となり、源次丸は多田氏、上津氏、北河原氏の元祖となり、源蔵丸は藻井氏の元祖となった。

『高代寺日記』に「長和元年（一〇一二）六月、頼光公は摂東生郡の比賣許曽祠（下照姫宮）を造替した」「延久二年（一〇七〇）六月、頼光公の孫頼仲公（吉河氏元祖）は諏訪の神夢を得給い、子孫は必ず伯耆守たるべし、諏訪下社は伯耆国一宮の倭文神社の主神下照姫命なりと述べられた。七月十八日より頼仲は百人の僧をもって祖父頼光公の五十回を追福せられ交野郡中津村に一寺を建立し給い、則、善源寺と号す。それよりこの村を善源寺村と改む。且つ寺内に二坊を置き、真乗坊・乗光坊と号す。又曰く、始め平野に善源寺を建立せらるゝ」とある。多田源氏は多田満仲公が大田田根子命の子孫である神人《みわ》氏を滅ぼし、住吉大神から多田の地（住吉大神の杣山）を賜ったが、嫡男満正公が早世したのは大神氏の祟りであると恐れ、大田田根子命の元祖である大国主命と多紀理毘売命の娘下照姫命を祀った。塩川氏が伯耆守・信濃守を名のった由縁である。その後、神人氏の霊を鎮めるために多田庄内各地に九頭社が建てられた。

将軍足利義栄逝去

■永禄十一年（一五六八）正月、源太基満は諸式を終え上洛し諸侯を賀す。三好左京大夫義継は多聞城（奈良市）から津田城（枚方市国見山）に移った。二月、左馬頭足利義栄（義親）は征夷大将軍に補任されたが、九月に織田信長が足利義昭を奉じて上洛したため阿波に逃れ、腫物が悪化して病死した。享年三十歳であった。細川氏綱の舎弟細川右馬頭藤賢（中島城主）は三好義継に味方して信貴山城に立籠もると、

三好山城　守康長は高屋城から出陣しこれを攻めた。六月、石山本願寺の上人が詫びを入れ、康長は高屋城へ引き上げ、藤賢は石山ノ城へ戻った。

第六話　織田信長の畿内統一と塩川氏

織田信長は足利義昭を奉じて上洛する

興福寺一乗院門跡覚慶（足利義昭）は甲賀の和田惟政の居城から、永禄八年八月に江州矢島に移り永禄十年まで諸国の武士を促して三好退治を画策した。方々より馳せ参じる輩は大舘宗貞、同晴忠、三淵藤英、細川藤孝、武田義統、沼田清延、京極高成、仁木義廣、一色藤長、沼田統兼、上野秀政、同信忠、和田惟政、飯河信堅、二階堂駿河守、大和孝宗、牧島孫六、能勢丹波守らであるが、三好を退治できる大名はおらず、美濃の長井と江州の六角を頼んだが皆家中混乱して叶わず、若狭の御姉婿武田の領地に下り、永禄十年九月、さらに越前に下り朝倉義景を頼った。覚慶は朝倉義景を管領代左衛門督に任じ烏帽子親として一乗谷で元服し、足利義秋（義昭）と名のり、朝倉義景の父教景（孝景）を御相番衆に加えた。

去る程に、「三管領の一人で尾張の守護斯波氏の家来に織田上総介信長という者あり、和田伊賀守が御使いにて再三お頼みあり」。朝倉義景は「当越前に御逗留あればいつまでも御安座いただけまする」と述べたが、公方逗留のための朝倉の出費は莫大であった。信長は「公方御敵退治の上洛については喜んでお供仕る」と進言したが、朝倉義景は「かの信長という男は近頃腹黒の仔細あり、後にはそれがしは信長の讒言により御敵にされること間違いなく、これまでの忠君が無になる」と嘆いた。しかし、公方の上洛の意志は固く、永禄十一年七月、朝倉義景も国境までお見送りし、足利義昭は美濃国西庄立政寺（岐阜市西荘）に移り、信長は出仕して御太刀・御鎧・御馬・青銅千貫文を進上した。

八月七日、信長は江州佐和山まで出陣して七日間逗留し、公方の御上洛に出仕するようにと近江と越前衆に使者をたてた。朝倉は信長と不快故参らず、浅井は出仕した。佐々木六角義賢（承禎）は三好と一味して阿波の公方（義栄）の味方となり参らず。しからば是非に及ばずと、信長は六角方の箕作城・観音寺城を攻め落とし、瞬く間に近江一国を平均した。信長は九月廿八日に東福寺に入り、西岡青龍寺城を攻め石成主税助は降参した。これを聞いた芥川城の三好日向守長逸、摂津富田普門寺の三好彦二郎長治、越水城の篠原長房と瀧山城衆らは逃げ去った。公方足利義昭も清水寺に入り、自ら摂津越水城まで出陣した。伊丹大和守親興はすでに公方から御教書を給わり兵庫頭に任じられて、和田伊賀守惟政、細川右馬頭、牧島孫六らと共に公方の軍勢に加わった。これを聞いて高屋城と飯盛城の阿波衆も逃げ出し、畠山政頼（秋高）は元々公方の御味方であったので本領の高屋城に入った。公方は男山八幡宮に参詣し、河内・和泉方面に軍勢を進めたあと芥川城に入った。

信長は池田城を攻める

信長は九月三十日に三好方である池田筑後守勝正の池田城を攻めた。信長は城の後方の山に登って戦いの様子を眺めたという。双方死者を出して激しく戦い、織田勢が町中を焼き払い、十月二日に池田勝正は降参して所領を安堵された。摂州平均の時、信長方の軍勢は寺社や処々に放火し乱暴狼藉を働いた。高槻城の入江左近、茨木城の茨木孫次郎らも降伏して、信長は芥川城に入り公方に謹仕した。公方足利義昭は松田左衛門尉と飯尾右馬助に命じて、九月三十日の信長の池田城攻めに当たり多田院境内の乱暴狼藉等の禁制を命じた。また。翌年の永禄十二年五月三十日には多田院領の安堵状を発給した。

三好左京大夫義継と松永弾正久秀・久通父子は光源院（足利義輝）を攻め殺した者共であるが、松永久秀は信長と通じていたので、信長は「彼らを敵に回して戦うよりも、味方に引き入れる方が得策である」と進言し許された。三好義継と松永久秀は芥川城にお礼に参上し、松永は藤四郎吉光の名刀を進上し、三好義継には若江城と河内半国を与え、残り半国と高屋城は畠山秋高に与えられた。松永弾正には信長衆の加勢あって大和国切り取り次第とされた。大和の筒井氏と越智氏はこの時出遅れた。和田惟政には芥川城が与えられ、摂津国は伊丹親興、池田勝正、和田惟政に与えられた。信長は石山本願寺には五千貫、堺南北にも二万貫の夫銭をかけた。芥川城を本陣に十四日間逗留し、三好義継、畠山秋高ら畿内の国衆や町衆がお祝いと御礼に参上し芥川城門前に市が立ったように賑わったという。松永久秀は茄子茶入「つくもがみ」を進上し、今井宗久は「松島の葉茶壷」と「紹鴎茄子」を献上した。

塩川孫大夫は信長に会う

八月に塩川孫大夫宗頼（五十二歳）は尾張国から信長が上洛すると聞き、江刕へ情勢を探りに出かけたが、石田大蔵大夫頼長（三好長慶の郡代）の諫によって一旦は帰ってきた。しかし、九月、塩川孫大夫は再び江刕に赴き種村氏の仲介により信長（三十五歳）に会った。信長は、三年前の永禄八年（一五六五）美濃攻めの時に討死した塩川山城守満定（享年五十六歳位）から孫大夫のことや、塩川家が多田の銀山を支配していること、塩川新伯国満の家はその昔、尾州市下村に住み武衛（斯波氏）に仕えていたこと等聞き及んでおり、塩川新伯太郎左衛門尉国満を直臣として取り立て、委細は菅屋玖右衛門を通じて諸事万端沙汰すると告げた。菅屋の言うには、塩川が支配している多田銀山の利権をそっくり信長に引き渡すこと、国満は六十九歳になるので隠居し、尾張の塩川源六郎秀光という者を国満の嗣子として家督に据えること、塩川家一族主従の知行は今まで通り安堵するというものであった。孫大夫は九月下旬に多田に戻ってこの旨を新伯国満に報告した。新伯国満の側室（伊丹親永娘）は正室種子ノ方の生んだ長男宗覚（運想軒）を讒言により廃嫡に追い込み、我子源太基満に塩川家の家督を継がせようとして企みは成功したかに見えたが、信長の政略のおかげで夢と消えた。そして側室は落胆のあまり四年後の天正元年（一五七三）十月四日に頓死する。

塩川新伯国満と塩川古伯国満は信長に拝謁する

永禄十一年（一五六八）十月五日、塩川新伯国満（六十七歳）は老骨にむち打ち、源太基満、孫大夫宗頼、塩川古伯国満らと芥川城にお祝いと御礼のために参上した。信長勢による池田城攻めを目の当たりにして、信長の要求を受け入れる以外に選択肢はなかった。塩川新伯国満らは先ずは公方に拝謁してお祝いを述べた後に信長に会った。

信長は新伯国満に所領安堵を約束し、源太基満を右兵衛尉に任じ、「長」の一字を与え塩川右兵衛尉長満と名のるようにと言い、次に横に控えていた塩川源六郎秀光を紹介した。この者は信長とは幼馴染であり、この度、摂州笹部城主塩川伯耆守国満の嗣子として摂州塩川家の家督を継がせ、塩川源六郎秀光にも「長」の一字を与え塩川伯耆守長満と名を改めさせると述べた。是により二人の塩川国満に加え二人の塩川長満が誕生した。更に、塩川伯耆守長満（三十一歳）には一條家におられる光源院殿義輝公の御息女（十六歳）を信長の養女として伯耆守長満に嫁がせ正室とする旨を告げた。そして伯耆守長満にはすでに家の女房との間に二男二女があり、長男の吉大夫（十歳位）と次男の勘十郎（六歳位）を紹介した。また、二人の娘については、姉（八歳位）は信長の嫡男城之助殿（十二歳）と、妹（四歳位）は池田恒興の嫡男庄九郎殿（八歳）との婚儀の約束が交わされている旨を述べた。新伯国満にとって多田銀山の利権を取り上げられる代償として、一條家や織田家と親類縁者になることは塩川家にとって破格のことであったし、信長の心遣いを有難く感じたが、受け入れなければ明日にでも攻め滅ぼされるのは明白であり、その違いは天地霄壌の差があった。

次に塩川山城守満定の舎弟塩川古伯国満（六十四歳位）、同息吉大夫昌次、塩川主膳正国良（猶子）にも拝謁が許された。彼らは細川晴国滅亡後、多田庄六瀬に蟄居していたが信長に仕えることになった。古伯国満の兄塩川山城守満定と嗣子満勝は既に亡く、満定の孫（五歳）は母と共に池田恒興の内室に介抱されていると信長は話し、これからは信長の直参として塩川伯耆守長満の与力となるように命じられた。古伯国満は平身低頭して、「有難きことにございまする」と述べた。古伯国満は娘を質に差し出した。塩川古伯国満には当初男子がなく仁邊主膳正国良を嗣子にしていたが、後に実子吉大夫昌次と弥三兵衛昌吉が生まれた。

十月十四日、公方は京の細川氏綱の旧宅に入り信長から御太刀と御馬進上あり、十月十八日、征夷大将軍に任じられ、廿四日、屋敷では御祝いの観世能が催され、「この乱世の厳しき折柄、何という大饗かなと人々は皆誉め申した」という。同日、信長は公方に帰国の挨拶をすると、公方はこの度、近江・山城・

摂津・和泉・河内の五箇国平均の手柄を賞玩され、感状が出され、左兵衛佐に任じ管領職に就くようにと申されたが、信長はこれを堅く辞退し、和泉・堺・大津・草津に代官を置き、十月廿八日に岐阜へ帰城した。公方は法華宗の大寺である六条の本圀寺を御所と定めた。松永久秀は尾張衆の加勢を得て和州筒井ノ城・井戸若狭の城を落し、さらに多武峯を攻めるため和州に留まった。

同年の晩秋に塩川伯耆守長満の婚礼があり新伯長満は獅子山城主となり、前伯太郎左衛門尉国満はお気に入りの西多田亭を隠居所とした。西多田亭には塩川孫大夫宗頼と於虎夫婦の屋敷もあり、国満は孫の辰千代を大層可愛がった。

塩川伯耆守長満

塩川伯耆守長満は尾張国中島郡国府宮の神主塩川長門守成海の子息塩川源六郎秀光であり、織田信長とは幼馴染で、信長を兄と慕い、幼い頃は池田恒興や菅屋玖右衛門らと日々に山野を駆け回り遊びに興じていた。

尾張国中島郡国府宮に尾張大国霊社（稲沢市）があり、「尾張国中島郡の大國霊社神主職に中世久田の称号あり、中島連の裔也。今この地を呼んで諏訪と称す。野々部、塩川等の氏皆同属也」。『惣社参詣記』に「當宮の祠官は天背男命の裔、中島海部連の後なり、中世家衰へ家系を失ひ侍るにぞ、武衛家當國を領せられし時、神主正六位上秀定、久田四郎と称す。又、文亀年中に一百七十貫文の采地を領し、近境稲島村土端の城に住せし」。『尾張名所図会』に「秀定の子正五位下秀守は野々部と称せし。其子正六位上成海は塩河と称号せし。その子秀光は塩川源六と云ふ。天正年中、信長に属し武事を勤めし。その弟秀政、又野々部の称を嗣いで祀を奉りぬ。元和二年卒す」。『尾張国誌』愛知郡に「塩川秀満の孫伯耆守国満信長に仕ふ、又、孫四郎あり、共に巾下村の人なり」、同書中島郡に「本郡國府宮村源六郎、吉大夫、勘十郎」。また『姓氏家系大辞典』に「尾張国巾下村の塩川国満摂津国川辺の塩川氏と全く同属なり何れが本貫か、云々」とある。塩川伯耆守太郎左衛門尉国満は尾張国愛知郡の人であると言う。

塩川氏は一蔵村から民田村、国崎村までの智明山間歩群を支配していた。多田の銀山には四つの親鉱（鉱脈）がある。奇妙山親鉱（一倉村から民田村、国崎村、能勢山田村まで）・七寶山親鉱（吉川村）・高山親鉱（高山村）・銀山親鉱（鼓滝から多田院村、若宮村、中谷村、六瀬村仁頂寺まで）である。中でも国崎の智明山にある神教間歩は奈良時代からすでに採銅されていたという。この辺り一帯の間歩群は智明山親鉱と呼ばれていたが、塩川伯耆守長満はこの智明山親鉱を信長の嫡男奇妙丸（信忠）の名を冠して「奇妙山親鉱」と呼称した。

武田信玄と徳川家康は今川領遠江へ侵攻する

永禄十一年十一月の頃、今川氏真は小野但馬守を井伊谷城主にして、井伊直親の嫡男虎松（直政）を殺すように命じた。井伊直虎と龍潭寺の南渓和尚は虎松を逃がした。家康は奥三河の近藤石見守康用、鈴木三郎大夫重時、菅沼二郎右衛門忠久ら井伊谷三人衆を味方にすると、十二月、三人衆は井伊谷城を攻め小野但馬は城抜けしたが捜し出されて斬首された。この時、武田信玄も今川領遠江に攻め込んだ。家康自身も西遠江に攻め込み引馬城（引間城）を落とし改築して居城とした。浜松城である。岡崎城は嫡男信康が城主となった。この時、西遠江の井伊谷城・二俣城・堀江城・佐久城・気賀の堀川城等の諸城が落城した。

翌年、家康は掛川城を落とし、今川氏真は北条氏を頼って伊豆に落ちて行った。井伊谷城は徳川領となり近藤康用が城代となった。

六条合戦、阿波三好衆は六条本圀寺御所を襲撃する

永禄十一年十二月廿八日、三好山城守康長、三好日向守長逸、三好下野守政康、三好備中守、三好久助、矢野和泉、矢野伯耆守、吉成勘介、篠原玄蕃允、加地権介、塩田采女正、松山彦十郎ら畿内の諸浪人は京へ攻め上り公方足利義昭を討とうと、先ずは美濃の斎藤竜興、永井隼人佐、薬師寺九郎左衛門尉を先駆けの大将として、三好義継方の寺町左近将監と雀部次兵衛が立籠もる家原城を攻め落とした。

■永禄十二年（一五六九）正月三日早朝、阿波勢一万余騎は河内・山城と攻め上り、五日に東福寺から六条の本圀寺御所に攻めかかった。御所方細川右馬頭、三淵大和守、細川兵部大輔、織田左近、野村越中守、二階堂駿河守、飯河山城守、牧島孫六、曽我兵庫頭、赤座七郎、赤座六助、津田左馬、渡辺勝左衛門、坂井与右衛門、明智十兵衛、森弥五八、内藤備中、山縣源内、宇野弥七らは散々に戦う。

三好義継は正月五日に若江城を出陣し、伊丹勢・池田勢も駆けつけたが、高槻の入江左近は阿波方に寝返り三好為三と同兵庫頭を呼び込んで、京へと駆けつける伊丹・池田勢の道を阻んだ。伊丹・池田勢は忍頂寺越えで西岡へ入り、三好義継と池田衆は桂川南方に陣を取る。

明くる六日、三好日向守、同下野守、同為三入道は六条本圀寺へ押し寄せ、三好山城守、石成主税、阿波衆は桂川の三好義継、池田衆と合戦に及び阿波三好勢が勝って、三好義継と池田衆は敗軍して嵯峨へと退いた。

明くる七日、池田筑後守勝正は家臣を見捨てそのまま丹波路を通って池田城に籠城した。三好義継、和田惟政、伊丹親興、池田清貧斎正秀、池田周防守、池田豊後守、荒木村重、中川清秀、萱野長門守重政、菅出雲守、下村市之丞勝重、池田助次郎、高山藤蔵、曾根崎喜三郎、能勢左兵衛尉頼高らは嵯峨から本圀寺を取り巻く阿波勢と再び合戦に及び、細川右馬頭、三淵大和守藤英、細川兵部大輔、野村越中守、二階堂駿河守、飯河山城守、牧島孫六、曽我兵庫頭、野村、内藤五郎、森弥六ら公方の近習も本圀寺から討って出で、阿波衆を鳥羽伏見まで押し戻した。

伊丹兵庫守親興は傷を負い同勘左衛門（伊丹親興の兄伊丹安芸守親保の長男）は討死し、西岡勝龍寺城に陣取った。阿波衆は負けて淀・八幡・伏見・木幡に退き散陣した。能勢左兵衛尉頼高は敵の旗幕等を奪い取り、将軍より奪取した族の紋を家紋とするよう仰せ出だされた。是により頼高家の家紋は丸に五三の桐に改められた。九日朝、信長は五万の兵を率いて上洛し忠功の輩に褒美を与えた。池田紀伊守正秀（清貧斎）は信長からこの度の手柄を賞玩された。

信長は自ら奉行となり、烏丸中門第に公方のための新たな城と宮殿を造った。旧の二条城である。石を調達するために京の町中から石仏の頸に縄をつけ、石の祭壇を壊し、仏を投げ倒し工事現場に引いてきた。常に二万人余の人々が働き、見物しようとする人々をも受け入れた。ときに、工事現場で働いていた一人の兵士が見物の婦人をからかいその顔を見ようと被り物を少し引き上げた。信長は偶然それを目撃し、その場でその兵士の首を刎ねた。二〜三年かかる工事を七十日で完成させ「公方は大相喜ばれた」という。さらに信長は村井民部少輔と朝山日乗を奉行に内裏も造営するように命じた。内裏の建物は古くひどく破損していた。そのために信長は夫銭の徴収を強め、三月、尾張衆は尼崎で夫銭を出さぬ者共と喧嘩になり町を放火した。この時、多田院は夫銭を免除された。

塩川孫大夫討死

塩川伯耆守長満は、永禄十一年の末に尾張から多田塩川城に移り住み、一條家の姫を娶り何かと多忙の折から後れを取り、正月十六日になって、塩川孫大夫を将として、塩川右兵衛尉、同吉大夫昌次、同民部丞、安村勘十郎以下四百余人を出陣させ、敗走する敵を阿波勝浦まで追撃したが、塩川孫大夫宗頼（享年五十三歳）は討死し逃げ帰ってきた。塩川伯𦊆長満から宗頼の嫡男辰千代に感状が下され、辰千代はこのとき十四歳、即、塩川伯𦊆長満の猶子となった。四月廿五日、孫大夫の後家（於虎）は髪をおろし春光院妙閑大姉と号し喜音寺に入山された。ときに三十八歳である。猪名川町槻並の『田中家文書』に「この度の勝浦合戦に於いて孫大夫の討死は比類なき忠節である。跡職の儀は別儀なく辰千代殿が相続されよ。猶、右兵衛尉が申す。塩川伯耆守長満」と記された感状の写しが残されている。

信長は伴天連に布教許可を与える

司祭フロイスと修道士ロレンソは和田惟政の執成しにより堺から京に赴き、佐久間信盛の案内で工事現場にて信長に目通りが許され、後日再び和田惟政の仲介により信長と会見した。四月八日、信長から布教許可状を与えられ、さらに信長は公方足利義昭に会うことを勧め、四月十五日には公方足利義昭から布教許可状を与えられた。五年前に松永久秀により京から追い出され上洛した兵士の宿舎となっていた京の教会を再建することができた。しかし、信長に取り立てられていた朝山日乗は宣教師の追放を信長に強く進言した。その結果、朝山日乗とロレンソは信長の前で宗論を戦わすことになった。尼子氏に仕えていた元牢人であり宗教家でもない日乗はついにロレンソの質問の返答に困り果て感情に奔って宣教師らを口汚く罵って刀の柄に手をかけてしまい宗論は日乗の負けとなった。

四月廿一日に信長が岐阜に帰ると、朝山日乗は信長の寵愛を良いことに朝廷に働きかけて宣教師の迫害と伴天連の追放に策を弄した。そのため、六月三日、フロイスとロレンソは岐阜に赴き、佐久間信盛と柴田勝家の仲介により再び信長に会い、日乗のいう朝廷の伴天連追放令に対する対応を信長に相談した。信長は上機嫌でフロイスらに馳走し城と屋敷を案内して手厚くもてなし、すでに布教許可を与えたのであるから何も心配せずともどこへなりと望むところへ行き布教するようにと重ねて述べ、二人は安心して恙なく帰京した。

高槻城の入江左近自刃

八月十八日、摂州高槻城主入江左近将監春景は阿波の三好方に一味し将軍家の御敵であるので、和田伊賀守惟政を大将に入江討伐のため出陣した。この時馳せ集まる人々には、池田筑後守勝正、伊丹兵庫頭親興、茨木佐渡守、塩川伯耆守長満、萱野長門守重政、有馬伊予守、塩山肥前守信景、荒木弥助村重、粟生兵衛尉氏晴らを始め、その勢八千余人、高槻城に押し寄せ合戦があり、中川清秀は多田長次郎、長柄八郎左衛門、菅出雲守らと城に攻め込むと、城主入江左近は荒神口から遁れ出で高槻城は落城した。入江左近は京で自刃させられた。高槻城は和田惟政に与えられ、高山ダリヨ飛騨守は芥川城代となった。

永禄十二年五月、信長は滝川一益を大将に伊勢国を切り取ろうとしたが、滝川衆は負けて逃げ帰ってきた。八月末に信長は再び伊勢衆・五畿内衆・美濃衆・尾張衆ら十万余騎にて伊勢に討ち入り、十月まで合戦が続いた。このありさまを見て伊賀の柘植三郎左衛門尉は北畠に和談を持ちかけ、将軍足利義昭も北畠具教に信長と和解せよと勧告した。その結果、伊勢の国司北畠中納言具教の妹に信長の三男茶筅丸を娶せて婿養子とする旨、北畠は不本意ながら受け入れ和議が整った。

十月、将軍足利義昭の命で、伊丹・池田・和田衆ら摂津衆は播磨へ発向し赤松上野介政秀に加勢して浦上宗景を攻め浦上内蔵助を討取った。「大物崩れ」で討死した浦上村宗の子息浦上宗景は播磨に侵攻してきた尼子氏と與した兄浦上政宗と対立して勢力を拡大したが、永禄七年、兄政宗と政宗の嫡男清宗が赤松政秀に討たれると、宗景は尼子氏と結び備前での勢力拡大を図った。豊後の大友宗麟、能島水軍村上氏、山陰の尼子氏、備前の浦上氏らが連携して毛利氏を包囲していたので、毛利氏は尼子氏と浦上宗景の勢力を駆逐するために将軍足利義昭と織田信長に西播磨への出陣を要請し、尼子氏・浦上氏を挟撃しようとした。この時、別所安治（一五三二〜一五七〇）は将軍足利義昭に味方した。

多田庄では、二月大、塩川前伯太郎左衛門国満の七十歳の祝賀があった。

姉川の合戦

■永禄十三年（一五七〇）四月廿日、信長は京都から越前へ出陣し、元亀元年四月廿五日（四月廿三日改元）に朝倉方の寺田采女正の手筒山城を攻め、翌日には朝倉中務大輔景恒の金ヶ崎城を攻め落として、越前国に乱入しようとしていたところへ、江北の浅井備前守長政の裏切りの注進が方々から寄せられ、信長は木下藤吉郎を金ヶ崎城にしんがりとして残し、四月晦日に湖西の朽木信濃守元綱の領地を通って京へと撤退した。五月十九日、浅井備前守長政が鯰江城に人数を入れ、市原郷の一揆を催し、信長の尾張への帰国の道を塞いだが、蒲生氏郷、布施藤九郎、菅六左衛門らの働きにより、千草越えで岐阜へ帰る途中、杉谷善住坊という者が六角左京大夫の命で信長を鉄砲で撃った。弾はわずかに掠っただけで、五月廿一日、信長は無事岐阜に帰城した。

六月四日、六角左京大夫が野洲川表へ人数を出し織田方の柴田・佐久間らと一戦におよんだが、六角方は七百八十騎を討取られ江州南部は静まった。江州北部では浅井朝倉勢が長比《たけくらべ》城と刈安《かりやす》城（上平寺城）に要害を構えていたが、両城の堀秀村と樋口直房を寝返らせ、六月廿一日、信長は浅井の居城小谷城へ攻め寄せて虎御前山に陣を据え、町中あらゆる所を谷々の入り口まで焼き払った。六月廿二日、鉄砲五百挺と弓衆三十人ばかりをしんがりに一旦退却し、追ってきた敵を討取った。廿四日、信長は家康軍と合流して龍ヶ鼻に陣取り、廿八日、信長・家康連合軍は野村と三田村郷にて、朝倉孫三郎勢八千余人と浅井長政勢五千余人都合一万三千人余と姉川を挟んで戦いが始まった。西の三田村へは家康軍（五千余人）が、東の野村郷へは信長勢（一万余人）が懸り合った。浅井勢は信長の桶狭間の作戦をまねて信長の本陣を急襲したため、信長の馬廻り衆も出撃して激戦の末、遂に浅井勢を追い崩した。徳川衆も織田衆も大勢の戦死者を出したが戦いに勝利し、信長は小谷城の支城横山城を落とし木下藤吉郎を入れ京の公方に勝軍を報告し、七月八日に岐阜城に帰った。この頃、多田佐渡守政豊は朝倉氏に仕えていたが、姉川合戦に敗れ宍粟郡山崎に退去隠棲した。

池田衆内紛、摂州池田氏は池田筑後守勝正を追放し阿波の三好に味方する

阿波衆は勝瑞城（徳島県藍住町）に集り畿内に攻め上る計略を立て、摂津中嶋の野田・福島に立籠もることになった。野田・福島は、西は大海に接し、海路で淡路・四国へ通じ、北南東方は淀川で囲まれて、周りは沼地が広がり籠城に恰好の場所であった。六月十八日、池田では池田八郎三郎勝正（五十歳）を城主に据えていたが、池田勝正は公方を支持するようになり阿波衆を支持する池田衆らは池田勝正に叛き内紛があった。池田勝正は池田豊後守と池田周防守に腹を切らせて城を出て原田城に移ると代々阿波衆を支持していた池田三郎五郎家の嫡男池田知正（廿七歳位）が城主となった。この頃、池田廿一人衆の筆頭池田紀伊守正秀（清貧斎）と荒木村重（三十五歳）が池田家の家政を掌握して、村重が池田姓を名のり陣代となっていた。池田衆は阿波へ使者を出し三好に味方するので上洛を待つと注進し、三好日向守長逸の嫡男三好兵庫助久助（長虎）を池田城に迎えた。大坂石山本願寺へも信長は色々難題を申している由、本願寺も阿波衆に呼応した。このとき本願寺顕如は廿八歳であった。

七月、阿波の三好勢は野田・福島に堀や櫓を築き、河に乱杭逆茂木を引き立て籠城した。その勢は細川六郎、同典厩、三好彦次郎名代三好山城入道康長（笑岩）、同息徳太郎、三好日向守長逸、同息兵庫助、三好下野守政康、同息、同舎弟為三入道、石成主税介、三好治部少輔、三好備中守、三好帯刀左衛門、三好久助、松山彦十郎、同舎弟伊澤、篠原玄番頭、加地権介、塩田若狭守、逸見、市原、矢野伯耆守、牟木勘右衛門、三木判大夫、紀州雑賀孫市、十河ら都合一万三千余騎である。

←阿波の「勝瑞城址」後に見性寺と三好之長・元長らの墓もここに移された。

猪名寺の戦い

七月廿九日、淡路の安宅衆は一千五百余騎で兵庫津に着き、八月九日に尼崎に陣取り、十三日には伊丹へ攻め寄せた。原田城の池田勝正が百騎余りで伊丹方に加勢して猪名寺に討って出て高畠で淡路安宅衆・池田衆（池田知正・荒木村重）百騎余りと合戦になった。淡路衆と池田衆は負けて淡路衆は尼崎に退いた。伊丹衆と池田勝正衆は敵の首ども少々討取り池田知正らを蹴散らして帰陣した。河内古橋城に立籠っていた畠山衆、三好義継衆らと野田・福島から討って出た阿波三好勢と合戦があり三好義継の兵三百人が討たれた。

池田民部丞八郎三郎家（寿正―綱正―基且―勝正）は池田家の嫡家であったが、細川高国方であったために衰退した。池田筑後守三郎五郎家（貞正―信正―長正―知正）は元来阿波の細川澄元方であったが、池田弾正忠三郎五郎信正が細川晴元に叛き細川氏綱方となり、後に帰参したが許されず切腹を命じられ、子息の池田筑後守長正が家督を継いだ。長正の母は三好政長の娘であり、幼い長正を補佐するために池田城に入城した三好政長と池田四人衆とが対立して、三好政長滅亡後、池田筑後守長正は実権を失い永禄六年（一五六三）に死去し、長正の嫡男知正（重成）は未だ元服前であったため池田勝正が長正の猶子となり筑後守を称して池田城主となったことは前述した。この時、公方を支持する池田勝正は荒木村重と組んだ池田知正ら阿波を支持する池田衆に追放されたのである。元亀元年九月、信長が野田福島の三好勢に攻め込むと、三好兵庫助久助は池田城から城抜けして野田福島の砦に入った。

湯山年寄衆

池田三郎五郎家当主池田知正（廿七歳位）に従っていた池田家重臣たちは三田の湯山（有馬温泉）年寄衆と呼ばれる池田清貧斎を筆頭に池田（荒木）村重（三十五歳）、荒木志摩守卜清（元清）、荒木若狭守宗和、神田景次、池田正慶、高野一盛、池田正遠、池田正敦、安井正房、藤井敦秀、行田賢忠、中川清秀、藤田重綱、瓦林加介、菅野宗清、池田勘介、宇保兼家らである。池田勝正追放後の池田家重臣たちである。

摂津池田氏は急に方針転換し、信長に味方する

十月になって信長から荒木村重のもとに密使が訪れ、摂州を束ねた暁には摂津守に任ずるという。その

言葉に村重の野心が掻き立てられた。当主池田知正はあくまでも三好を支持すると主張したが、池田清貧斎の才覚により信長に味方することになった。池田城では多くの重臣たちが反対したが、池田清貧斎の説得により急に方針転換がなされ、荒木村重が池田家の陣代となり織田信長から摂州討伐の命を蒙り、中川清秀、萱野長門守、下村市之丞、粟生兵衛尉、安威三河守らを幕下に置き、出仕遅参の輩を攻め滅ぼした。成果主義の信長は荒木村重を取り立て、村重は荒木志摩守、中川清秀、高山右近ら一族のみで摂津を支配し、信長の軍団に取り込まれていった。後に、池田知正ら池田衆は信長の軍団に取り込まれ他国での戦いに駆出されて信長に大いに不満を抱くことになる。

信長は公方寄りの和田惟政、伊丹親興、池田勝正に代わる摂津の守護に荒木村重を抜擢したのである。塩川伯耆守長満は信長の幼馴染であったが、その器ではなかったようである。荒木村重が信長に認められ摂津守になると、池田知正は荒木姓を名のり家老となった。しかし、池田三郎五郎家は貞正以来代々三好の縁者であったので、後に信長に不満を抱くようになった池田衆の意見が勝り、荒木村重は彼らに担がれて謀反を興すことになるのである。

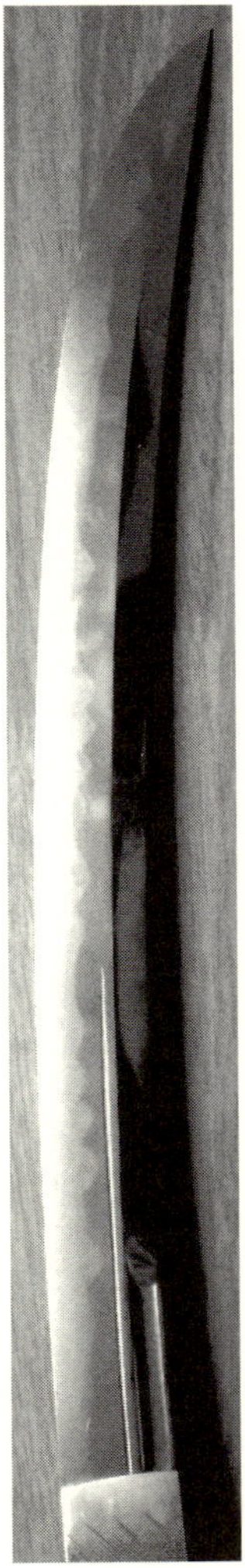

↑当家伝来の脇指

【池田氏略系図】筆者作成

池田維正……公貞―奉貞＝奉政―教依―教政―佐正―家正

- 寿正（民部丞）
  - 女（塩川秀満室）
  - 八郎三郎綱正（民部丞（高国方））
    - 女（塩川種満室）
    - 八郎三郎基且―八郎三郎且正（勝正）（筑後守）―直正
    - 山城守基好―山城守正永
- 充正（筑後守）
  - 貞正（正棟）（筑後守）（高国被攻自害）
    - 信正（久宗）（弾正忠三郎五郎）（晴元の命で自害）
      - 播磨守正久
        - 正就
        - 三右衛門正茂
      - 長正（筑後守）
        - 知正（重成）（備後守）
        - 光重―三九郎
      - 周防守正詮
    - 勘右衛門正重
  - 山脇正能＝十郎次郎正朝―勘右衛門正吉
    - 源大夫……主馬……修理
    - 市大夫安吉―宗久
      - 吉重
      - 尚照
    - 市右衛門重吉
- 玄蕃允某―紀伊守正秀―豊後守某
- 克正―遠江守正盛
- 若狭守正村―若狭守正種

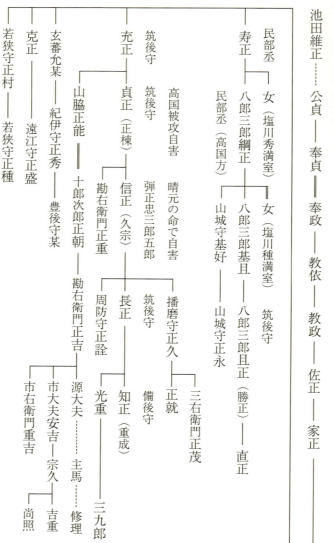

信長は野田・福島に攻め寄せ、浅井・朝倉勢は近江坂本まで攻め寄せる

八月、信長は美濃・尾張・三河・遠江衆三万余騎を率いて上洛し、廿五日に枚方に着き、廿六日に天王寺辺に陣取った。畿内の三好義継、畠山秋高、松永弾正、和田惟政、茨木佐渡守、池田勝正、伊丹親興、塩川伯刕長満、有馬衆、和泉衆らが摂津中嶋天満ノ森に陣取った。その他に、別所孫右衛門重棟、紀州畠山氏、玉木氏、湯川氏、神保氏、根来大賀塚衆も信長方に加勢した。三好為三は降参して信長方に加わった。これは塩川運想軒全蔵の招きによるものである。公方も二千余騎を率いて、細川右馬頭藤賢の中嶋の堀ノ城に入り、総勢六万余騎に膨れ上がった。九月十三日未明から俄かに西風が吹いて高潮が押し寄せ大雨が降った。淀川は逆に流れ、阿波勢が川端堤を切ると信長方の陣屋は悉く水に浸かった。十六日・十七日の和睦の話も不調になり、廿日、大坂本願寺衆と下間某らが城から討って出て信長方の武藤、野村越中らが討死した。

この間、浅井・朝倉勢は三万余騎で京へ攻め上り、九月十九日、近江比叡辻で森三左衛門可成と戦い森衆は全員討死した。信長は廿三日に大坂本願寺攻めを中止しすぐさま京に引き上げ、廿四日、尾張・美濃衆を率いて京を発ち近江坂本へ駆けつけると、信長勢は阿波三好勢との戦いに苦戦していると思い油断していた北国勢は慌てふためいて叡山に逃げ込んだ。信長勢三万余騎は坂本・堅田に陣取ると、稲葉伊予守と佐久間右衛門尉は山門の老僧に「北国衆を引き渡し公方様へ同心あるべし、さもなくば一宇も残らず焼き払い、僧徒一人残らず誅戮する」と沙汰したが山門は聞き入れず、十月・十一月と信長軍と北国衆の睨み合いが続いた。その間、阿波三好勢は河内に攻め込み畠山秋高と根来大賀塚衆は高屋城に籠城した。信長軍と北国衆は双方とも冬支度をしておらず寒さが身に染みる時節になり、十二月になると公方の計らい

で院宣が出され勅使が双方に使わされて、十四日・十五日に信長勢と北国衆らは和睦して双方とも帰国し国元で正月を迎えることができた。

七之助愛蔵誕生

多田庄では、元亀元年五月、安村仲貞の次男が生まれ勘四郎と名づけられた。五月廿六日、塩川伯耆守長満に男子が生まれ、七之助愛蔵（蔵人）と名づけられた。七月、頼光公の五百五十年忌を多田院地蔵堂にて営まれた。七月十四日、吉川豊前守定満の一子希太郎が廿一歳で早世した。この人は幼少より容貌が古豊（塩川秀満）によく似ており、古豊と同じ命日に亡くなり人皆不思議がった。

叡山焼討ち

■元亀二年（一五七一）二月に信長勢は佐和山城を落とし、五月に木下藤吉郎は浅井勢と交戦した。同月、河内国では松永久秀・久通父子、三好義継が信長に背き挙兵した。

元亀元年十一月に伊勢長島の対岸の尾張小木江城の信長の弟信興が一向一揆に攻められ自害したので、同年五月十二日、信長は佐久間信盛と柴田勝家らと三方から伊勢長島の一揆勢を攻めたが、地の利が悪く手痛い思いをして引き上げた。六月十四日、毛利元就は吉田郡山城で死去した。享年七十五歳、嫡男隆元は既に永禄六年に死去していたので孫の輝元が十九歳で家督相続した。八月に信長は江北表の横山城に着陣し余呉から木之本まで焼き払い、八月末には一揆が立籠もる小川村と志村郷を焼き払った。九月朔日には志村城を攻め落とし常楽寺では田畑を荒らし農作物を刈り取り踏みつぶした。信長は叡山に対し宗教のあり方を厳しく問い詰めた。「山門の僧衆は王城の鎮守たりと雖も、行躰行法、出家の作法にも関わらず、天下の嘲りをも恥じず、天道の恐れをも顧みず、淫乱、魚鳥肉を食し、金銀賄いに耽りて、浅井・朝倉に加担し、ほしいままに働くの条々……」と、そして遂に、九月十二日、叡山を攻め根本中堂・三王十一社・霊仏・霊社・僧坊悉く焼き払い、僧兵千百廿人を殺戮し、丹波・丹後・近江にある叡山の領地を取り上げ明智・細川らに与えた。明智は坂本に在城し、信長は九月廿日に岐阜に帰陣した。十月には篠原長房と三好康長らも加わり阿波の三好勢六～七千人が高屋城の畠山秋高・安見宗房と対峙した。

先年、日乗上人と村井民部丞を奉行として、御所紫宸殿、清涼殿、内侍所、昭陽舎、御局々の御修理一切が完成した。

多田庄では、元亀二年正月、塩川伯耆守長満は京と岐阜に年賀の使いをたてた。獅子山城（笹部城・山下城）民部丸に於いて的矢が行われた。四月、安村勘十郎仲勝に加増された。仲勝は始め仲安と言い、安村の嫡家である。六月、永禄十年八月十日に伊丹衆に攻められて焼亡した善源寺を笹部に再建工事が始められた。

田尻能勢氏滅亡

元亀二年八月、（元亀三年の冬とも云う）、未明に賊徒ら三百余人が能勢の源氏ヶ尾に集まり丸山城に攻め寄せた。能勢左兵衛尉頼高は城へ駆けつけ急を告げると、能勢頼道は城から散々に弓を射て、矢が尽きると麻柄を弓で射たという。能勢肥前守頼宗父子・喜多代紀伊太郎頼定ら廿八人が城から討って出て戦った。やがて能勢大隅守・同壱岐守ら家人たちが駆けつけ後巻に戦うと、賊徒らは逃げ出した。次に賊徒らは田尻の亀寿丸の屋形に押し寄せ、亀寿丸と郎党らは討たれてしまった。亀寿丸は皇后宮権大進頼定の次男田尻冠者能勢蔵人広経の嫡流十三代目だったが、賊徒のために断滅してしまった。（能勢物語）

織田信澄は北摂の寺々を破却する

元亀二年から三年の頃、織田七兵衛尉信澄は北摂の寺々を破却した。三草山清山寺は元亀二年十二月十四日に焼かれ、清山寺の毘沙門天を阿古谷の毘沙門堂に、大日如来を垂水の大日堂に、観音菩薩を神山の慈眼寺観音堂に安置された。慈眼寺観音堂前の宝篋印塔も清山寺にあったものである。織田信澄の焼き払った寺々は三草山清山寺、能勢の剣尾山月峯寺、波豆川村の大舩山大舟寺、羽束山香下寺、深谷山蓮花寺、天野山安楽寺、東多田の横超山光遍寺、鷹尾山多田院、能勢の布留社（野間神社）などである。多田院が信澄により破却されたために多田院御家人衆は信長や塩川伯耆守長満に強い反感を抱いた。多田院の梵鐘が引きずりおろされ多田川に捨てられた場所は鐘ヶ淵と呼ばれている。

松永久秀謀反

■元亀三年（一五七二）三月六日、信長は江北の横山城に着陣し、七日、余呉・木本辺を焼き払い、十一日に志賀郡に入り、十二日入洛した。

河内国では、若江城の三好左京大夫義継は松永弾正久秀・久通父子と語らい、高屋城の畠山秋高（内室は信長妹）に戦いを挑んだ。畠山方の安見宗房の居城交野城に対し松永弾正が付城を築いて山口と奥田を将として三百人を入城させた。信長はすぐさま佐久間、柴田、森、坂井、蜂屋、斉藤、稲葉、氏家、伊賀、不破、丸毛、多賀ら三万騎に加え、公方の勢まで加わり要害を取り囲んだ。要害の兵たちは風雨と銃声に紛れ城抜けし、三好義継は若江城に、松永弾正は信貴山城に、松永右衛門佐久通は多聞城に立籠もった。松永久秀は佐久間信盛に願い出て信長に許しを乞い、翌年正月に岐阜へ参向し、不動国行の太刀と薬研藤四郎の脇指を進上し、信長は久秀の詫びを受け入れ多聞城を召上げ山岡対馬守を入れた。三好義継（内室は足利義晴娘）に対しては、居城若江城に多羅尾綱知、池田教正、野間康久の三人を付け家老として入れた。

信長は七月に嫡男奇妙丸の具足始めに、再び江北に出陣し修築した虎御前山に本陣を置いて、佐久間、柴田、木下、丹羽、稲葉、氏家、伊賀らに命じ、山本山・余呉・木之本辺りを焼き払い、田畑を荒らし、浅井と一揆勢に打撃を加え、九月十六日に帰陣した。

塩川伯耆守太郎左衛門尉国満出家

多田庄では、元亀三年（一五七二）四月、善源寺が造り畢えられ、五月三日、宗琳叟（種満）の三十三回忌を笹部の善源寺にて永琳大禅師により修せられた。この日、伯耆前司国満は髪を鉸み、律師祥光と名を改めた。御年七十三歳である。翌日、山城丸にて饗が催された。十一月、七之助愛蔵の袴始ノ賀が執り行われ一族家人皆参会した。十七日、日中に獅子山本丸にて祝賀があり、夕方には山城丸にて仲延が皆を招き祝賀があった。十二月、伯耆長満は塩川橘大夫頼方、安村勘十郎、同民部丞頼敦、同右兵衛尉の四人を家老にした。

能勢では元亀三年（一五七二）卯月十二日、能勢頼道（頼言）は丹波の波々伯部五郎左衛門有吉の仲人で婚姻を結んだ。相手は丹波八上城主波多野経尚の叔父藤左衛門尉尚雄の息女である。五月十二日、能勢壱岐守頼之入道道微が逝去した。享年六十四歳、本智院道微日正と号す。九月廿六日、御屋形能勢頼幸公が逝去された。享年四十六歳、清普院殿等源と号す。十二月廿八日、前兵庫頭頼久道窓が逝去した。岳明殿道窓と号す。頼久は兄因幡守頼明と甥左近大夫頼幸の二代に亘って仕え、摂州芥川・豊嶋・桂川合戦に参戦した。

能勢のお家騒動

御屋形能勢左近大夫頼幸は弘治二年（一五五六）に能勢頼明から家督相続し、西山朝弘の妹を正室とし嫡男頼道（頼言）と次男頼邦（頼郡）が生まれたが、正室は亡くなり、丹波数掛山城の城主波多野與兵衛尉秀親の娘を継室として迎え頼次と金剛院が生まれた。頼邦は明智光秀に仕え天正六年、播磨の神吉城攻めで討死する。さらに頼幸は京の白拍子を妾にし、喜十郎君（松童丸・一郎兵衛頼貫）とその弟源次郎（頼季）が生まれた。喜十郎君は美童にして利発であり御屋形頼幸公と生母お愛ノ方の寵愛を一身に受けて育った。

程なく御屋形能勢頼幸が逝去すると、お愛ノ方は頼幸公の遺言と称して我子を家督にたてようと企てた。その企てを知った老臣たちは先手を打って谷将監光政という者に命じて喜十郎君（頼貫）を殺害した。その日、喜十郎君（頼貫）が近習を連れて福庵という山寺へ詣で、風呂川の堤を帰る途中、谷将監光政が待ち伏せて喜十郎君（頼貫）に斬りつけ、橋の上から川に叩き落としたが致命傷には至らず、川に降りて留めを刺そうとしたが谷将監も脇指で膝口をしたたかに斬られ、遂に心を鬼にして橋の上に駆け上り橋詰の石を投げつけて打ち殺した。谷将監は摂州瀬川の里に蟄居したが、その時の傷がもとで亡くなった。この

騒動を知ったお愛ノ方は、源次郎を連れて能勢家先祖伝来の系図を持って逐電したという。（能勢物語他）

白井河原の合戦

元亀元年十月に池田では荒木村重が大将となり、織田信長から摂州討伐の命を蒙り猛威を震い、中川清秀、萱野長門守、下村市之丞、粟生兵衛尉、安威三河守らを幕下に置き、出仕遅参の輩を攻め滅ぼした。それに対抗して高槻城主和田惟政は池田領に属するところに宿久城と里城の出城を築き高山父子を入れた。茨木城の茨木重朝、郡山城の郡兵大夫正信らが和田惟政に味方して池田衆と対峙し、ついに元亀三年（一五七二）九月廿八日、摂津国島下郡白井河原に於いて合戦となった。

池田方は荒木村重（三十五歳）を大将に、池田久左衛門知正（廿七歳位）、中川清秀（三十一歳）、山脇源大夫、粟生兵衛尉、熊田孫七、下村市之丞、鳥養四郎大夫ら三千余人、郡山から馬塚にかけて陣を敷いた。一方、和田方は和田伊賀守惟政（四十二歳）を大将に、茨木佐渡守、郡兵大夫正信、十河杭之助ら七百余人が糠塚に陣を敷き、嫡男和田伝右衛門惟長（愛菊）、和田主膳佑惟増、高山ダリヨ飛騨守重房（友照）ら三百余人が後詰として控えていた。敵勢あまりにも多く後詰が来るまで待つようにと郡兵大夫は進言したが大将の和田惟政は聞き入れず、精鋭二百騎を率いて猛烈に突撃すると、後陣の茨木重朝、郡兵大夫らも五百余人を率いて後に続いた。荒木方は三千余人を三隊に分け、荒木隊一千余人をめがけて突進してきた和田惟政隊を引き付けると、池田知正と中川清秀が率いる二千名の伏兵が取り囲み、三百丁の鉄砲が発射され和田隊は総崩れとなった。

『中川史料集』によれば、中川清秀が和田惟政を討取り、山脇源大夫が名馬金屋黒に乗った郡兵大夫正信を討取り、荒木村重が茨木重朝（和田惟政甥）を討取り、下村市之丞が十河杭之介を討取ったとある。『フロイス日本史』には「和田惟政と遭遇した敵の一人は惟政から重い傷を受けていたが、惟政はそれより先すでにずたずたに切り裂かれ、多くの貫通銃創を受けていたので、ついに惟政は首を刎ねられ、刎ねた相手は五～六歩その首を手にして進んだのちに死を遂げた」とある。後詰の和田惟長は高槻城に籠城した。高山父子は芥川城に逃げ帰ったが、この時、高山父子が荒木村重とまともに戦う気があったのかはなはだ疑問である。フロイスは洗礼を受けぬまま亡くなった切支丹の熱心な庇護者であった和田惟政のために主なるゼウスに祈りを捧げた。

九月朔日、荒木勢は茨木重朝の父翫月斎が立籠もる茨木城を落とした。茨木城は中川清秀に与えられた。荒木衆は高槻城を取り囲み周辺を破壊し焼き払った。

公方足利義昭は三淵大和守藤英（細川藤孝実兄）を高槻城の援軍として派遣した。九月九日、信長は村重に撤兵を勧告し、同月廿四日、信長の命を受けた明智勢一千人が高槻城に差し向けられると村重は兵を引いた。『フロイス日本史』では一五七一年（元亀二年）の事としている。池田衆には淡路安宅衆千二百余人が含まれていたという説もある。

茨木郡山城主の郡兵大夫正信は討死し、兵大夫の姉婿である伊丹安芸守親保の子息十右衛門（伊丹勘左衛門弟）が兵大夫の嗣子となり郡主馬首宗保と名のった。宗保は荒木村重に仕えた後、豊臣秀吉と秀頼に旗奉行として仕え、大坂陣で敗れ自害した。

高槻城は高山右近に与えられる

和田惟政の死後高槻城主となっていた惟政の嫡男和田太郎惟長（愛菊）は十七歳であり、母と叔父和田主膳佑惟増と共に高槻城に籠城していたが、惟長は何かにつけて口煩い叔父主膳を殺害した。元亀四年、芥川城代高山ダリヨ飛騨守重房と同息ユスト右近長房（重出）は高槻城の和田惟長に出仕すると、二人はすでに荒木方に寝返っていると見抜いた惟長は二人を殺害しようと家臣たちを配置していた。夜になり暗闇の部屋の中で双方が斬り合いになり右近と惟長の双方が致命傷を負い、惟長は母の部屋に逃げ込んだ。高山飛騨守は惟長の母に「城を開け渡せば命は助ける」と言明した。惟長の母は致命傷を負った子息を連れて三淵大和守藤英の伏見城へ退いた。和田惟長は三月十五日に伏見城で亡くなったとする説もあるが、甲賀郡和田村に帰郷し、後に秀吉・家康に仕えたと言われている。右近は首に刀傷を負って死に瀕していたが、伴天連の西洋医術のおかげで一命をとりとめた。荒木村重は高槻城を高山右近に与えた。荒木村重と中川清秀と高山右近の三人は従兄弟であり摂津国は荒木村重の一族で固められた。高山氏一族は「重」を通字としている。高山飛騨守重房は和田惟政に取り立てられていたが、裏切った形となった。

←来田家伝来の火縄銃

【荒木氏・高山氏・中川氏関係略系図】 筆者作成

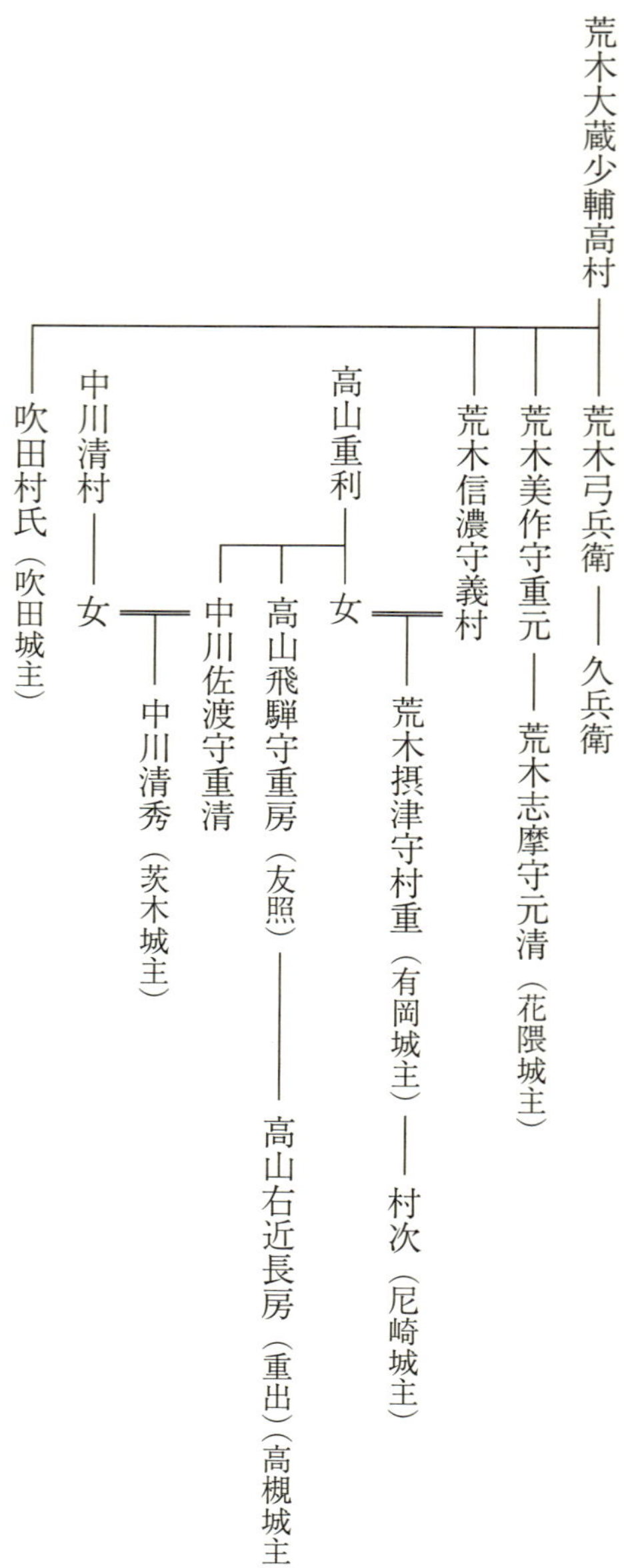

三方ヶ原の合戦

元亀三年十二月、三方ヶ原で徳川・織田の連合軍と武田信玄軍が合戦し、家康は大敗し命辛々浜松城に逃げ帰った。武田軍は井伊領の刑部原で越年し、翌元亀四年の年明けに井伊谷を焼き払った。その時、井伊家の菩提寺龍譚寺も焼かれた。しかし、武田軍の進撃がにわかに停止した。信玄の病が悪化し家康は命拾いしたのである。信玄は長篠城で静養し、元亀四年四月十二日、甲斐に引き上げる途中で他界した。享年五十三歳であった。

公方足利義昭挙兵

■元亀四年（一五七三）、信長は公方に十七ヶ条の意見書を提出すると、公方はその意見書を見て大いに怒り信長に反感を抱いた。信長が人質と誓紙を進上し、日乗上人、嶋田、村井らが公方を説得したが和談は整わず、遂に公方は武田信玄の上洛を確信して信長を陥れようと画策した。公方は武田、浅井、朝倉の反信長の動きに呼応して今堅田に人数を入れ石山に砦を構えた。信長は二月廿六日に石山の城を攻め、廿九日に明智、丹羽、蜂屋らは今堅田を攻め滅ぼした。三月廿五日、信長は入洛しようと馬を進めると、細川兵部大輔藤孝と荒木村重が逢坂峠まで迎えに参上し、信長は入京して、白河・粟田口・祇園・清水・六波羅・鳥羽・竹田に陣取り、荒木には御腰物、細川兵部には脇指を与えた。この時に細川藤孝は公方を見限り信長に仕える決心をしたものと思われる。白井河原の合戦の勝利により池田城と茨木城と高槻城の連携が築かれて、荒木村重、中川清秀、高山右近らは信長に味方することになり、池田知正の阿波の三好に加勢するという意見は一旦取り下げられ、池田衆の中には不満を抱く者もいた。原田城の池田勝正（五十三歳）は高野山に追放された。

四月三日、信長は二条御所を取り囲み、洛外の寺庵を除き放火し、翌日には上京を焼き払い公方に和談を迫った。京の教会のフロイス師は戦いを避けるために九条村に避難した。九条村には荒木村重の兵四〜五千人が居たために、兵士たちの略奪を避けるため三郎衛門という異教徒の助けで粗末な藁葺小屋に身を潜めていたが、六日、公方はやむなく信長と和談すると、フロイス師は京の教会に立ち戻った。幸い教会は何事もなく無事であった。

四月七日、信長は岐阜に帰陣する途中、鯰江城に佐々木右衛門督義治が立籠もり、佐久間・蒲生・丹羽・柴田らに付城を命じ、百済寺の一揆が鯰江城と同盟していると聞き、堂塔伽藍を悉く焼き払い岐阜に帰城した。五月廿二日、信長は佐和山に行き、多賀・山田・山中の木材で西洋式の大船を造らせ、七月三日に出来上がった。両側に各々百人の漕ぎ手が乗っていて大軍の瞬時の移動を試みた。

六月廿五日、遊佐信教は公方の挙兵に応じたが、遊佐は応じなかった河内半国守護畠山秋高（室は信長の妹）を攻め、秋高は高屋城で自害した。その後、遊佐信教は三好山城守康長と手を與み高屋城に入り共に信長に反抗した。七月五日、公方は京を出て山城国槇島城で再び挙兵した。信長は六日にくだんの大船で坂本口へ渡海し、七日に入洛し二条妙覚寺に入った。二条御所に残された日野大納言ら公家衆はその大軍を見て驚き、御詫び言など申し人質を進上した。七月十六日、信長は槇島の五箇庄柳山に本陣を据え、十七日、槇島城を攻めた。宇治方面から斉藤、氏家、伊賀、不破、丸毛、市橋、飯沼ら総勢二万余人、五箇庄の辺より木下、佐久間、柴田、丹羽、蜂屋、明智、荒木摂津守、長岡、京極、蒲生、永原、進藤、後藤、永田、山岡、多賀、山崎、平野、小川、弓徳、青地、池田孫次郎ら総勢五万余人にて槇島城に攻め寄せると、公方は降伏して二歳の子息を人質に差し出し、山城国枇杷庄（城陽市）に移り、廿日、本願寺顕如の斡旋で三好義継の若江城に入った。槇島城には細川六郎昭元（細川晴元の子・内室は信長の妹）が入った。

七月廿六日、信長は江州高島表にくだんの大船で向かい木戸・田中ノ城を攻め滅ぼし、両城を明智光秀に与えた。石成主税頭、番頭大炊頭、諏訪飛騨守ら二千余騎が淀城に立籠もったので、木下秀吉は調略をもって番頭と諏訪を味方に引き入れ、細川兵部大夫藤孝と三淵藤英が攻め込むと、石成主税は五百余騎でよく戦い、長岡の家臣下津権内に討取られた。

備前の浦上宗景は置塩城（姫路市夢前町）の赤松義祐や御着城（姫路市御国町）の小寺政職と與し、信長方の三木の別所安治、龍野の赤松政秀らと対立していたが、元亀三年、宇喜多直家が浦上宗景から離反し毛利氏と與し、元亀四年、足利義昭が備後の鞆（広島県福山市）に追放され毛利氏に介抱されると、毛利氏と宇喜多氏は足利義昭に味方して信長包囲網に加わり、浦上宗景は毛利勢に加え宇喜多勢も敵に回した。

浅井・朝倉氏滅亡

七月廿八日、元亀から天正に改元される。天正元年（一五七三）八月、信長は三万余騎で湖北に攻め込んだ。八日、江北の山本山城主阿閉淡路守貞征が信長方に寝返り、越前と浅井の通路を遮断するために、十日、佐久間・柴田・浅井新八郎（尾張浅井氏）は山田山に陣を張った。これを聞いた朝倉義景は小谷城に籠城している浅井勢五千余人の援軍として二万余人の軍勢を率いて、余呉・木之本・田部山に陣を張った。信長は稲葉に高月郷に向かって朝倉勢と対峙するように命じた。焼尾の浅見対馬守も信長方に寝返り、信長勢は十三日、大嶽ノ城を攻めた。城に立籠もっていた侍大将斉藤、小林、西方院らは降参して身命を助けられると信長方に付き、越前への案内役を申し出た。大嶽ノ城には不破、丸毛、塚本らを入れた。丁野山城と中島城も降伏し、越前平泉寺の玉泉坊と城代中嶋宗左衛門は案内役に加わった。これを見た朝倉勢二万余人は越前に撤退を始めると、信長は佐久間、柴田、滝川、蜂屋、羽柴、丹羽、氏家、伊賀、稲葉伊予、稲葉左京、稲葉右兵衛、蒲生、永原、進藤、永田、多賀、弓徳、阿閉、山岡らに先陣を命じて朝倉勢を追撃して越前に攻め込んだ。朝倉義景は敦賀を指して退却した。信長勢は追撃して三千余人を討取った。八月十八日、朝倉義景は一乗谷を捨て大野郡山田庄に逃れた。女房共も着の身着のままで義景の後を慕って落ちていった。柴田・稲葉・氏家・伊賀らが山中へ分け入り朝倉勢を討取った。八月廿四日、朝倉式部大輔景鏡は朝倉義景に腹を切らせ、府中の信長の元へ首を持参した。朝倉義景の首は京で獄門にかけられた。

信長は前波九郎兵衛吉継を守護代に任じて木下助左衛門、津田九郎次郎、三沢少兵衛を奉行に就けた。朝倉三郎景胤、同七郎景泰兄弟に織田姓を与え、府中城主富田弥六、土橋城主朝倉式部景鏡（土橋信鏡）、鳥羽城主魚住景固、織田城主朝倉景綱、三留城主朝倉景信、安居城主朝倉景健（安居景健）、金津城主溝江長逸らを赦し、本領安堵して越前一揆衆の対応にあたらせた。

廿六日、信長は江北の虎御前山に戻り浅井攻めに取り掛かった。浅井は山下の御根小屋に武家町を構えていたが、戦いが始まると尾根づたいに築かれた輪廓・出丸・本丸に立籠もった。八月廿七日夜、羽柴筑前守は浅井下野守久政が守る京極つぶらを落とし、福寿丸の浅井惟安を切腹させた。翌日、信長は本丸を落とし城主浅井備前守長政の首を取り京で獄門にかけた。浅井長政の嫡男万福丸は探し出されて関ケ原で磔にされ、長政の内室お市ノ方と茶々・初・江の三姉妹は助け出された。信長は浅井領を羽柴筑前守に与え、九月六日に岐阜に帰城した。

九月十日、千草越えの節に信長を鉄砲で撃った杉谷善住坊を磯野丹波が捕え、岐阜に連行した。菅屋玖右衛門が奉行し、信長の命で首まで地面に埋めて鋸引きにした。九月廿四日より、信長は木曽川の下流域北伊勢に侵攻して、佐久間・羽柴・蜂屋・丹羽らは西別所の一揆勢をあまた斬り捨て、柴田・滝川は「さか井ノ城」（片岡の城）と深谷部の近藤の城を落し、信長は東別所に陣を進め、桑部・南部・田辺・中島を攻め、北伊勢を平らげ河内長島を半ば平均し、「矢田の城」を築き滝川左近一益を入れた。十月廿五日に北伊勢より引き上げる途中の難所（多芸山）で河内長島の一揆勢と伊賀・甲賀の射手どもが待ち伏せし、弓・鉄砲で信長勢を散々に討ち倒した。信長勢は敵を追っ払いつつ、廿六日に岐阜に帰り着いた。十一月四日、信長は上洛して二条妙覚寺に泊まった。

三好左京大夫義継は公方足利義昭に同情して、付家老の多羅尾綱知、池田丹後守教正、野間康久らを差し置き金山駿河にすべてを任せて信長に非義を唱えた。佐久間信盛が若江城を攻めると三好義継は子息と女房衆を刺し殺して自害した。享年廿五歳であった。若江城は多羅尾綱知、池田丹後守教正、野間康久の若江三人衆に預けられた。若江三人衆は各自で茶会を主催する文化人でもあり、池田丹後守教正は切支丹で霊名をシメアンと言い、若江・八尾の切支丹の保護者であった。

吉河城落城

多田庄では元亀四年（一五七三）正月三日、塩川孫大夫宗頼の嫡男辰千代が十八歳で元服した。塩川伯耆守長満が加冠、塩川民部丞頼敦が髪を納め、塩川中務丞頼一と号した。三月十五日、辰千代の祖父塩川宗英の廿五回忌を善源寺にて修された。

七月廿五日、信長より密使があり、八月、野間三郎資兼、能勢仁右衛門頼幸、山田彦右衛門重友を招き信長の内意を告げたが賛同を得られず、九日に彼らを討殺した。

天正元年十月廿三日から塩川伯耆守長満は軍勢を率いて吉河城を取り巻いた。廿三日から十一月四日まで十二日間、毎日合戦止むことなし。十一月四日に吉河城は落城した。吉川豊前守定満と同左京亮は囲を切り抜け丹波へ退いた。その夜、吉川ノ同名六人、違姓之一族四十余人、上下三百余人は皆滅んだ。伯劦長満が馬を納めたのは十一月十四日ともいう。

これにより吉川の七寶山親鉉は信長のものとなった。同年十月四日、塩川伯耆前司国満の側室（伊丹氏）が亡くなった。「祥雲院殿心月妙傳大姉」と号し善源寺に葬られた。

←吉河城城山

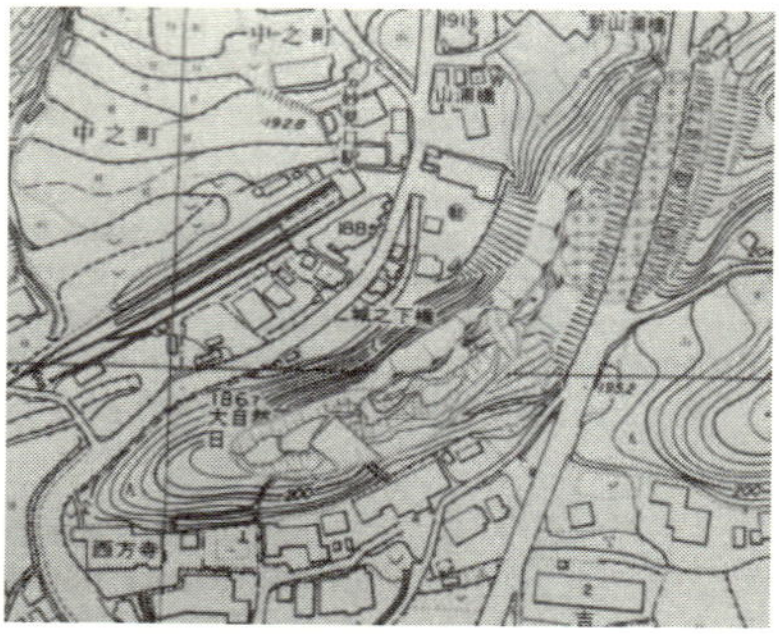
←吉河城

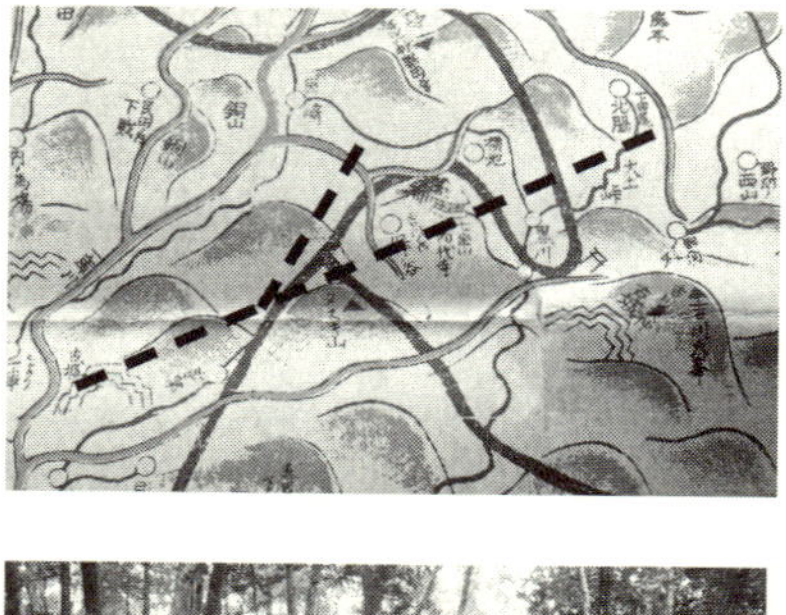
←吉川の七寶山親鉉

長棚城址

■天正二年（一五七四）正月、信長は元旦の祝いと称して、朝倉左京大夫義景、浅井下野守久政、浅井備前守長政の髑髏を漆塗りにして金粉をかけて酒の肴にして酒宴を開いた。

二月五日、武田勝頼が美濃の明智城を取り囲み、信長父子が出陣し、高野城（岐阜県瑞浪市土岐町）に河尻与兵衛尉を入れ、小里の城（岐阜県瑞浪市）に池田勝三郎を入れて、二月廿四日、岐阜に帰陣した。

『多聞院日記』によれば、三月十二日に信長は上洛し、廿七日に三千余人を率いて多聞城へ入り、廿八日に正倉院の蘭奢待を一寸八分切り取らせた。五月五日、信長は数々の名馬に豪華な馬具を備え、賀茂の競馬の神事を行わせた。六月五日、武田勝頼が遠州高天神城を取り巻いたので、信長は十四日に出陣した。

多田庄では同年二月、塩川伯𠮷前司国満は吉河権現を建て替えた。去年の八月の大風に権現の社が破損し、今度の合戦のときに権現宮の鳥居が血で汚れたためである。閏十一月、吉川豊前守定満は丹波で自害した。十二月、吉川左京亮は大坂に赴き塩川運相軒（全蔵）を頼った。塩川伯耆守長満は一蔵（川西市一倉）から民田・国崎に至るまでの智明山間歩群を支配して、信長の嫡男奇妙丸の名を冠して「奇妙山親鉉」と名づけていた。「奇妙山親鉉」は国崎から能勢の山田村まで続いているが、能勢領に属する間歩は能勢氏が支配していた。長満は吉川氏を滅ぼすことで吉川の「七寶山親鉉」を手に入れ、さらに能勢氏を滅ぼすように信長から命じられていた。「銀山親鉉」は西多田から広根を経て六瀬の忍頂寺まで南北に伸びる最大の間歩群であり、「銀山親鉉」の金懸間歩は天禄元年満仲公の時代に開かれたとあるが、本格的な開発は豊臣秀吉と徳川幕府によって行われる。

第二次長島一向一揆攻め　信長は一揆衆を根絶やしにする

信長は元亀二年五月の長島一揆攻めでは弟を殺され手痛い思いをして引き上げたが、天正二年七月十三日、再び長島の一向一揆を鎮めるために数万の兵を率いて出陣した。九鬼水軍の安宅船で四方から攻め込み、大鳥居城・篠橋城に籠城した一揆衆を干殺しにし、城抜けした一揆衆千人ばかりを斬り捨て、終に降伏して出てきた一揆衆も殺害し、屋長島・中江に籠もっていた一揆衆二万人を焼き殺し一揆衆を根絶やしにした。十月五日に信長勢は帰陣した。伊勢長島城は北伊勢五郡を添えて滝川左近将監に与えられた。

多田庄では、同年五月十三日、塩川山城守仲延が七十歳で逝去し、大昌寺に葬られた。法嶽仲圓居士と号す。能勢では諸国武者修行に出ていた能勢兵庫頭頼久の子息兵大夫光経と能勢壱岐守頼之の子息能勢左衛門尉頼包が帰郷して能勢家も頼道（頼言）の代になった。

伊丹城、三田城落城

同年十一月十五日、荒木村重（四十歳）は伊丹城を攻め、伊丹城は落城し、伊丹兵庫頭親興は自害し嫡男忠親は姿をくらました。荒木村重は伊丹城を改築して有岡城と改め居城とし、池田城は廃城となった。伊丹兵庫頭忠親は慶長五年の関ケ原の戦いで黒田長政に属して討死した。また一説に、公方足利義昭が槇島城で挙兵したときに、伊丹親興は公方の軍勢に加わり、破れて芥川城に逃れ、荒木村重に攻められて討死したか、あるいは大坂交野の山中の傍示山に落ち延びて隠棲したとも言われている。このときに荒木村重は三田城主有馬出羽守国秀をも滅ぼして荒木平大夫重堅を入れた。平大夫重堅は荒木村重の宿老で荒木姓を与えられた。荒木村重滅亡後、天正年間、重堅は木下半大夫重堅と称して羽柴秀吉に仕えた。村重は信長の命により花隈城を築き荒木志摩守元清（卜清）を、瀧山城には池田泰長を入れた。吹田城には弟の村氏を入れ、尼崎城（大物城）を改築して子息の村次を入れた。

■天正三年（一五七五）信長は国々の道造りを命じた。特に、岐阜・安土・京都の道を整備した。嶮路を平らにし、石を取り除き、道を広げ、橋を架け、日陰のための並木を植え、所々に箒をかけて近隣の人々に清掃を命じ、砂と小石を敷き詰めさせ、一定の間隔で茶店を設けた。旅人は暑い日中を避けて夜でも安心して旅をすることができるようになった。信長支配の諸国でも道普請を命じ通行料も無料にした。これにより短期間で数万人の軍勢を戦場に送ることが可能になった。また、禁中の御修理が成就したので、横領されていた平安以来の禁裏御料・公家領を回復し、加増し、彼らを貧窮から救い、公家・武家ともに再興するように命じ、村井民部と丹羽五郎左衛門を奉行とした。三月下旬、武田勝頼が三州の足助口に攻め込み、織田信忠が尾州勢を率いて出陣した。四月八日、信長は河内国に進軍し、畿内・若狭・近江・美濃・尾張・伊勢・丹後・丹波・播磨・根来大賀塚衆らその勢数十万騎で、堺の近くの新堀ノ出城を攻め、香西越後守、十河因幡守、十河越中守、十河左馬允、三木五郎大夫、藤岡五郎兵衛、東村大和守、東村備後守らを誅した。高屋城に立籠もる三好山城守康長は詫びを入れて赦免されたが、遊佐信教はどうなったかは不明である。信長は四月廿八日に岐阜に帰陣した。

天正三年、備前天神山の浦上宗景が毛利・宇喜多勢に攻められ小寺政職の御着城に逃げ込むと、御着城では「小寺評定」により、小寺官兵衛が荒木村重を通じて織田信長に拝謁し助けを求めると、信長から「へしきりの刀」を与えられ小寺政職は信長に味方することになった。浦上宗景に仕えていた明石全登《てるずみ》は宇喜多直家に仕えた。

長篠ノ合戦　武田勝頼敗軍

去る天正元年、奥三河の作手城主奥平貞能は徳川家康に寝返った。家康は奥平貞能を岡崎城に留め、貞能の嫡男貞昌（信昌）を長篠城に入れた。天正三年四月、武田勝頼は一万五千の大軍で鳶ヶ巣山に付城を築いて長篠城を包囲した。奥平貞昌の手勢は五百人程度であり、家康に援軍を要請したが、家康軍は総勢八千人位であり家康は信長に援軍を求めた。信長は返事を濁していたが、実は裏で秘策を練っていた。

五月十三日、突然、信長父子は長篠ノ合戦の後詰として出陣した。十八日、信長は設楽郷極楽山に陣を敷き、信忠は新御堂山に陣を敷いた。総勢なんと三万余騎である。その中には鉄砲足軽三千人が含まれていた。先陣は徳川軍が高松山に陣取り、滝川、羽柴、丹羽等は「あるみ原」(設楽原とも)に馬防ぎの柵を三段に設けて鉄砲足軽三千人を配置した。

武田勝頼は鳶ヶ巣山に陣取り動かなかった。信長は酒井忠次、金森長近、松平康忠、奥平貞能ら四千人の搦め手軍を長篠城の援軍として派遣し、五月廿一日未明に酒井勢は武田軍の後方から攻めたて決戦の火蓋が切られた。武田軍は織田・徳川の本隊めがけて突撃を開始した。まず武田の一番隊山縣三郎兵衛昌景が押し出し、鉄砲で散々に撃ちたてられ引き退くと、二番隊正用軒が押し出し、鉄砲で半数撃たれ引き退く、三番隊西上野小幡党と関東衆、四番隊典厩一党、五番隊馬場美濃守らが押し出し、何度も突撃が繰り返されたが皆鉄砲に撃たれて引き退いた。

武田軍は山縣昌景、土屋昌次、原昌胤、真田信綱、同昌輝、馬場信春らが討死し、武田勝頼は一万余人の死傷者を出し、わずかの勢で鳳来寺さして敗軍した。信長は五月廿五日、岐阜に帰城した。真田家は三男昌幸が家督を継いだ。

信長は山中の乞食を憐れむ

去る程に、美濃と近江の国境に山中というところがある。信長は岐阜と京都を往来する度に、必ず道端に身障者の乞食がいるのが妙に気にかかっていた。信長はこの者の仔細を在所の者に尋ねると、この者の先祖が山中の宿にて常盤御前を殺した因果により、代々身障者となって生まれ、あのように乞食となっているという。六月廿七日に信長は上洛し相国寺に寄宿した。何かと諸事多忙の折柄ふと件の乞食の事が気になり、信長自ら木綿廿反を持ち、山中宿に行き、在所の者共を集めてその木綿を手渡し、身障者の乞食に宿と食べ物を与えるように命じた。山中の町中の男女は信長の慈悲深さに感涙したという。

七月朔日、播州別所小三郎、別所孫右衛門、三好山城守康長、武田、逸見、粟屋、熊谷、山県、内藤、白井、松宮、畑田、塩川伯耆守長満らは御馬を拝領した。三日、信長は禁中黒戸の御所縁まで御祗候した。官位昇進の勅諚があったが御請け申さず。御家老衆、松井有閑は宮内卿法印、武井夕庵は二位法印、明智光秀は惟任日向守、簗田左衛門太郎は別喜右近、丹羽五郎左衛門は惟住の名号を下された。信長は江州瀬田の橋を架け替え広げるように命じ、七月十二日吉日に柱を立て、七月十七日に岐阜に帰城した。

加賀・越前の一向一揆

加賀守護富樫政親が河合藤左衛門宣久（不詳～一五三一、多田五郎政春は多田庄から越前に行き朝倉氏に仕えた後、加賀国能美郡河合村に住居し河合宣久と改名し蓮如に仕え宿老となった。姉川合戦に敗れ宍粟郡山崎に隠棲した多田佐渡守政豊は一族と思われる。）等一揆勢に攻められ自害すると、富樫泰高が守護となったが延徳元年（一四八九）に亡くなり、泰高の子息泰成はすでに亡く、泰高の孫富樫稙泰が守護となった。明応七年（一四九八）、富樫稙泰は足利義尹（義材）を支え能登守護畠山義統・椎名・神保らと京に攻め入ろうとしたが六角氏に阻止されたことは前述した。富樫稙泰は加賀の名目上の守護であり、越前と加賀では本願寺八世蓮如（一四一五～一四九九）が布教して対立する高田専修寺派門徒衆を排除して本願寺蓮如派の一向一揆が中心となり、松岡寺（蓮如の三男蓮綱とその子蓮慶が開山）、山田光教寺、二俣本泉寺ら有力門徒寺院と宿老の河合藤左衛門宣久と洲崎慶覚が支配していた。

【富樫氏略系図】

富樫高家 ― 氏春 ― 満家 ― 満春 ┬ 教家 ― 成春 ― 政親
仕尊氏
　　　　　　　　　　　　　　　└ 泰高 ― 泰成 ― 稙泰 ┬ 泰俊 ― 稙春
　　　　　　　　　　　　　　　　　　　　　　　　　　└ 晴貞

本願寺十世証如（一五一六～一五五四）の時代になると坊官下間筑前と弟民部少は加賀越前の一揆衆を支配しようと大坂本願寺から越前に下り、加賀と越前の一揆衆らの大一揆と下間らの小一揆に分裂して、能登・越中・加賀・越前の坊主、武士、百姓共が入り乱れて内乱が起こった。加賀守護富樫稙泰と泰俊父子は享禄四年（一五三一）の一揆内乱に小一揆方に味方して大一揆に捕えられ守護の地位を剥奪されると、泰俊の弟富樫晴貞が守護となり、元亀元年（一五七〇）、晴貞は信長に味方して本願寺一揆衆と敵対し野々市城に籠城したが敗れて自害した。兄の泰俊・稙春父子は天正二年（一五七四）二月に越前金津で加賀一揆、下間頼照・七里頼周らに攻められ討死して加賀の守護富樫氏は滅亡し、加賀国は「百姓の持ちたる国」となっていた。

一方、越前国では元亀三年（一五七二）に前波九郎兵衛吉継（桂田播磨守長俊）、戸田与次郎、富田長繁らは朝倉義景を裏切り信長方となったが、富田長繁は一揆勢に寝返った織田景胤（朝倉三郎景胤）と安居景健（朝倉孫三郎景健）を攻めて追放し、一揆衆三万余人を煽動して威張りくさっていた守護代桂田播磨守長俊（前波吉継）を殺害し、木下助左衛門、津田九郎次郎、三沢少兵衛の三奉行も追放し、本願寺顕如が加賀から派遣した七里三河法教頼周とも戦い一時越前国を掌握したが、一揆衆に見放されたあげく家臣に鉄砲で撃たれて死んだ。本願寺顕如は下間筑後守頼照と下間和泉守頼俊を越前に派遣し、越前の一向寺院と門徒衆が力を持ち安居景健と織田景胤は一揆勢に攻められ降伏して一揆勢に寝返り、朝倉式部大輔景鏡（土橋信鏡）は一揆勢に討たれ、越前国は加賀国と同様に一向宗の支配する国となりつつあった。（一向一揆と富樫氏）

信長は伊勢長島の一向一揆を攻め滅ぼし、長篠の合戦に勝利すると、天正三年八月十二日、加賀・越前の一向一揆を鎮めるために岐阜を出陣し、十四日に敦賀に着陣した。一揆衆は虎杖《いたどり》城に下間和泉守頼俊、木ノ目城に和田本覚寺と石田西光寺の一揆衆、鉢伏山城に専修寺衆・阿波賀兄弟・越前衆、今城と燧《ひうち》ヶ城に下間筑後守頼照、大良越《だいらこへ》・杉津《すいづ》城に大塩の円強寺衆と加賀衆、海沿いの河野城に若林長門、府中の龍門寺に三宅権丞らが籠城していた。

信長本隊は佐久間、滝川、惟住、別喜、稲葉ら美濃・尾張・伊勢衆ら、第二陣は信孝、信澄、信包、信雄らである。徳川家康も三河・遠江衆らを率いて参陣した。敦賀から北陸道木ノ目峠の木ノ目城・鉢伏山城を攻め、木之本から北国街道栃木峠へ攻め寄せ、虎杖城を攻めた。搦め手の惟任光秀、柴田、羽柴、丹羽、佐々、細川、原田らは杉津口から杉津砦、河野城へ攻め寄せた。また、敦賀立石浦から兵船で粟屋、逸見、内藤、熊谷、山県らが、丹後ノ浦からは一色、矢野、大島、桜井らが夫々越前海岸へ攻め寄せ、河野城を落とし府中に攻め入った。八月十六日、信長は一万騎で敦賀から府中へ陣を進め一揆の残党狩りを行った。神社仏閣を悉く焼き払い、山中に逃げていた一揆衆を探し出し、老人・女・子供まで残らず斬り殺し、焼き殺し、穴を掘って生き埋めにし、誅した一揆衆一万二千二百五十余人という。安居景健は下間筑後守頼照と下間和泉守頼俊の首を持参して信長に赦しを乞うたが自害させられた。信長は廿三日に一乗谷へ、九月二日にはさらに北ノ庄に陣を進め、一揆衆三〜四万人を生け捕りあるいは誅したという。

越前国を柴田修理に、大野郡を金森と原彦次郎に、府中二郡を不破、佐々、前田に、敦賀郡を武藤宗右衛門に与え、信長は惟任日向守光秀に丹波を、一色に丹後を、細川に丹波の桑田郡と船井郡を与えた。参陣していた荒木摂津守村重にはこれより直ちに播州奥郡を攻略するように命じ、九月廿六日に岐阜に帰城した。

信長昇殿

十月十日、信長は上洛した。奥州から上鷹、鶙《はいたか》を数十羽と名馬、駿馬を取り寄せた。廿日、播州の赤松、小寺、別所ら国衆が上洛して信長に所領安堵のお礼を述べた。廿八日、信長は妙光寺にて名物茶器を披露して、宗易による茶の湯を行った。そして、信長は大納言、右近衛大将に任ぜられ昇殿を許された。公方足利義昭は右近衛中将であった。

岩村城落城

信長は信濃口にある岩村城（岐阜県恵那市）の遠山景任に叔母（お直《つや》ノ方）を嫁がせていたが、間もなくして遠山は病死し嫡子がなかったので、信長は五男御坊丸を嗣子として授け、お直の方は女城主として岩村城を守っていた。元亀三年、岩村城は武田方の秋山信友に攻められたが信長からの援軍はなく秋山はお直の方を口説き落とし、婿として岩村城に迎え入れられた。これにより岩村城は武田方となり御坊丸は謂わば武田の人質となった。しかし、秋山とお直の方と御坊丸は幸せに暮らしていた。

天正三年十一月、武田勝頼が甲斐と信濃の百姓までかり出し、後巻のため岩村城に向かったとの知らせがあり、信長は十五日に京から岐阜に戻った。十日、信忠が先駆けし、甲斐と信濃の大将廿一人と侍一千百余人を討取り、廿一日、秋山、大島、座光寺とお直の方を長良川で逆さ磔にした。信忠は同月廿四日岐阜に帰城した。この戦功により信忠は秋田城介に任ぜられた。また、同月廿八日、信忠は信長から家督相続した。

能勢頼道は信長への帰順を断る

多田庄では天正三年（一五七五）正月十六日、塩川孫大夫宗頼の七回忌を善源寺と景福寺にて修された。法号は「春嶽宗永居士」と号す。五月、仲圓（塩川仲延）の一周忌を善源寺の長舜和尚によって修せられた。五月、塩川古伯吉大夫国満は阿古谷に三寺を建立した。塩川伯耆守長満に男子（源助）が誕生した。七之助愛蔵の弟である。母は長満の正室（一條辰子と光源院殿の娘）である。

能勢では天正三年正月、信長が丹波を切り取るとのうわさがあり、能勢兵大夫光経と能勢肥前守舎弟喜右衛門頼俊を大将に丹波八上城へ加勢の為に出陣したが、波多野経尚はこれをことわり能勢衆は帰陣した。二月、明智光秀が信長から丹波国を給り、丹波一国を攻め取るために大軍を率いて寄せて来たが、能勢郡は摂津国であるので素通りした。

四月、塩川伯耆守長満が館浦六郎左衛門を使いとして、月峯寺住職喜圓を頼み能勢氏によしみを通じてきた。塩川長満から信長に臣従するようにと誘いがあったが、頼言（頼道）は、能勢は代々室町将軍に奉公衆として仕えてきた、その将軍の御敵に従うつもりはないと断り、奥勘右衛門を以て大坂本願寺へ鉄砲と玉薬と兵糧米百石を寄進した。下間刑部卿法印が受け取り、奥家にその証文有之という。応仁の乱以降、能勢氏は奉公衆として直に将軍の元へ駆け付けられるようにと西岡被官衆として乙訓郡今里に一族を住まわせていた。（能勢物語）

安土築城

■天正四年（一五七六）信長は正月中旬より、安土築城を惟住五郎左衛門に命じた。二月廿三日、信長自身も安土に行き築城の様子を監督した。尾州・濃州・勢州・三越・若州・畿内から諸侍、京・奈良・堺から大工、諸職人を呼んで、観音寺山、長命寺山、長光寺山、伊場山等から巨石を引き下ろし、一万余の人数で安土山に引き上げ石垣を巡らせた。中央の山頂の天守は気品があり壮大な七層で、層ごとに赤や青に色分けされ、黒漆や白壁がこの上ない美観を呈していた。最上層は黄金色で屋根は青色の華美な瓦で葺かれていた。山下には家臣たちに屋敷地を与え銘々に普請を命じた。城が完成すると諸国に布告を出し、数日間、男女を問わず何人にも城と宮殿を見物する許可を与え、おびただしい見物の群衆が後を絶たなかったという。諸国から商人も呼び、安土の人口は七千余人となった。

摂州高槻では高山ダリヨ・ユスト右近父子が教会を建設し、信者も増えつつあった。また、河内の岡山でも結城ジョアン、ジョルジ弥平次らにより切支丹の村が建設され、オルガンティーノ師の働きにより美しい教会と司祭館が建てられた。岡山から半里足らずの三箇では湖の島に三箇サンチョ頼照が壮大で華麗な教会を建築した。河内の若江でも池田丹後守シメアンが教会と司祭館を建設した。オルガンティーノ師は安土に赴き、信長に会い、安土に教会建設を願い出た。信長は大層上機嫌で申し出を快く承諾して、安土で最も信長の住まいに近い場所を提供した。畿内の切支丹たちは建設資金を出し合い、教会、修道院、神学校を建設することになった。信長も建設資金を寄附し、建設現場を視察し、親身になって世話を焼いた。また、司祭を城に呼び、自ら司祭の膳を運び馳走した。

信長は切支丹の教えや西洋の文化について話を聞くのを楽しみにしていた。そして、切支丹の布教を認め「どこへなりと望むところへ出かけて布教するように」と言った。司祭はカトリックのカテキズムを信長に説き、信長は教理の殆どを理解するようになり、「切支丹の教えは真実である」と述べたが、全てを受け入れた譯ではなく、特に唯一絶対の神は認めなかった。また、日本の神仏に対する信心を無視し、諸国の神社仏閣を破却した。信長は君主として遇され、それ以上に万人から礼拝されることを望んでいた。安土に臨済宗妙心寺派の摠見寺と称する寺院を建立し、諸国に触れを出しあらゆる庶民から賤民に至るまで礼拝しに来るように命じた。サタン・ルシフェルの姿が見え隠れする言動である。

応永廿五年（一四一八）頃、ヨーロッパで“De Imitatione Christi”というキリスト教霊性に関する本（修道者の信仰心得のようなもの）が出版され、イエズス会もこの書物を公式に使用していた。ラテン語では『コンテムッスムンジ』“Contemptus Mundi”と言う。この頃（一五七六年）すでに日本語に翻訳されて、高山右近や細川ガラシャ等が書写して読んでいたと言われている。切支丹の信仰心得とも言うべき書物である。この書物は一三八〇年にドイツで生まれたトマス・ア・ケンピス著と伝えられている。現代でも『キリストにならいて』という題名で市販され愛読されている。聖書は永禄六年頃までにファン・フェルナンデス（一五二六頃～一五六七）によって四福音書が日本語に翻訳されたとされているが、日本の当時の社会に広まっておらず、ルイス・フロイス（一五三二～一五九七）も慶長十八年頃に四福音書一部を翻訳し京で出版したとされている。モーセの十戒の「殺すなかれ」という教えは当時の武士階級には曲解して教えられた。当時の神学校ではラテン語が教えられ原書で聖書が読まれていた。高山右近もラテン語を勉強してキリスト教以外の科学・医学・建築・地理・天文等のラテン語の本も読んだと言われている。箏曲「六段」は八橋検校（一六一四～一六八五）の作曲とされているが、グレゴリオ聖歌「クレド」をもとに作られたという説がある。天正十九年（一五九一）頃にはヴァリニャーノ師によりイエズス会が作成したカトリック教理本（カテキズム）を和訳し活版印刷した『どちりな・きりしたん』が日本にもたらされた。

第七話　足利義昭の反撃

公方足利義昭は若江城から堺に移り、毛利氏、本願寺、雑賀衆、根来衆に援助を求めた。しかし、毛利は信長と戦う気はなく安国寺恵瓊を上洛させて羽柴秀吉、朝山日乗を通じて公方と信長との和睦を仲介させた。信長は公方を殺害すれば逆賊の汚名をきせられることになり、また、赤子の手を捻るようなこともしたくはなかったので対応に苦慮していた。

更に公方は紀州に移り、天正四年には安国寺恵瓊に伴われて備後国鞆に移った。翌天正五年、毛利輝元、吉川元春、小早川隆景らは公方足利義昭に味方することになった。足利義昭は本願寺、雑賀衆、根来衆、上杉謙信、六角承禎、島津義久、甲斐の武田氏、相模の北条氏に加え丹波の波多野氏、三木の別所氏、松永久秀らに御教書を送り信長包囲網を構築した。公方の帰京の意志は固く、更に荒木村重、細川藤孝　明智光秀、羽柴秀吉、筒井順慶らにも密書を送り支援を求め、日々に信長父子を調伏していたという。公方には側室春日局（出自不明）、細川某、上野秀政、畠山昭賢、真木島昭光、武田信景、小林家孝、曽我晴助、六角義堯らが供奉していた。一色藤長は紀州まで供奉した。細川藤孝の父三淵晴員は和泉上守護家細川元有の子で三淵家の養子となり公方の御側衆であった。三淵藤英は三淵晴員の長男であり細川藤孝は次男である。永禄八年、細川藤孝は一条院門主覚慶（足利義昭）を救い出し義昭に仕えていたが、元亀四年三月、義昭を見限り信長に恭順の意を示した。

大坂石山本願寺攻め　塩川運想軒は信長に拝謁し加増される

天正四年（一五七六）四月十四日、信長は荒木摂津守・長岡兵部（細川藤孝）・惟任日向守・原田備中に上方の人数を加えて大坂本願寺を攻めた。荒木には尼崎より河口の北野田に砦を築かせ、惟任日向守と長岡兵部には東南森口・森河内に砦を築かせ、原田備中には天王寺に要害を構えさせて木津・難波口の通路を遮断した。五月三日、先鋒は三好山城守康長・根来大賀塚衆・和泉衆・二段は原田備中・大和衆・山城衆らが木津へ攻め寄せると、大坂方は数千挺の鉄砲で散々に撃ちたて、一万余人が討って出ると、織田勢は崩れて原田備中・塙らが討死し、さらに一揆勢は天王寺へ押し寄せた。このとき、四天王寺や住吉大社が信長軍によって焼かれた。塩川伯耆守長満は大坂表に出陣し、難波合戦で安村仲貞が討死した。享年五十七歳であった。五月五日、根来衆大賀塚（河南町大ヶ塚）侍大将塩川運想軒は佐久間信盛の執り成しにより天王寺ノ城にて信長に拝謁し、河内国華田を加増された。

五月七日、信長は一万五千余の大坂方に対して僅か三千余の軍勢で攻めかかった。大坂方は数千挺の鉄砲雨あられの如く、信長は攻めあぐねて付城十ヶ所申し付け、六月五日に帰洛した。七月十五日、中国安芸の野島・来島らが八百艘の大船で大坂へ兵糧を運んできた。織田方も真鍋七五三《しめの》兵衛《ひょうえ》貞友（主馬兵衛貞詮）・沼野らが三百余艘の船を出し船戦に及んだが、中国安芸方は火矢や焙烙火矢で真鍋らの船を焼崩し本願寺に兵糧を入れた。真鍋主馬兵衛貞詮は間部弥九郎詮光の母の兄であり、泉大津市の南溟寺が真鍋氏の居城址と言われている。十一月廿一日、信長は内大臣に任ぜられ御衣を拝領した。十二月、佐和山・岐阜・三州吉良・清洲に赴き鷹狩などを行い岐阜にて越年した。

塩川伯耆前司太郎左衛門尉国満逝去

天正四年（一五七六）正月六日、多田元継に女子が生まれた。母は塩川伯耆前司太郎左衛門尉国満の娘で塩川運想軒の妹である。この女子は後に塩川運想軒（全蔵）の養女となり、塩川中務丞頼一（辰千代）の内室となる。十月、塩川伯耆前司国満は運想軒を呼んで暇乞いをし、吉川左京大夫頼長の養子と為し吉川の領地を譲った。十二月十四日壬申日巳刻に臨終、享年七十七歳であった。「禅源院殿前伯𠠇太守天岑祥光大居士」「桃源院殿天岑祥光大居士」と号し笹部の善源寺に葬られた。法号の戒師は禅源寺の長舜和尚である。祥光は仲光《ちゅうこう》あるいは長光《ちょうこう》と読み、元祖藤原仲光（長光）に通じるという。

雑賀・根来攻め

■天正五年（一五七七）二月二日、紀州の雑賀衆は大坂本願寺を支援していたが、雑賀の内、三緘《みからみ》（中郷・宮郷・南郷）の衆と根来寺杉之坊が信長方に寝返り、信長は雑賀を攻めることになった。河内大賀塚根来衆はすでに信長方となっていた。

信長は二月九日に上洛し、十三日に出陣した。八幡・若江・香庄に陣を進め、貝塚で雑賀衆の先鋒を蹴散らし、佐野・志立に至り浜手と山手に軍勢を分けた。山手は根来杉之坊と三緘衆を案内に、佐久間信盛、羽柴秀吉、荒木摂津守、中川清秀、別所小三郎、別所孫右衛門、堀久太郎らが雑賀の内へ乱入した。浜手は滝川、惟任、惟住、長岡、筒井、大和衆と秋田城介信忠、北畠信雄、織田信包、神戸信孝らが攻め込んだ。

廿八日に信長は淡輪に布陣し、中野ノ城を落とし、秋田城介信忠が入城した。三月朔日、信長は滝川・

惟任勢で鈴木孫一の居城を攻めた。二日、若宮八幡宮に本陣を移し、堀、不破、丸毛、武藤、中条、山岡、牧村、福田、丹羽、水野、生駒らを根来口へ向かわせた。根来は杉之坊が味方のため恙無く降参した。信長は雑賀衆の土橋平次、鈴木孫一、岡崎、松田、岡本、島本、栗本の七人連署の誓紙を取り赦免し、三月廿七日に安土に帰城した。

塩川伯耆守長満は佐久間信盛隊に属し、茨ケ岳にて多田元継が討死した。享年四十六歳であった。塩川運想軒ら河内根来大賀塚連判衆七十二騎は天王寺城代中村孫平次一氏に属し、孫平次は羽柴筑前守の与力に付けられた。卯月八日、雑賀・根来衆の旗頭で紀伊守護畠山政尚（政国次男）の家臣であった白左神式玉置と神保式部大夫春茂は信長方に寝返り朱印状を賜った。白左は運想軒の舅である。神保氏は畠山尾州の守護代であり、有田郡石垣鳥屋城の城代で、神保春茂（長三郎相茂父）は後に羽柴秀長に仕え大和高市郡に六千石を拝領する。

上杉謙信が加賀国へ進攻する

八月八日、織田方は柴田勝家を大将に、滝川、羽柴、惟住、斉藤、氏家、伊賀、稲葉、不破、前田、佐々、原、金森、若狭衆ら四万の軍勢で加賀国へ乱入した。上杉謙信は能登の守護畠山氏の七尾城を攻め落とし、守護代遊佐続光を味方に加え、加賀に侵攻し、加賀門徒一揆と手を與み、雨で増水した手取川に織田勢を追い詰めた。織田勢は八百余騎を討取られ敗北した。上杉謙信は信長との直接対決を望んでいたが、信長が来ていないと知ると敗北した織田勢を横目に悠々と七尾城に引き上げた。このとき羽柴秀吉は独断で戦線離脱し信長の逆鱗に触れた。

松永久秀再び謀反

八月十七日、松永久秀父子が大和の信貴山城に立籠もった。松井宮内卿法印を以て尋ねたが取り合わず、松永久通の年若い子息二人が六条河原で首を刎ねられた。十月朔日、片岡城に森・海老名らが松永に味方して立籠もり、長岡兵部、惟任日向守、中川清秀、筒井順慶、山城衆らがこれを攻め落とした。長岡の二人の息子、与一郎（細川忠興十五歳）と頓五郎（細川興元十三歳）の見事な働きに信長から感状が下された。十月十日、秋田城介信忠は佐久間、羽柴、惟任、惟住らを率いて信貴山城を攻めた。松永弾正は十日の夜に天守に火を懸け焼け死んだ。

運想軒婚姻

九月、塩川運想軒全蔵は渡辺宮内少輔の執成しにより室を娶った。中村孫平次一氏の妹（一斉の娘）である。中村孫平次の正室は池田恒興の娘である。十月十二日、秋田城介信忠は三位中将（三品羽林）に任じられた。十一月十八日、信長は上洛して、美々しき出立《いでたち》で鷹狩を行い、主上も御叡覧の後、東山に向かうと急に雪が降り、鷹が風に飛ばされて大和国の方へ飛び去った。秘蔵の鷹でもあり探し求めていると、大和国の越智玄蕃という者が鷹を捕えて届けた。信長は大変喜び着物一重ねに秘蔵の名馬を与え、松永久秀に奪われた所領の安堵朱印状を与えた。信長は従二位右大臣に任じられ、翌天正六年に正二位となったが、三職推任（太政大臣・関白・征夷大将軍）を辞退した。

播磨攻略

十月廿三日、羽柴秀吉は播州出陣を命ぜられ、悉く人質執固め但馬へ出陣した。山口岩洲城を攻め落とし、小田垣が立籠もる竹田城へ攻め寄せると、小田垣は退散し、木下小一郎を入れた。これにより秀吉は朝来郡の生野銀山を手に入れた。

先年（天正四年）、御着城の小寺政職が小寺官兵衛を通じて信長に内通すると、毛利は五千余の兵を英賀の浦に派兵した。信長は秀吉に播磨国を与え切り取り次第とした。秀吉は姫路城に入り東播磨をほぼ平均し、小寺官兵衛を案内役に西播磨の攻略を開始した。十一月廿七日、羽柴筑前守秀吉は小寺官兵衛と竹中半兵衛を後巻として、福原城（兵庫県佐用町）の赤松則尚、上月城（兵庫県旧上月町）の赤松政範、龍野城の赤松広秀を攻め落とし、上月城に尼子勝久と山中鹿之介を入れた。尼子の残党山中鹿之介らは京で出家していた新宮党の尼子誠久の子息を還俗させ尼子勝久と名のらせ尼子家再興を果たそうとしていた。十二月十日、信長は三州吉良で鷹狩を楽しんでいたところへ羽柴秀吉が恐る恐る播磨攻略の報告に行くと、信長は褒美として「おとこぜの茶釜」を与えた。十二月廿一日、信長は安土に帰り、中将信忠を呼び、名物茶道具十一種を与えた。

大雨山甘露寺

大雨山甘露寺は多田満仲公により月光山薬師寺として創建された。鎌倉時代の末、貞和の頃（一三四五～一三五〇）荒廃していたものを多田院別当沙弥持観房らにより再建され甘露寺と改められたが、応永年間（一三九四～一四二七）塩川伯耆守仲章が甘露寺を破却して多田塩川古城を築城した。伯刕仲章はその祟りにより瘧疾に罹り一宇を再建して病平癒した。伯刕仲章が再建以来百六十年余のこの年光誉上人らによって建て替えられ、塩川伯耆守長満の仲介により、信長は「徽宗皇帝の鷹の絵」と「牧渓老禅畫くところの寒山図」を寄進した。

播磨攻め

■天正六年（一五七八）正月朔日、五畿内衆は安土に出仕した。御茶会・御節会などが催された。廿九日、御弓衆福田与一の宿より出火、妻子を国に残しているからだと信長は怒り、御弓衆と御馬廻り衆の妻子を伴っていない者の私宅を放火して、女房共を呼び寄せるように命じ、新道建設の労役を命じた。

正月、宇喜多直家は上月城の尼子勝久と山中鹿之介を追いはらい上月景貞を入れた。二月廿三日、羽柴秀吉は播磨へ出陣し、加古川の賀須屋内膳（糟屋武則）の城に人数を入れ、書写山に要害を構えた。三月、羽柴秀吉は再び上月城を攻め、上月景貞は自刃した。秀吉は上月城の兵を「蓑笠踊り」の刑で焼き殺し、女子供二百余人を捕えて子供は串刺しにし、女は磔に架け、再び尼子勝久と山中鹿之介を入れた。尼子勝久と山中鹿之介は別所定道の利神城（兵庫県佐用町）を攻め落とした。三月十三日、上杉謙信（一五三〇～一五七八）が急死した。享年四十九歳、養子景勝と景虎が後継を争う。四月七日、信長は越中の神保長住が出仕しないので呼び寄せ、黄金百枚を与え上杉輝虎（謙信）が亡くなったので佐々権左衛門を添え越中攻略を命じた。

四月中旬、毛利勢は大軍を催し上月城を取り巻くと、羽柴筑前守秀吉、荒木摂津守村重、中川清秀らは高倉山に対陣し、信長に援軍を要請した。別所小三郎長治と叔父の別所山城守吉親（賀相）は三木城に立籠もると、東播磨の諸将たちも別所に与し、御着城の小寺政職まで同調し羽柴秀吉に反旗を翻した。五月朔日、信長は秀吉の援軍として中将信忠、北畠信雄、織田上野介信包、三七信孝、長岡兵部、佐久間らの尾州・濃州・勢州勢を播磨に派兵して神吉城、志方城、高砂城、加古川辺に野陣を懸けた。竹中半兵衛は備前の八幡山の城主を寝返らせた功により、褒美として銀子百両を与えられ、秀吉にも軍資金として黄金百枚が与えられた。六月十日、信長は上洛し、祇園祭りを見物し鷹狩に出かけ、近衛前久に山城国に千五百石を進上した。

　六月廿六日、羽柴秀吉、荒木摂津守村重、中川清秀らは信長の命により上月城を見捨て、高倉山から書写山へ撤退した。上月城の尼子勝久は自刃し、山中鹿之介は捕らえられ惨殺された。多田銀山（猪名川町）には山中家一族の久徳寺跡と無縁墓がある。江戸時代、伊丹の豪商鴻池山中善右衛門は末裔と言われている。廿七日、信長は更に滝川、惟任、惟住を援軍として派遣して神吉城へ攻め寄せた。能勢左近大夫頼幸の次男頼郡（頼邦）はこの時、惟任日向守光秀の旗下にて討死した。中将信忠、三七信孝、織田上野介信包、林佐渡、長岡、佐久間勢に加え、北畠信雄、滝川、稲葉、蜂屋、筒井、武藤、伊賀、氏家勢も神吉城を攻めたてた。七月十六日、神吉城天守の神吉民部少輔を討取り、西の丸の神吉藤大夫は城抜けした。志方城も落城し、信忠は三木の平井山に付城を築き、八月十七日に播磨の陣から戻った。羽柴筑前守は別所小三郎が立籠もる三木城の攻略に取り掛かった。信長は伊勢の九鬼右馬允に命じて大船六隻を造らせ、六月廿六日、大坂表に廻送して雑賀・谷輪辺にて繰り出した敵方の小舟数多を打ち破り、大坂表にて海上封鎖を行った。九月廿七日、信長は近衛前久、細川、一色を相伴い、九鬼の大船を見るために住吉・堺に出向いた。九鬼に褒美として黄金廿枚を与え、堺にて今井宗久、宗易、宗及、道叱の居宅で茶の湯を楽しんだ。

荒木村重逆心

十月、荒木摂津守村重（四十五歳）が逆心を企てたと方々より信長の元へ注進があり、信長は宮内卿法印、惟任日向守、万見仙千代を村重の元へ遣したところ、村重は「少しも野心御座なく候」と申し、お袋様を人質に差し出した。信長は村重父子に出仕するようにと直筆で書面を認めたが一向に参上しない。

去る元亀元年六月、元来京方であった池田民部丞家の池田八郎三郎勝正は阿波の三好を支持する約束で城主となったが、信長に帰順すると京の公方を支持するようになり、阿波の三好を支持してきた三郎五郎家を中心とする池田衆らは池田勝正を池田城から追放し、阿波の三好と手を結んだ。しかし、元亀三年八月、池田衆は村重を大将として白井河原の合戦で和田惟政を討取ると池田衆は勢いづいて、天正二年十一月、伊丹氏を滅ぼして伊丹城を改築して有岡城と改名すると、信長は村重の実力を認め摂津守に任じ侍大将にした。しかし、池田衆らは信長の播磨攻めや丹波攻めに駆り出されても恩賞も与えられず、中川清秀、高山右近、荒木元清ら村重の一族だけが城と領地を与えられて摂津国は荒木一族の支配する国となり、譜代の池田衆らは不満を募らせていた。池田三郎五郎家の惣領である池田知正は村重の臣下となり、荒木久左衛門と称していたが、備前の鞆に匿われていた公方や大坂石山本願寺は代々阿波衆を支持してきた池田三郎五郎家の嫡男池田知正に再三に亘り誘いをかけていた。村重は信長と池田家中の間で板挟みになっていたが、頼みの池田清貧斎も隠居（或は逝去）してもうこれ以上池田家中の不満を抑えることができず、本願寺と阿波衆に味方することになったのである。高槻城の高山右近、茨木城の中川清秀、尼崎城の嫡男村次、花隈城の荒木志摩守元清、三田城の荒木平大夫重堅、吹田城の吹田村氏ら一族はその対応に苦慮した。塩川伯耆守長満は信長の直参であり、信長から多田銀山の経営と能勢の攻略を任されていたので村重の与下ではなかった。六瀬衆を束ねていた塩川古伯吉大夫国満は荒木の縁者であったが、信長に人質を差し出し伯耆長満の与力に付けられていたので村重には与しなかった。しかし、多くの多田院御家人衆は多田院が織田信澄に破却されたために荒木村重に味方した。

安土の村重屋形の留守居である菅野弥九郎が急ぎ戻り「村重参着次第召し取れ」という指示が出ていると注進した。高槻城主高山右近は村重謀反と聞くとすぐに有岡に赴き村重を説得した。第一に、今の村重の地位は信長から与えられたものであること。第二に、有岡城がいかに堅固な城であっても信長の強大な軍事力には到底かなわないこと。第三に、今謝れば信長の許しを得られるだろうが、後になればその怒りは計り知れないだろうと述べた。右近は高槻の切支丹衆を守らねばならず、村重に連座して領地を失いたくはなかった。村重の心は揺らいでいた。右近は長男と妹を人質として有岡城に入れると、村重も同意して安土に出仕するために右近と共に茨木まで来ると、中川清秀は「今となってはこのまま安土に行けば腹を斬らされ犬死となる」と反対した。驚いた有岡の重臣たちの使者がやってきて、このまま安土に行くというのなら帰ってきても城門を閉じて城には入れぬという。右近は清秀の態度に猛反発したが、村重は仕方なく有岡城に戻り謀反を決意した。

中川清秀は祖父清村が摂州池田弾正忠三郎五郎家に介抱され、後に中川氏は池田家の重臣となった。中川清秀は村重とは母方の従兄弟であり村重から茨木城を与えられて破格の出世をしていたが、清秀は池田廿一人衆の一人でもあったので摂州池田家の内情はよく承知しており村重の心の内もよく理解していた。出来ることなら己も今の領地を失うことは避けたかったが、信長の気性と摂州池田家の内情を考えると村重に義理立てするしかなかった。荒木村重の嫡男新五郎村次（村安）は惟任日向守光秀の娘婿であり、明智光秀は娘を救うために再び単身で有岡にやって来た。光秀は村重とは本音で話をすることができた。

村重は「信長公に従い信濃・越前・丹波・播磨・紀州・河内へと転戦してきたが、池田知正ら池田衆はもうこれ以上信長公に従う謂れはないと不満を募らせていたところ、安国寺恵瓊から密書が参り、内議評定の末、公方に御味方することになった」と述べた。さらに村重は光秀に独自の正論を説いた。「今の地位は信長公のお蔭で手に入れたものではあるが、最近の上様は喜怒哀楽が益々激しく気の病を患っておれるようだ。余りにも多くの人々を殺したので世間から恐れられ、憎まれ、怨まれ、或いは調伏されて夥しい死霊と生霊に取りつかれて、普段は人情深い人柄で儂も好いているが、豹変した時の顔は恐ろしい別人であり信長公の前に出るのが正直恐ろしい」と言った。光秀もその点に於いては心当たりがある。さらに村重は「このまま生涯信長公の野望のために戦いに明け暮れ、罪のない人々を情け容赦もなく殺害するのはもう御免蒙りたい。多重人格の信長公が天下を平穏に治められるわけがなく、天下を平定した暁には切支丹宣教師と手を組み加羅をも征服し王となるという。正気の沙汰ではなく、もう誰かが謀反を起して止めるしかない。私が志を遂げることは到底叶わぬので後は貴殿に託す。娘御のことは御心配ご無用」と言い放った。光秀は「お心遣い痛み入る。実は、私も信長公に仕え破格の城と領地を給わっている身ですが、嫡男は未だ元服しておらず、最早初老の身となり、戦いに疲れ果てて先々不安を感じておりまする。しかし、……私には村重殿のような勇気はござらぬ。どうか犬死となり荒木家を絶やさぬようになされよ」と述べた。村重は光秀の娘を離縁して返した。

石山本願寺でも考えは二分していた。一向宗徒数万人が惨たらしく殺され、門跡光佐（顕如）は戦いに疲れて、食べるものにも不自由し、密かに石山本願寺を抜け出し、摂州島下郡高山庄の光明寺にしばらく隠棲していたという。門徒衆も戦いに明け暮れて「南無阿弥陀仏」を唱えれば極楽浄土に行けると信じていたが、平和な暮らしを求める者も多く、一揆の無い切支丹に改宗する者も多かった。

羽柴秀吉も有岡城へ説得と称してやって来た。秀吉は「それがしが安土に同道して命乞いをして進ずるゆえ、今から安土へ参ろうではないか」と言った。村重は秀吉に感謝の気持ちを伝えたが、内心ではすでに覚悟を決めていた。そして、秀吉にも謀反について正論を語った。「今の信長公は気の病を患っておられ正気ではない。信長公を恐れて誰も諫める者はいない。信長公が一旦豹変すれば貴殿でさえ如何することもできないでしょう。さすれば誰かが上様を亡き者にして代わって天下を取るべきである」と大胆に述べた。秀吉は村重の言葉をうなずきながら聞き「それならば、儂はどうじゃ」と笑って言った。これは村重の一種の言葉の調略のようなものであった。自分は到底信長を倒すことはできないが、光秀か秀吉ならばできるかも知れない。秀吉が毛利と手を與み謀反を起し世が乱れれば再起の機会も訪れると考えていた。秀吉は説得をあきらめて帰って行った。秀吉は説得のためと称して黒田官兵衛に有岡城の内偵を命じた。秀吉は村重の「誰かが信長公を亡き者にして代わって天下を取るべきである」という意味ありげな言葉が妙に気になったのである。勘兵衛がやってくると村重は腹の内を洗い浚い打ち明けた。そして「儂は今、この城の中で孤立しており話相手もいない。摂津国を吾が一族で支配したために譜代の池田衆らは怒っておるのじゃ。暫くこの城に留まり儂の話相手になってはもらえぬか。いや是非ともそうして頂く」と言い、官兵衛を有岡城の座敷牢に幽閉した。池田衆は官兵衛の殺害を村重に強く迫ったが、村重は殺す必要はないと強く言明し、伊丹又左衛門に官兵衛の警護と世話役を命じた。吹田城の荒木村重の異母弟吹田村氏は一族を連れて有岡城に入った。

十一月、毛利の舟六百余艘が木津表へ乗り出し、大坂へ兵糧を運んできたが、九鬼右馬允はくだんの大船に乗り大鉄砲を撃ちかけて大勝し、見物の者共を驚かせた。十一月九日、信長は滝川、惟任、惟住、蜂屋、氏家、伊賀、稲葉らを率いて、摂州表へ出陣した。中将信忠は信雄、信孝、越前衆、不破、前田、佐々、原、金森、日根野らを率いて天神の馬場から高槻へ向かった。信長は高槻の安満に陣を据え、佐久間、羽柴、宮内卿法印、大津傳十郎を同道して、伴天連を呼び強く脅迫して高山右近の説得を命じた。オルガンティーノは信長の意向を右近に伝えた。右近は信長に帰順する意思はあるが、有岡城に嫡男と妹を人質に取られているので態度を決めかねていた。信長は切支丹を救いたければ、右近が村重と交渉して人質を解放させるか、あるいは村重が降伏するように説得せよという。信長は互いの人質を交換しても良いと譲歩した。右近は有岡から数人の家老を呼んで村重と交渉にあたると、家老たちは今までの旧領を安堵するならば降伏してもよいというところまで話がまとまり、信長に伝えると、信長は不承知で滝川、惟任、惟住らを先陣として有岡に向かわせた。

十五日、信長は高槻の安満から茨木の郡山城へ陣を移した。十六日、高山右近は郡山へ祗候し信長に帰順し、金子廿枚、家老二人に金子四枚と御道服が与えられた。右近の父ダリヨは有岡城に入り孫たちの命を守り、村重が人質を殺すのであれば自分も孫たちと運命を共にしようと考えた。すなわちダリヨの行動は信長を裏切ったことになる。右近の裏切りを知った有岡の重臣の一人が右近の人質を殺そうと村重に迫ったが、村重は右近の子供たちを殺す必要はないと言明した。

十八日、信長は総持寺へ陣を進め、古田左助（清秀の妹婿）、福富、野々村らを通じて中川清秀を調略した。清秀は信長の意外な寛容さに驚き、村重に事の次第を告げて相談した。村重は清秀に降伏を勧め、自分はもはや信長に従うつもりはないと伝えた。廿四日、中川清秀は荒木方の渡辺勘大夫と石田伊予守を追い出し、翌廿五日、家老田近、熊田、戸伏らを連れて信長に参向し、所領安堵され、黄金三十枚、家臣三人に黄金六枚と御道服が与えられ、信長は清秀の嫡男長鶴丸（秀政）に娘鶴姫を嫁がせ婿とすると述べた。これを知った高山右近は清秀の身勝手さに愛想を尽かし、是により右近と清秀は互いに反目し合うことになる。

十二月朔日、大和田の安部仁右衛門は本願寺に味方していた父と伯父の反対を押し切り信長に帰参した。十二月廿七日、信長は古池田に陣を移した。古池田は池田古城のことであり、塩川伯耆守長満もここに陣をとっており、信長に同道していた菅家玖右衛門と池田恒興と滝川一益も加わり、信長は久々に幼馴染たちとの楽しい時間を過ごし、幼い頃の昔話に花が咲き信長も心を癒された。この頃に、塩川伯耆守長満（塩川源六秀光）の長女を嫡男信忠の側室とし、次女を池田勝三郎恒興の嫡男池田元助（勝九郎）の側室とする話が具体的にまとまった。

『高代寺日記下』は次のように伝えている。

「十一月八日、信長は有岡城を攻める。伯刕長満は家人五百余人を加軍せられる。安村・素井・沢亘・福原・山田・谷・平尾・三屋・田中・牧らである。塩川吉大夫頼運（廿二歳位）と同勘十郎頼重（十八歳位）を軍奉行とされた。十三日に備を立てられ、信長父子は廿二日に安土に帰られた。付城は十二城、伯刕長満は池田ノ城に在り、備軍巽山に都合一千人、伯刕手勢なり云々、」（高代寺日記）

信長は長期戦を予想して次のように付城を命じた。「御取出御在番衆」

一、北口郷　惟住五郎左衛門、蜂屋兵庫、蒲生忠三郎、高山右近、神戸三七信孝、

一、毛馬村　織田上野守、滝川左近、北畠信雄卿　武藤惣右衛門、
一、椋橋郷　池田勝三郎（恒興）、勝九郎（之助）、幸新（輝政）、
一、原田郷　中川瀬兵衛（清秀）、古田左介
一、刀根山　稲葉伊予、氏家左京助、伊賀平左衛門、芥川、
一、郡山　津田七兵衛信澄
一、古池田　塩川伯耆守長満
一、加茂　三位中将信忠御人数
一、高槻の城　御番手御人数　大津伝十郎　牧村長兵衛　生駒市左衛門　生駒三吉、
湯浅甚介、猪子次左衛門、村井作左衛門、武田佐吉、
一、茨木城　御番手衆　福富平左衛門　下石彦左衛門、野々村三十郎、
一、中島　中川瀬兵衛清秀
一、ひとつ屋　高山右近
一、大矢田　安倍二右衛門
十二月廿一日、信長公、古池田より京都に至りて御馬納められ、云々、（信長記）

この年正月三日、十河存保は阿波の勝瑞城へ帰った。今年前伯国満の御弔兵乱の故僧衆のみにて修せられた。十月二日、能勢前肥前守頼繁入道が七十二歳で卒去した。玉受院宗観日明と号す。

信長は多田の谷で鷹狩を楽しむ

■天正七年（一五七九）三月、信長父子は摂津に下向し、有岡城攻めの陣を視察し、廿日、北摂の山々で鷹狩をし土民の格好で民家に入り塩川伯耆守長満の評判を訪ねた。里人は新伯の正直にしてその徳は「淳原慈悲ノ人」と申し信長は大いに満足した。これは信長が幼馴染である塩川源六郎長満（秀光）を多田の領主として塩川家に入れたが、凡庸な長満が領主としての役目を果たしているかを陰ながら心配して領民に尋ねたのである。

三月十五日、信長は多田の谷で鷹狩を楽しんだ。長満の次男塩川勘十郎頼重は信長に一献進上した。その時、信長は勘十郎の成長を我子のように愛で、勘十郎は御道服を頂戴した。信長は三月晦日にも鷹狩をして箕面ノ瀧見物をした。三月から四月にかけて信長は多田と箕面の辺りで鷹狩を楽しみ「御狂いこれあり」、御弓衆・馬乗衆・勢子衆らと狂ったように駆け回り気晴らしをした。

信長の塩川伯耆守長満への重ねての心遣い

天正七年四月六日、織田信長は摂州北部地域の内、止々呂美から西能勢・西谷を平均するために中将信忠と織田七兵衛信澄を両大将とし、中川清秀を案内役に、筒井順慶、丹羽長秀、蜂屋頼隆、原胤広、金森長近らに命じ総勢一万五千の兵を指し向けた。

まず止々呂美城の塩山平右衛門正秀を攻め、平右衛門は開城した。同廿七日、片山の城を攻め、これも和談になり城主塩山肥前守も開城した。同廿八日、止々呂美馬場の城を攻め、城主馬場常陸介頼方も開城し安堵の仰せを蒙った。同廿九日、中川清秀は山口の城を攻め、諸勢は鷹取の本城を攻めた。鷹取城の城主能勢丹波守義純は討って出て来栖にて討死した。山口の城では城代山県伊賀守が能勢義純の嫡子頼童を奉じて籠城していたが、城主義純討死の上は山県伊賀守一人が腹を切り、他の者は助命することで和談が成立し、伊賀守が切腹すると、伊賀守の嫡男次郎左衛門は頼童を負って湯ノ山（有馬温泉）の善福寺に赴き、頼童は住職頼寛長老に預けられた。山辺城も攻められ落城し、城主大町宗清は弟宗治と共に戦い栗栖にて討死した。佐曾利城主佐曾利筑前守も帰順し中川清秀の御味方に加えられた（中川史料集）。六瀬谷では能勢衆が攻め込んできて六瀬衆と一戦を交えた。六瀬衆は追い崩し首六ツあげ、五月十一日、塩川伯耆守長満から平尾孫一、中村弥七郎、平尾孫之丞らに感状が与えられた。この時に信長は北摂一帯を平均したが、東郷能勢氏の攻略は塩川伯耆守長満の手柄にするためにあえて残しておいた。この信長の長満への思いやりが仇となり、秀吉の代に「能勢を侵した」と言われる所以となるのである。

四月八日と廿六日に、信長は古池田にて御馬廻り衆、御小姓衆、御弓衆、勢子衆らと一緒に馬を駆け気晴らしをした。「御狂いこれあり」とある。四月廿六日、中将信忠、信雄、信包、三七信孝らは播州三木表に出陣し、小寺政職の御着城を攻め落した。小寺政職は毛利の領地へ城抜けした。後に小寺政職の嫡男氏職は黒田家に仕官した。信忠は廿八日に有馬郡から能勢郡へ馬を進め田畑を荒らして、廿九日に古池田に帰陣し、信長に播磨の様子を報告した。

信長の使者森蘭丸と中西権兵衛尉長重が多田獅子山ノ城を訪れる

『高代寺日記』に「四月二十日戊申、塩川伯耆守へ信長より森蘭丸と中西権兵衛尉が使として、守家作ノ脇指と銀子千枚を遣わされた」とある。それに対して、塩川吉大夫頼運と舎弟塩川勘十郎頼重、同右兵衛尉、同民部丞頼敦らが出向いてこれを受け取り二人をもてなし帷子単物二重と紺青を与えた。これは塩川伯耆守長満の長女が中将信忠に嫁す結納の品と支度金が塩川家に渡されたものと思われる。『信長公記』には「四月十八日・銀子百枚」とある。五月四日、信長は安土に引き上げた。この時に平尾、柏原、吉川与次郎は塩川長満の推挙により信長に新参することになった。同五日、塩川伯耆守長満は菅屋玖右衛門に相談して、塩川吉大夫頼運、勘十郎頼重、半右衛門尉仲宗を安土へ遣わし返礼した。三人はそれぞれ帷子二ツ、銀子十枚を賜って帰国した。塩川伯刕長満の娘は信忠の室となり、翌天正八年に三法師を産む。

『信長公記』三月七日、信長公、古池田に至って御陣を居えさせられ、諸卒は伊丹四方に陣取り、越州衆も参陣なり。伊丹表の付城の定番を仰せつかった面々

一、塚口郷　惟住五郎左衛門、蜂屋兵庫頭、蒲生忠三郎、
一、塚口の東　田中、福富平左衛門、山岡対馬守、山城衆、
一、毛馬　長岡兵部大輔、与一郎、頓五郎、
一、川端取出　池田勝三郎（恒興）父子三人、
一、田中　中川瀬兵衛、古田左介、
一、四角屋敷　氏家左京亮、
一、河原取出　稲葉彦六、芥川、
一、加茂岸　塩河伯耆守長満、伊賀平左衛門、伊賀七郎、
一、池上　中将信忠卿、御人数御番替へ、
一、古屋野古城　滝川左近、武藤宗右衛門

一、深田　高山右近、

一、椋橋、池田勝九郎（元助）

（信長公記巻十二天正七年）

このように、有岡城の四方に付城を置き、五月三日、信長は安土に帰城した。

十月廿九日、越中の神保越中守長住は黒葦毛馬を信長に進上したが、後に神保は柴田勝家に見捨てられ歴史から姿を消すことになる。十月晦日、信長は備前の宇喜多和泉守直正の帰参を認めた。これは羽柴秀吉による調略の結果である。信長は「天下布武」により戦いに明け暮れ敵味方を含め余りにも多くの人々が死んだ。秀吉は力攻めにより兵や軍資金を徒に消耗するよりも戦わずして勝つ戦略を用いた。毛利は元々信長と争う気はなく、秀吉はすでに安国寺恵瓊を通じて足利義昭や毛利との和談も進めており、恵瓊は秀吉の将来性を見抜いていた。

丹波の波多野氏滅亡と芦山合戦

丹波国八上城の波多野秀晴は永禄十一年に赤井氏と共に信長に帰順したが、天正四年に三木の別所氏と呼応して離反したため明智日向守光秀は波多野秀晴の八上城を攻めた。しかし、波多野の家臣団である丹波七頭と言われる久下、長澤、江田、大館、小林、荒木、赤井らと丹波七組と呼ばれる荻野、須知、内藤、足立、波々伯部、野尻、酒井らと、その他籾井、小野木らは強力で攻めあぐねていた。羽柴秀吉も西播磨に侵攻して宇野、山名を攻め滅ぼし、谷・小野木・小田垣を味方にして西の波多野宗貞を攻め滅ぼした。織田信忠は光秀を呼び出して「秀吉の働きに比べて汝は東丹波すら未だ平定できないのか」と恫喝した。光秀は返す言葉もなく、この上は一大犠牲を払ってでも和睦に持ち込もうと西蔵院を呼び出し調停に当たらせた。その結果、五月廿八日、光秀は母と一族の明智左近・進士作十郎・信楽大六と西蔵院の母とその一子を人質として八上城に差し出し、六月二日に波多野秀晴と本目城（神尾山城）で和談することになった。

波多野秀晴と秀尚は波多野秀香ら幕下八十騎上下一千二百人の軍勢を率い本目城に入り、酒宴が開かれて皆は和議が整ったと千秋万歳を唱えた。しかし、宴が終わって光秀が「信長公が会いたいと京にてお待ちである」と波多野に言うと、波多野秀晴は「信長公への対面の儀は後日礼儀装束を整えてからに致す」と述べた。すると光秀は「降参した大将は法體の身となり僅かの宗徒と共に上洛するのが礼儀である」と言うと、波多野の顔色が一瞬にして変わり「降参した大将とは何事だ」と怒り席を蹴って立とうとすると、明智方の並河・開田・四天王・比田・進士・斎藤・諏訪らが左右から抑え込もうとした。波多野秀晴は小刀を抜いて立ちどころに数人を斬ったが、波多野秀晴も斬られ深手を負った。秀尚もまた数人を斬ったが捕えられて、天正七年六月二日、波多野秀治ら十三人は安土へと送られた。六月四日、波多野秀治・秀尚ら十三人は安土の慈恩寺で斬首された。波多野秀治の辞世の句は「よわりける 心の闇に 迷わねば いで物見せん 後の世にこそ」、弟の波多野秀尚の辞世の句は「おほけなき 空の恵みも つきしかど いかで忘れん仇し人をば」と恨みを残して自害した。三年後の天正十年六月二日、波多野兄弟が滅びた同じ日に織田信長は明智光秀に攻められ本能寺で滅びたのは、波多野兄弟の呪いの言霊によるものと皆は恐れた。九月九日、赤井悪右衛門が立籠もる黒井城も落城した。この時、塩川伯刕長満の手勢四十騎上下四百余人が光秀軍に加わり出陣した。上田・滝川・平尾らである。十月廿四日、惟任日向守光秀は母の命を代償に丹波と丹後を与えられ、光秀は志々羅織百反を信長に進上した。（多紀郷土史話）

波多野伊豆守秀香は元々和談を信用しておらず、本目城から脱出して直ちに八上城に入り、明智光秀の母と明智左近ら明智の人質と西蔵院の母と末子庄太郎らを磔に架けた。秀香はさらに亀山を攻めようと芦山に出陣して戦い、東郷能勢氏も加わり首数あまた討取り抵抗を続けたが、天正七年の冬の頃には八上城は完全に滅んだという。

【波多野氏略系図】 諸説あり

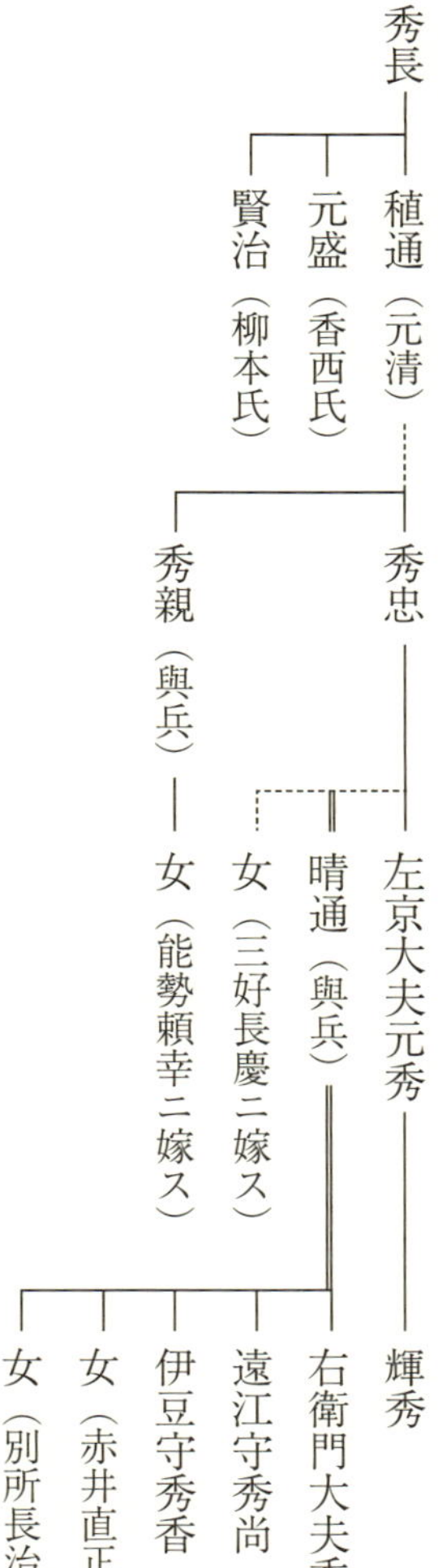

有岡城落城

天正七年九月二日の真夜、荒木村重は五〜六人召し列れて伊丹城を忍び出で、猪名川を舟で降り嫡男村次の尼崎城へと城抜けした。村重は信長に背く気はなかったが、池田知正（荒木久左衛門）ら阿波の三好を支持する池田衆らに大将として担がれたのであった。しかし、この頃になって村重は謀反を推進した池田知正（荒木久左衛門）ら池田衆にほとほと愛想を尽かし、嫡男村次と花隈城の荒木志摩守ら一族と共に安芸に逃亡する決意をした。九月十二日、中将信忠は伊丹表の人数半分を召し連れ尼崎へ陣を移し、尼崎城に近い七松《ななつまつ》（尼崎市七松町）という所に砦を設けて塩川伯耆守長満と高山右近を定番として置き、中川瀬兵衛清秀、福富平左衛門、山岡対馬、一與某らを古屋野の陣へ帰した。九月廿四日、信長は山崎から古池田に陣を据え、廿七日、伊丹の付城を見舞い、古屋野の滝川一益の陣に逗留し、塚口の惟住五郎左衛門の陣で休息し、晩に池田に帰り、翌日茨木に立ち寄って帰洛した。十月十五日、滝川左近一益は調略を以て有岡城内の中西新八郎を味方に引き付け中西の才覚により足軽大将星野、山脇、隠岐、宮脇らに謀反を勧め、上臈塚（城の西側）へ滝川の人数を引き入れた。岸ノ砦（城の北側）を守っていた渡辺勘大夫は多田の舘まで逃げ戻ったところを討取られた。また、鵯塚（城の南側）を守っていた野村丹後守と雑賀鉄砲隊も悉く討死してしまった。

城代家老荒木久左衛門（池田知正）は尼崎と花隈の城を開け渡せば父母妻子の命は助けるという約束を織田方から取り付けて、城の家来衆を集めて相談し、十一月廿四日、荒木久左衛門ら三百余人は妻子を人質として城に残し、尼崎城の村重に降伏するように交渉に行った。それと入れ替わりに織田信澄が有岡城へ入った。十一月廿八・廿九日、荒木久左衛門らは城内から鉄砲を射掛けられ城に近づくこともできず、三百余人は有岡城の妻子を見捨て皆何処かへ逐電してしまった。『高代寺日記下』に、十月、塩川衆は伊丹の落人原田嘉介を安村が討取り、十二月十日には荒木方三十余人を討取ったとある。

同年八月廿九日、家康の正室築山殿は徳川の家臣によって斬り殺され、九月十五日、徳川家康の長男信康も自刃させられた。その節使用した刀は何れも千子村正であったという。

十二月十日、信長は男山八幡宮に参拝した。内陣と外陣の間の雨樋が朽ちて雨漏りしているのを見て宮を造営するように命じ、雨樋は末代までもつように六間の樋を五つに分けて唐金の鋳物で造るように命じた。社頭、宝殿、葺合、築地、楼門を金で磨き立て七寶を鏤めた。翌天正八年五月廿六日、信長の武運長久・御家門繁栄を願い遷宮が行われた。

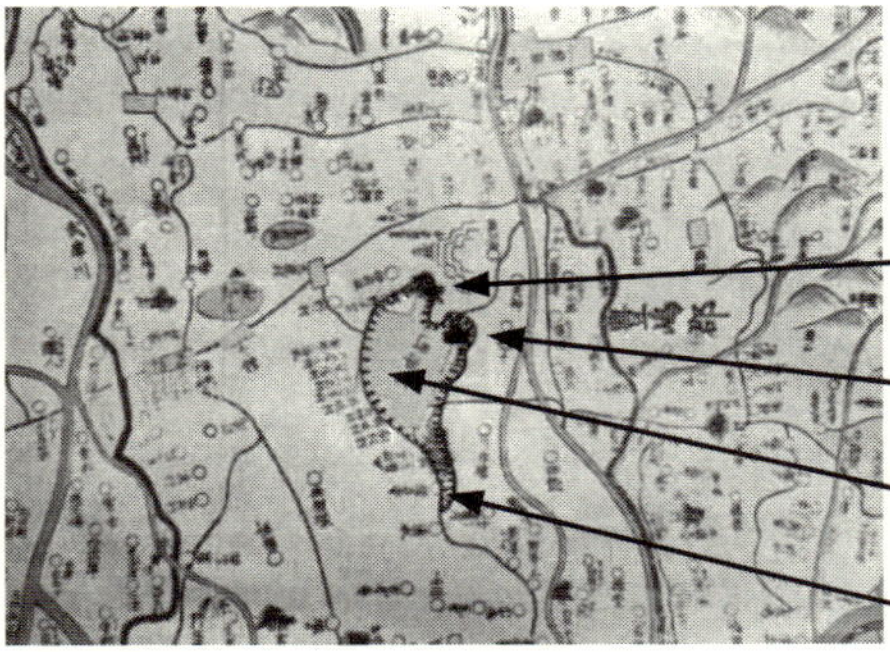

有岡城 岸ノ砦 本丸 上臈塚 鵯塚

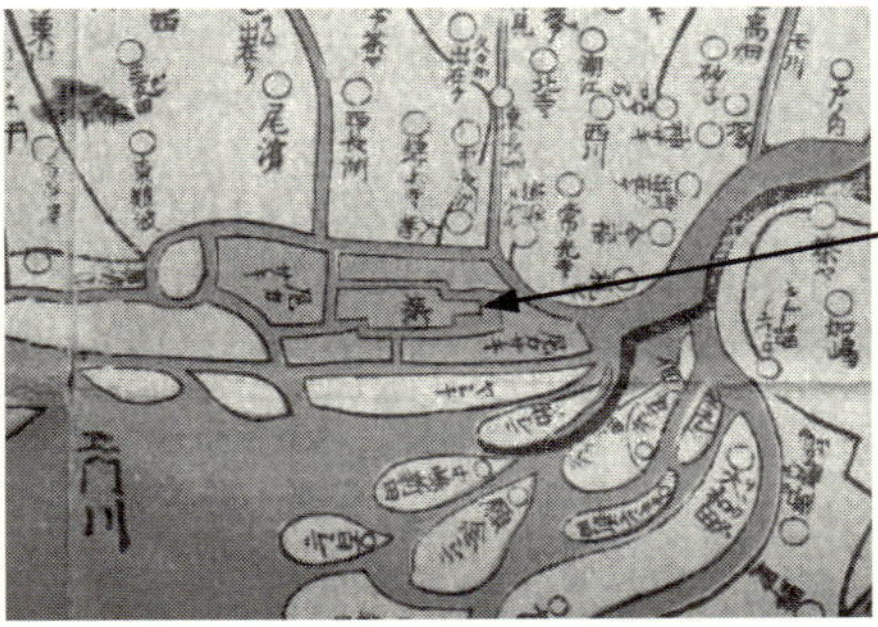

尼崎城

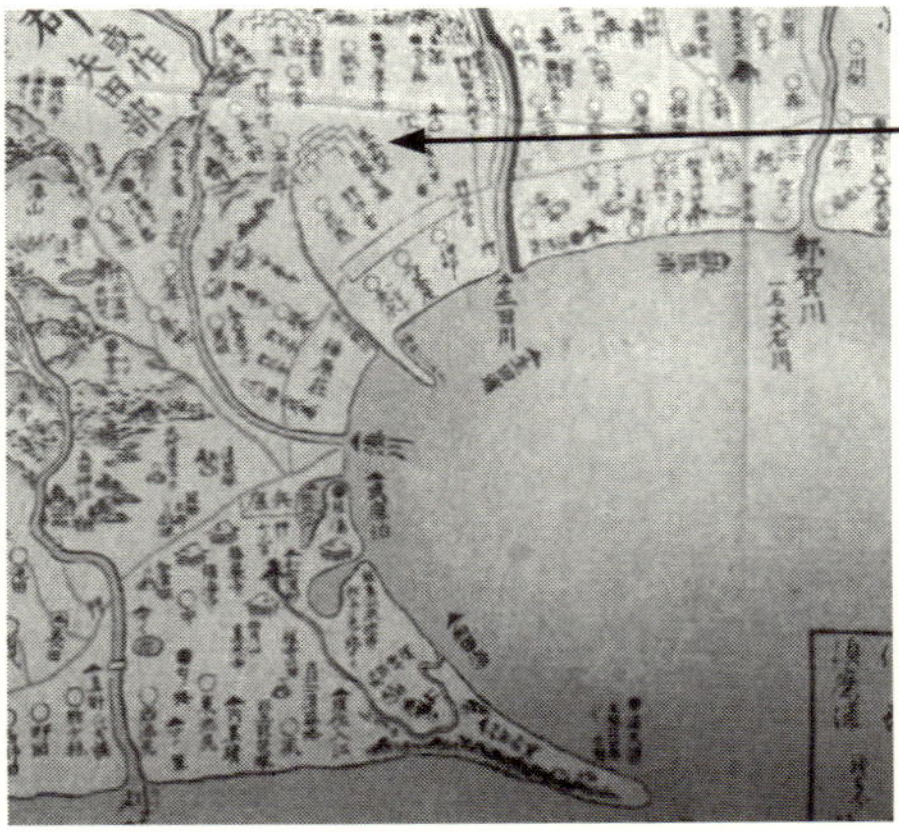

花隈城

池田知正逐電　信長の厳しい仕置き

荒木村重の内室は北河原三河守（藤原仲光末裔）の娘と池田長正の娘とされているが、後添えの「だし」は謀反のとき政略結婚により石山本願寺の寺士の娘を娶り、生まれた息子岩佐又兵衛は落城の時に乳母が石山本願寺に連れて逃げたという。嫡男村次と次男村基は後に秀吉に仕え、「だし」と二人の娘は信長に誅された。十二月十四日、荒木の妻子ら三十人は京に連行されて、佐々、前田、金森、不破、原らが奉行となり六条河原で首を刎ねられた。有岡城に残された人質たち（老いたる母・いとけなき子・女房たち）は泣き崩れ、命乞いをしたが許されなかった。十二月廿三日、有岡の家来衆の妻子と女子供百廿二人は滝川・惟住・蜂屋らによって尼崎の七松で磔に架けられて殺された。『フロイス日本史』には、「幼児は母親の胸に縛りつけ、ともに十字架に懸けた。全員が十字架に磔にされると、刑吏たちは下から槍や銃弾で殺した。一人一人を処刑して行くたびに、見守っていた親族、友人、知人たちの慟哭と呻きと叫びが起り、この光景にショックを受けた人々は幾日も放心状態で過ごしたという。次に、悴侍の妻子三百八十八人と歴々の女房衆へ付け置きたる若党衆等百廿四人、合わせて五百十余人は家四ツに押し込められ、周りに大量の乾燥した草や柴を積み上げて火をかけて生きたまま焼き殺された」という。荒木久左衛門（知正）の子息自念（十四歳）は六条河原で斬首され、荒木久左衛門（池田知正三十五～三十九歳位）は舎弟光重とその子息三九郎らと淡路の岩屋へ逃げた。後に池田知正は秀吉・家康に仕えた。

有岡城に入った高山ダリヨ飛騨守と右近の息子たち人質は解放されて、飛騨守は死罪を免ぜられ北国の柴田にお預けとなったが、後に信長は飛騨守を許し牢から出て妻子を呼んで市中で暮らすことを認めた。寝返った中西新八郎、山脇勘左衛門（山脇源大夫コト勘右衛門尉正吉）、星野左衛門尉、宮脇又兵衛尉、隠岐土佐守の五人は池田勝三郎恒興の与力となった。黒田官兵衛は有岡城に捕えられていたとき荒木方の加藤重徳（伊丹又左衛門）から優しく世話を受けていた。官兵衛は有岡城落城後に助け出されて再び秀吉の軍師となり、加藤重徳父子は黒田家に召抱えられた。伊丹又左衛門コト加藤重徳の内室は伊丹安芸守親保（次郎親興の兄）の娘である。

摂津国下四郡と伊丹城は池田紀伊守恒興に与えられた。山脇源大夫と弟山脇市大夫安吉は池田恒興に召出され、以後、大坂ノ陣や岐阜攻めに参陣した。

天正七年十月十三日、摂津木代庄石清水八幡宮善法寺領代官職を荒木村重に代わり塩川伯耆守長満に与えられた。有馬郡の高平谷に池田三右衛門正茂と池田筑後守勝正の墓と伝わる五輪塔がある。館跡や廃寺もあり池田氏の田中城があったとされている。池田勝正は荒木村重に攻められ高野山に逃げ、後にこの谷に隠棲し、池田三右衛門も有岡城落城後にこの谷に隠棲したという。

多田院御家人衆は村重方の手先となる

『多田院御家人由来伝記』に「多田院御家人衆の一人にすぎない塩川伯耆守は織田信長の厚恩に浴し我が威を振るい、多田院御家人衆を手下に従えようと諮った。多田院御家人衆は塩川に従う謂れなきにより荒木摂津守村重の手先となった。有岡落城後は信長の追討を恐れて思々に離発して、或は蟄居して家名を改め多田院御廟社の守護までも蜜々のごとくなってしまった」とある。当家『中西氏系図』によると、中西左衛門佐頼貞の項に「依是連枝ヲ記ニ不及此代ニ信長公ト九年取合利ヲ失フトイエ共其儘不去在所然共知行ハ此時失フ」とある。九年前、即ち元亀三年頃から信長と敵対していたという。この時、信長は荒木村重に味方した多田院御家人衆の知行を没収し、塩川氏に従属していない全ての多田院御家人衆も連座して知行を没収された。『木田中村之系図』によれば、「塩川の家臣中村又三郎は多田に逃げ帰った有岡方の多くの兵を討取った」とある。

第一次伊賀攻め

永禄十二年、北畠中納言具教の妹を信長の三男茶筅丸（信雄）に娶らせて婿養子とし、信長は伊勢国を手に入れたが、北畠具教や北畠の家臣たちは内心信長に反感を抱いていた。天正四年十一月、北畠具教と家臣たちは滝川雄利、柘植保重らに殺害された。天正七年九月十七日、信雄は信長に無断で八千人の軍勢で伊賀国に攻め入ったが伊賀惣国一揆衆（伊賀忍者集団）に敗れ、柘植三郎左衛門尉保重は討死した。信長はこれを知り激怒した。

播州三木の別所氏滅亡

天正六年十二月、信長は羽柴筑前守に加えて佐久間、惟住、筒井順慶らを播州三木へ派遣した。天正七年四月廿九日、越前衆と惟住五郎左衛門は三木方の淡河《おうご》城（神戸市北区）に向かい付城を設けた。五月廿五日、夜中に羽柴秀吉が海蔵寺砦（丹生山頂）を乗っ取り、淡河城の淡河弾正忠定範（室は別所安治妹）らは三木城に逃げ去った。渡瀬好光の渡瀬城・有安城、岡村大炊助の中村城、市野瀬城、宮脇城、毘沙門城も落城した。六月、羽柴の軍師竹中半兵衛は播州三木の平井山の陣中にて病死した。

三木城主別所安治は信長に仕えていたが、元亀元年（一五七〇）に病死し、嫡男長治が十二歳で家督を継ぐと叔父の別所山城守吉親（賀相）が補佐した。吉親の弟別所重棟は信長に仕えたが、別所山城守は羽柴秀吉を嫌い若い城主長治を補佐して信長に背かせたのである。（三木合戦を知る）

【別所氏略系図】筆者作成

赤松祐則―別所則治―則定―就治
- 就治―安治（三木城主）
  - 安治―長治（自害）
  - 安治―友之（自害）
  - 安治―治定（討死）
- 就治―山城守吉親（賀相）
- 就治―重棟（但馬八木城主）―孫右衛門吉治（丹波由良庄）

■天正八年（一五八〇）正月、播州三木の別所氏は荒木村重、波多野秀治らと呼応して信長包囲網の最前線を構成していたが、三木城には播磨の一向宗徒を含め七千数百人が籠城していた。毛利の援軍もなく、とうとう食べる物が無くなってしまった。三木平井山の羽柴筑前守秀吉は与力である別所孫右衛門（別所重棟の嫡男）と浅野弥兵衛尉長吉（長政）を呼んで、降伏を促すために三木城に遣わした。城主の別所小三郎長治ら三名の命に代えて諸卒の命を助けるというものであった。

正月十七日、別所長治は三歳の嫡男と女房を刺し殺して広縁に出で家臣たちに暇乞いをして三宅肥前入道の介錯で切腹した。享年廿六歳であった。弟の別所彦之進友之も兄の脇指を拾い上げ切腹した。享年廿一歳であった。三宅入道もまた追い腹を斬った。叔父の別所山城守吉親はあくまでも籠城を主張したために家臣に殺害された。山城守の内室は男子二人、女子一人を左右に並べて刺し殺し自分も喉を掻き自害した。享年廿三歳であった。別所氏と争っていた有馬郡の有馬則頼は淡河城三千二百石を与えられ、山崎合戦の後、美囊郡に一万五千石を加増され、関ヶ原合戦では東軍に味方して三田城と有馬郡二万石（三田藩）を与えられた。有馬則頼の次男豊氏は大坂陣にて功あり、久留米藩廿一万石の初代藩主となる。

花隈城（華隈城・花熊城）攻め

花隈城には渡辺藤左衛門ら根来衆と鈴木孫市ら雑賀衆を合わせ九将と侍衆六百余人、百姓衆千人余が籠城していた。天正八年二月廿七日、池田紀伊守恒興、同勝九郎元助、同古新輝政父子は諏訪嶺に付城を置き、三月二日、池田紀伊守恒興らは花隈城を攻め石山本願寺に味方していた兵庫の寺院や町中を焼き払い、僧中・町衆を殺害した。

塩川伯耆長満は池田山城守正永（基好嫡男）、多田茂助、飯尾、宮川以下士卒雑兵二百人を率いて参陣した。塩川運想軒も大賀塚ノ兵三百五十人を繰り出した。七月に花隈城は落城した。荒木志摩守元清らは既に毛利氏の領地である備後国鞆へ逃れていた。後に荒木村重、村次、村基、荒木志摩守元清らは豊臣秀吉に仕えた。荒木志摩守元清は荒木流馬術の開祖となった。

この頃（天正八年）、中将信忠の嫡男三法師が生まれた。

大坂本願寺退散

浅井・朝倉氏が滅び、武田信玄と上杉謙信も亡くなり、荒木、波多野、別所も滅び、伊勢長島・越前加賀の一向一揆衆も死に絶えて、十年間の信長包囲網が消滅しつつあった。三月、禁中から本願寺退去の御勅使近衛殿、勧修寺殿、庭田殿が大坂に派遣された。門跡光佐（顕如）、北ノ方、年寄り衆は下間丹後、平井越後、矢木駿河らと評定し、上下一和して詔勅を受け入れることになり、安土から誓詞検使青山虎が派遣された。四月九日、門跡光佐（顕如）は北ノ方と年寄り衆らと大坂を出て紀州鷺ノ森へ移った。後に、光寿は東本願寺、准如は西本願寺を開山する。同月、英賀（姫路市飾磨区）は播磨の一向宗徒の大きな寺内町であったが、大坂本願寺が退去したために、三木通秋は英賀城を開城した。

五月、羽柴秀吉は播州宍粟郡の長水山城の宇野政頼・祐清父子を攻略し、因幡・伯耆の国堺まで発向して平均した。但馬の守護山名祐豊は再び秀吉に攻められ開城し間もなく歿し、三男山名堯熙は秀吉の馬廻りとなった。六月廿六日、惟任日向守光秀の執奏により長宗我部土佐守は御鷹十六聯と砂糖三千斤を信長に進上した。

佐久間父子勘当

八月十四日、佐久間父子は信長から勘当を申し渡され高野山に蟄居した。廿日、塩川運想軒と塩川伯耆守長満は使いを送り労った。佐久間信盛は信長よりも五〜六歳年長であり、織田信秀に仕え、信長付きとなって以来、終始信長に親身になって仕えてきた。柴田勝家、明智光秀、羽柴秀吉、滝川一益、丹羽長秀、池田恒興らは城と領地を与えられて、勢力拡大をはかってきたが、佐久間信盛には城も領地も与えられていなかった。佐久間信盛は織田軍の本隊を率いていた。特に天正四年から信盛は天王寺ノ城に在城して畿内・尾張・大和衆を率いて石山本願寺攻めを担当していたが、戦線は膠着状態となり信長は業を煮やしていた。天正八年、信長は内裏に働きかけて勅使を派遣し、講和して大坂ノ城の明け渡しとなった。ちょうどその時に、柴田勝家は加賀を平定し、明智光秀は丹波を攻略し、羽柴秀吉は播州三木の城を落とし播磨を平定し、池田恒興父子は花隈城を落とした。それに引きかえ佐久間信盛は徒に時を浪費して、堺の商人たちと豪遊していると、信長は信盛に十九ヶ条の折檻状を突き付けた。信盛父子は高野山に蟄居したが、高野山からも追い出され、天正十年、熊野の山奥で亡くなった。享年五十五歳であった。塩川伯耆守長満は信長から東郷能勢氏の攻略命じられていたが、未だ果たせず焦りを感じていた。

塩川長満は能勢頼道を城に招き闇討ちにする

天正八年（一五八〇）九月十七日、能勢頼道（頼言）は塩川伯𠢀長満の招きに応じて、獅子山の塩川の城へ向かった。能勢次郎兵衛、同藤十郎、同源太、同勘左衛門、喜多田玄蕃、同弥七郎、西山近江守、谷新将監、杉田、平田、木戸、山田、西、矢根井、大塩、林、戸沢、伊沢、藤代、田代、今代、仁木、石川、新藤らが供奉していた。野間で野間豊後守資持が加わり、大槌峠を越えると国崎次郎左衛門の子息弥次郎が加わった。

一行が一蔵まで来ると、村の女たちが川に下りて、青苧を水にさらしていた。能勢の一行を見て、「嗚呼、いたわしや、今日のうちに命を失くすとも知らず、お可哀そうに……」と語り合っていた。野間豊後守は頼道（頼言）に「村娘たちは我々のことを話しているようです。これはまさしく多田の御先祖の御霊のお告げと存ずる、ここはひとまず引き返しましょう」と言うと、頼道（頼言）はしばらく思案して、「尾張から参ったという新参者の長満にたとえ野心があろうとも、このような村娘達に本心を洩すであろうか、また是より引き返したところで長満はそのままでは捨て置かぬであろう。我々は合戦の身支度もなく、伏兵のために追い詰められて見苦しき死致さねばならぬ。どうせ殺されるのであれば塩川の城を枕に御先祖多田源氏の諸霊に恥じぬよう潔く斬り死にしようではないか」と言った。

程なく塩川の城に着くと長満が自ら玄関まで出向て能勢頼道、野間豊後守、能勢次郎兵衛、西山近江守の四人を御殿に案内し、お供の者たちは別の郭へ通された。御殿では山海の珍味を取り揃え、長満の奥方と子息までが出迎えて供応し、猿楽や舞歌いなど宴たけなわとなり、野間豊後守は塩川吉十郎（勘十郎）とやら申す甥と碁を始めた。碁も半ばになり、座敷の猿楽の者たちと長満の郎党共が現れいきなり刀を抜いて斬りかかってきた。吉十郎は碁盤をつかんで豊後守に投げかかり、太刀を抜かんとする処を豊後守は碁盤を取って吉十郎の眉間に打ち付けた。西山近江守は頼道を守ろうと必死であったが、屛風に幾重にも取り囲まれて外に出るべき道も無く、敵を三人斬り捨て四人目の敵と斬り合って死んだ。頼道と次郎兵衛、豊後守は散々に敵を斬り捨て御殿から庭に出て、豊後守は高塀に飛び上がったところを塀裏から槍で刺殺された。頼道は最早これまでと自害した。次郎兵衛も腹十文字に掻き切った。お供の人々はかかる事とは知らず、平田彦六が何やら心騒ぎがして城内の様子を見るために外に出ると血の付いた槍を持って通る者と出会い、彦六は皆に知らせようと足早に戻り皆に告げ終わらぬ間に、塩川の者共が客屋の廻りにおびただしい柴車を引連ねて火をつけた。客屋は猛火に包まれて、飛出す者は矢を射掛けられ、能勢の者共は敵を一人も討取れず焼け死んでしまった（能勢物語を一部改編）。井上氏所有の『塩川氏系図』には「能勢一族が山下城に襲来し、塩川勘十郎頼重が能勢十郎兵衛と野間左近を討取った」とある。

大槌峠の合戦と能勢丸山城落城

塩川伯耆守長満は直に能勢東郷へと討ち入った。能勢丸山城では、国崎方面から、頼道らが殺され塩川勢が攻めてくると追々に告げ来り、城中は慌てふためき、能勢頼元が進み出て、「長満を討つ良い機会だ、迎え撃ち斬り死にしようではないか」と言うと、能勢頼重は、「今は助十郎様を守るのが先決である。勝は先に譲るべし」と言い、能勢助十郎頼次も頼重の考えに同意した。織田信長は能勢十郎頼道を招いたが頼道は終に出仕せず、信長は塩川伯耆守長満に能勢頼道を討つように命じた。塩川長満は能勢頼道を笹部ノ城（獅子山城）に招いて暗殺し、翌九月十八日、能勢の家人国崎治郎左衛門の屋形を攻め取り、能勢に乱入した。塩川勢は国崎から国木原まで攻め寄せ、初陣の能勢頼次は大槌峠まで出陣して塩川勢を切崩すと、塩川勢は笹部ノ城へ引き上げた。

能勢東郷丸山城城山

妙見山為楽山大空寺城山

地黄陣屋址

能勢東郷　大槌峠　国崎　吉川　一蔵　塩川城

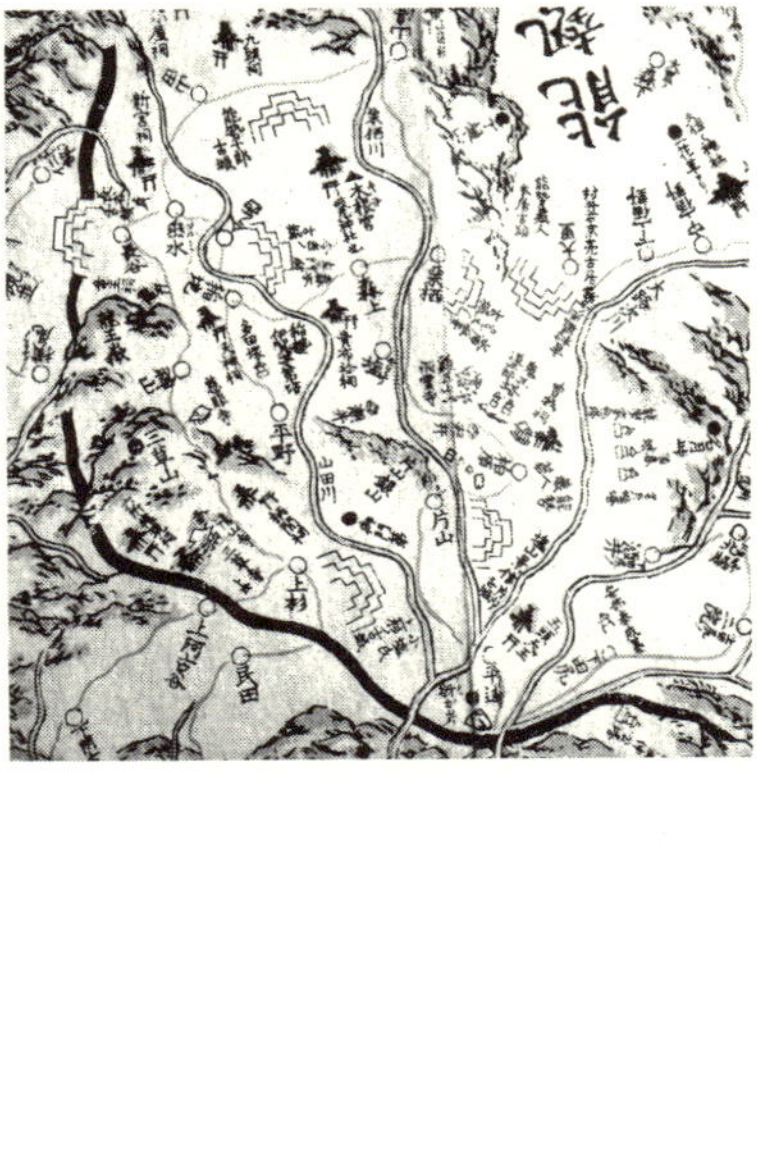
能勢西郷

九月十九日、丹州芦山より飛脚が来て、明智日向守の家来河原長右衛門という者が軍勢を率いて能勢を通るという。能勢家の者たちは清水越えにて落ち延び、馬ケ背峠から城下をうかがった。河原衆は能勢の城を始めとし、奥の坊、福庵、源光寺、布留宮、明寝宮等悉く放火して吉川に陣をとった。翌九年の春、再び丹波の芦山の間者から知らせがあり、丹波の小野木縫殿助が能勢に攻め入るので用心されよと告げ来る。頼次は方々へ下知を下し給う間もなく、敵の先手は吉野へ出て關という所に勢揃いして横川の屋舗を攻めんとする。横川正次の母親は家僕孫太兵衛と百姓らで撃退する。やがて地黄から加勢が駆けつけると、敵はこれを見て關明神原田坂へ悉く退いた。敵方大将は小野木縫殿助とも、御薗縫殿助とも言われている。
（能勢物語）

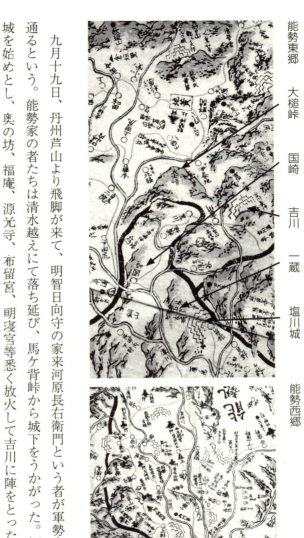

京にて馬揃え

■天正九年（一五八一）二月廿八日、信長は畿内隣国の大名・小名・御家人を召し寄せて、禁中御叡覧の元に各地の名馬を飾り立て、七百人の武将が飾り立てた馬に跨り各人華麗な出で立ちで馬揃えを行い、廿万人の見物客が集まったという。巡察師ヴァリニャーノが豊後から堺、高槻、京へと訪れ、信長を訪問して金の装飾を施した濃紅色のビロードの椅子を献上した。信長はヴァリニャーノ・司祭・修道士たちにも高い桟敷席で馬揃えを見物するように命じた。信長はそのビロードの椅子を四人の男に肩の高さまで持ち上げさせて行列の前を歩かせ、途中でその椅子に座ってみせた。塩川吉大夫、同勘十郎、塩川運想軒も参加した。三月五日にも禁中御所望につき再び馬揃えが行われた。三月、佐々内蔵助成政、神保越中守長住は越中の小井手ノ城に人数を入れ京の馬揃えのために上洛していたところ、長尾喜平次（上杉景勝）が小井手ノ城を取巻いたために、信長は越前衆、柴田・前田・不破らに出陣を命じた。廿四日、上杉勢は陣を引き払った。三月廿五日、遠江国高天神城に籠城していた武田方は遂に兵糧が尽き打って出て徳川家康は大勝した。

信長は馬揃えが終わると安土に帰った。巡察師ヴァリニャーノも信長を追って安土に向かった。信長は巡察師ヴァリニャーノ一行を手厚く持て成し、巡察師らは一ヶ月近く滞在して信長に別れの挨拶をすると、信長はそれを許し「どこへなりと望むところへ出かけ、欲するところに説教師を派遣するように」と言い、安土の町を描かせた見事な屏風を見せ気に入れば土産として持ち帰るようにと言った。また安土の修道院建設のための寄進も申し出で、さらに十日間巡察師の出発を引き延ばして、日本のお盆の夜の御焚火や大勢の若者に松明を持たせて道の両側に立たせ、無数の提灯で六千人余の城下町を照らし巡察師らに旅の土産として見せ世界に自らの力を誇示した。八月朔日、信長は安土にて馬揃えを行った。

八月十三日、因幡国鳥取表に芸州毛利・吉川・小早川勢が後巻の風聞あり、信長は、丹後の長岡兵部、丹波の惟任日向守、摂津の池田恒興、高山右近、中川清秀、安部仁右衛門、塩川吉大夫頼運らに出陣の準備を命じた。信長は能登国七尾城に菅屋玖右衛門を派遣して、遊佐美作、同舎弟、伊丹孫三郎の三家老を生害させると、温井備前守と弟の三宅備後守らは逐電し、能登の城々を破却した。そして、能登四郡を前田利家に与えた。

天正伊賀ノ乱

天正九年九月十一日、信長軍は三万騎で伊賀国へ四方から攻め入った。阿加郡へは神戸信雄勢、山田郡へは織田信兼、名張郡へは惟住五郎左衛門、筒井順慶、蒲生、京極、若州衆、阿拝郡へは滝川左近、堀、永田、阿閉、不破、山岡、池田孫次郎、多羅尾、青木ら甲賀衆らが攻め込んだ。伊賀惣国一揆衆（伊賀忍者集団）を討取り城々を破却するよう申し付けた。信長軍は一揆の者ども（僧侶・百姓・女子供）を数多斬り捨てその数を知らず。信長は十月九日に飯道山（滋賀県甲賀市）に登り一泊し、伊賀一之宮の国見山に登り設えられた御座所御殿にて休息し、十二日に奥郡の小波多（三重県名張市）まで行き、諸士を労い、伊賀四郡の内、三郡（阿拝郡・伊賀郡・名張郡）を信雄に、一郡（山田郡）を織田信兼に与え、十三日に安土に帰城した。伊賀の頭目たちは国外に逃げていたが、信長が本能寺で亡くなると伊賀に舞戻った。

天正九年十月、鳥取城に籠城していた吉川勢は兵糧が尽きて、吉川式部少輔経家ら大将の首を差し出し降参した。城兵らに食べ物を与えたが過半が頓死した。十一月、羽柴秀吉と池田勝九郎元助は淡路国を攻め、安宅河内は降参して淡路一国を平均した。

多田庄では、天正九年（一五八一）正月十六日、塩川孫大夫宗頼の十三回忌を善源寺にて修せられ「雲光院春嶽宗永大居士」と号し、善福寺の住持栄雲和尚が贈師となった。三月十五日、宗慶（塩川宗英）の三十三回忌が善源寺にて修せられた。四月、羽柴秀吉の姫路城が完成した。この時、吉川左京亮は普請方であったが材木の下敷きになり亡くなった。左京亮の四歳になる子息は姫路にて成長した。吉川左京亮は運想軒の義父吉川左京大夫頼長の一子であり、吉川氏は信長の内意を受け入れなかったために塩川伯耆守長満は天正元年十一月に吉河城を攻め滅ぼした。その時、吉川左京亮は運想軒を頼り、中村一氏を通じて羽柴秀吉の与力となっていた。

能勢頼次婚姻、為楽山大空寺城に入城

天正九年春、能勢頼次は丹波国船井郡吉富新庄四方の領主で船枝ノ城主井上治部少輔氏幸の娘を娶った。内室は五男三女を儲け、永澄院殿と号した。摂津・丹波・播磨・但馬まで信長に平均され、東郷能勢氏だけが反信長として孤立していた。同九年秋、能勢頼次らは能勢兵大夫光経の進言で為楽山大空寺の旧城跡に身を潜めた。

武田勝頼滅亡

■天正十年（一五八二）正月、信長は昨年佐久間信盛を勘当し信盛は奥熊野で病死したが、信長は哀れに思い嫡男甚九郎正勝を赦免して帰参を許した。また、備前国の宇喜多和泉守直家が病死し、跡職を秀家に

与えた。同月、大友宗麟、大村純忠、有馬晴信らは少年使節をローマに派遣した。

二月朔日、美濃国苗木城主苗木（遠山）久兵衛が調略により武田方の木曾義昌を寝返らせた。武田勝頼は新府城（山梨県韮崎市）から一万五千余騎を率いて諏訪の上原に陣を据えた。

二月三日、信長勢は伊那口から、信忠勢は岩村口から攻め込み、金森五郎八には飛騨口から、徳川家康には駿河口から信濃に攻め込むように命じ、摂津衆、池田元助・同古新、中川清秀、多田塩川衆にも出陣を命じた。二月十四日に信忠は滝川・河尻・毛利・水野らを率いて岩村に着陣し、松尾城主小笠原掃部大輔が信長方に味方し、苗木・木曾勢も加わった。信忠は飯田に陣を進め大嶋城（下伊那郡）の武田逍遥軒、日向玄徳斎、安中越後らは城抜けした。駿河口の家康軍は二月十八日に浜松城を進発し、穴山玄蕃を案内役に甲斐国文殊堂の麓市川口へ乱入した。

武田方は多くの裏切り者が続出し、武田勝頼父子と武田典厩は諏訪上原の陣を引き払い新府城に立籠もったが、その勢僅かに二千騎余りであった。中将信忠は高遠城を落とし、三月三日、上諏訪表に入り諏訪大社を焼き払った。深志城（松本城）の馬場美濃守も退散した。信忠が新府城を攻めると、三月三日、武田勝頼は人質諸共に新府城に火を懸け小諸を目指して落ちていった。その数は上臈衆二百余人、警護の侍は五～六百人であった。真田安房守昌幸は吾が上州の岩櫃城へと進言したが、勝頼は小山田信茂を頼み落ちて行った。しかし、小山田は寝返って勝頼一行を城に入れず、警護の侍衆も逃げ去り、勝頼一行は天目山（山梨県甲州市）を死に場所と決め日川渓谷を遡り田野の山里に辿り着いた。勝頼一行は渓谷を登って行ったが上と下から恩賞目当ての追手が迫り、勝頼父子は自害し、侍四十一人、女子供五十人らは同日巳の刻、勝頼に相伴して自害した。武田勝頼は享年三十七歳、夫人（北条氏政妹）は十九歳、嫡男信勝は十六歳であった。信忠は甲斐に入り武田の残党を討取った。武田典厩信豊はわずか廿騎にて佐久郡小諸の下曽根が立籠もっていた城に入ったが、下曽根は裏切り武田典厩信豊主従を討取りその首を信長に進上した。武田勝頼、嫡男太郎信勝、武田典厩、仁科五郎の首は京で獄門にかけられた。

『フロイス日本史』に、天正十年三月八日夜十時、東方から空が明るくなり安土城の天守の上で恐ろしいばかりに赤く染まり、朝方までそれが続いた。信長はこの恐るべき兆候をなんら意に介さず出陣した。三五月十四日夜、彗星が長い尾をひき現れ、その数日後、正午に彗星か火の玉が安土に落下したという。三月十八日、信長は信澄、菅屋、矢部、堀、長谷川、福富、氏家、竹中、原、武藤、蒲生、長岡、池田、蜂屋、阿閉、不破、高山、中川、惟任、惟住、筒井らを率いて高遠から、三月十九日に上諏訪の法花寺に陣した。廿日、木曾義昌（義政）が出仕し本領安堵され更に信濃二郡を与えられた。晩に穴山梅雪と松尾掃部大夫が御礼に参上し所領安堵された。

廿一日、北条氏政より御馬・御酒・白鳥色々進上あり。廿三日、信長は滝川左近に信濃二郡と上野国を、河尻与兵衛に甲斐国を、家康に駿河国を与えた。廿六日、北条氏政より御馬の飼料米千俵進上あり。廿九日、織田の諸勢は帰陣した。信長は信忠を諏訪に置き、甲斐から駿河、遠江を回って富士見物をして返ろうと大ケ原に陣した。北条氏政から雉五百余進上あり。甲斐の信玄の旧館を普請して逗留し、富士見物をし、草津温泉に入湯した。

甲斐の恵林寺に佐々木次郎（六角承禎の子息）を匿っているとわかり、織田九郎次郎、長谷川与次、関十郎、赤座らに命じて、寺中老若残らず山門に押し込め焼き殺した。国師快川長老は結跏趺坐にて入滅されたが、稚児若衆らは大焦熱と焔に咽び躍り上がり目も当てられぬ有様であったという。信長は四月廿一日に安土に帰城した。北条氏政より名馬十三疋、鶴取りの鷹三足進上あり。三月十七日、羽柴秀吉に養子に出されていた信長の四男秀勝は備前児島にて初陣の報が信長の元にもたらされた。

本能寺の変

天正十年五月十一日、信長は三七信孝に四国阿波攻めを命じ、三七信孝と織田信澄は大坂住吉に着陣した。信長は駿河と遠江を家康に与え、その御礼として家康は穴山梅雪を伴い安土に参上した。惟任日向守は家康一行の振舞役を命じられた。その最中に、中国備中の羽柴秀吉は高松城を水攻めし、毛利、吉川、小早川勢と対峙しているとの知らせがあり、信長は毛利を滅ぼすべく五万の大軍を派遣するつもりであったが、先ずは惟任日向守光秀、細川忠興、池田恒興、塩川吉大夫頼運、高山右近、中川清秀らを先陣として出陣の命を下した。五月十七日、惟任日向守光秀は坂本に戻り出陣の支度をした。

五月廿日、信長は光秀に代わり惟住、堀、長谷川、菅屋に家康の接待を命じた。宴は滞りなく済み、翌日、家康は上洛した。長谷川を案内役に織田信澄と惟住五郎左衛門（丹羽長秀）は家康一行の大坂での振舞役を命じられた。五月廿六日、惟任日向守は中国出陣のため坂本を発ち丹波亀山に着陣し、廿七日、愛宕山麓の清和天皇陵に参拝した後、愛宕神社に参詣して、二～三度くじを引き、西坊行祐、里村紹巴らと連歌会を興行した。五月廿九日、信長は小姓衆二～三十人召連れ上洛し本能寺に入り、中将信忠も妙覚寺に入った。

六月朔日（水曜日）の夜、丹波亀山城にて、惟任日向守は逆臣を企て、明智秀満、明智治右衛門、藤田伝五、斉藤利三、溝尾庄兵衛らに謀反を打明け、二日の未明に諸卒を率いて本能寺を取り巻き四方から乱入した。信長はときの声と鉄砲の音に「これは謀反か、如何なる者の企てぞ」と問えば、森蘭丸が「明智の軍勢と見え申し候」と答えると、信長は「是非に及ばず」と弓を取り応戦し、弓弦が切れると鑓を取りしばらく戦ったが、肘に疵を受けると引退いたという。御側の御女中衆に急ぎ罷り出でよと追い出され御殿に火が懸けられた。信長は黒人の御小姓を呼び「其方は今から妙覚寺へ参り信忠を落とせ」と命じた。御殿は火の海となり、信長は殿中奥深く入り、しばし中空を見上げて「儂は自ら死神を招いたようだ。吾が首を決っして光秀に渡すな」と言い残して自害して果てたという。

村井定勝と菅屋玖右衛門は信忠の宿所である妙覚寺に駆けつけ、「明智の謀反によりすでに本能寺は焼け落ちて候」と述べ、妙覚寺は安全ではなかったので近くの誠仁《さねひと》親王の二条御所（二条殿御池城）に立籠もった。二条御所の親王様と若宮様は侍女たちと共に徒歩にて禁中内裏に避難された。しかし、次第に皆討たれて火がかけられて信忠も自害し、鎌田新介は介錯して信忠の死骸を隠した。

信長の遺骸は見当たらず、騒ぎを聞いて駆けつけた阿弥陀寺の清玉上人らによって密かに荼毘に付されて遺骨は持ち去られたという。また、ある説に、原志摩守が信長と原の父兄の首を持ち出し、富士宮の西山本門寺の本堂奥の柊の根元に安置したと言われている。事変後、清玉上人は本能寺と二条御所で亡くなった織田家中百余名の遺体を光秀に乞い貰い受け阿弥陀寺に葬った。清玉上人は尾張で生まれ、母が産後に亡くなり、織田家中で育てられ、織田家の援助で阿弥陀寺を開山したという。蓮臺山捴見院阿弥陀寺は上京区寺町にある織田家縁りの寺で信長・信忠らの墓がある。毎年六月二日に法要が営まれている。阿弥陀寺山門の立札に次のように書かれている。「当寺は天文年間（一五三二～一五五四）、清玉上人の開創になり、当初は西ノ京蓮台野芝薬師西町（現在の今出川大宮東）に八町四方の境内と塔頭十一ケ寺を構えていた。また当時、正親町天皇は清玉上人に深く帰依し、東大寺大仏殿の勧進職を命じるとともに、当寺を勅願所とされた。清玉上人は織田家と深い親交があり、天正十年（一五八二）六月二日の本能寺変の折、本能寺等にかけつけ、織田信長、信忠父子及び家臣百有余名の遺骸を当寺に埋葬したといわれる。本堂には織田信長、信忠父子の木像等が安置され、墓地には信長、信忠や本能寺の変討死衆の墓がある。天正十五年（一五八七）、蓮台野からこの地に移され現在に至っている」

安土城ではその日の内に明智の謀反により信長と信忠自害の報がもたらされ、美濃・尾張の人々は着の身着のまま本国さして逃れ、安土城の留守居であった蒲生氏郷は上臈衆を逃がして退いた。光秀は土曜日に安土に到着し二日余り滞在し、安土城の金銀財宝・高価な茶の湯の道具を略奪し、惜し気もなく朝廷や五山の寺院・知人や兵士たちに分配した。日本でも著名な信長愛用の高価な四十二の茶道具は本能寺で灰と化したという。

能勢氏は光秀勢に加わり本能寺へ討ち入る

本能寺の変の前、明智光秀は並河掃部を通じて能勢氏に帰参するようにと申し越してきた。能勢頼次は能勢大隅守の嫡子兵大夫頼良（能勢光経とも）にその対応を命じた。兵大夫は軍勢督促に応じ武者十六騎と雑兵数十人を率いて並河幕下に加わった。明智軍の唐櫃越えの勢に加わり京へと向かうと「敵は本能寺にあり」という。能勢兵大夫は明智光秀謀反と知り、頼道公の仇を討つのはこの時とばかりに本能寺に押し寄せ、兵大夫が信長を狙って放った鉄砲玉は信長の胸板を貫き、信長は亭内に倒れ込んだという。（能勢物語）

塩川孫太郎信氏の孫である真鍋弥九郎詮光は本能寺の変にて討死する

去る享禄四年(一五三一)、摂津一蔵城主塩川伯耆守孫太郎信氏は細川高国滅亡後、嫡男三郎兵衛信光(信行)と共に多田を出奔し、三州岡崎の松平清康(家康の祖父)に仕えた。天文四年(一五三五)松平清康に従って出陣し、尾州森山ノ陣から三州へ帰る途中、伊田にて三郎兵衛信行は討死した。その時、嫡男の弥九郎詮光は五歳であり、泉大津の母の実家真鍋家にて育った。塩川孫太郎信氏は弘治元年(一五五五)二月廿二日に逝去したことは前述した。その後、真鍋弥九郎詮光は祖父塩川伯耆守信氏と父信行の勲功により徳川家康に召出され浜松城にて家康に勤仕した。天正十年、徳川家康は武田討伐の軍功で信長から駿府城を与えられ、五月中旬、真鍋弥九郎は安土城での戦勝祝いの際に家康に供奉した。安土での祝賀が済み家康は泉州堺へ向かい、廿九日、信長と信忠は上洛し、家康一行は泉州堺での遊興を終え再び京に向かっていた。その節、弥九郎は家康から京の信長に使いに出され、六月朔日夕刻に妙覚寺近くに宿をとった。翌二日の黎明に本能寺の変が起こり、真鍋弥九郎詮光は織田方に加勢して討死したという。

真鍋弥九郎詮光の子息真鍋詮則は西三河にて流浪した。詮則の子息真鍋詮吉は三河から美濃に移り住んだ。詮吉の子息真鍋詮清は美濃から伊勢山田に移り住み、星野家の養子となり星野姓を名のり、後に江戸に出て明暦三年春の大火にあい再び伊勢山田に帰ったが、再び江戸に住み、寛文十年七月十四日、八十歳で亡くなり浅草九品寺に葬られた。星野詮清の子息星野清貞は武州忍に住み、後に西田姓を称し、猿楽師として甲府宰相徳川綱重に召出だされ江戸に移り、甲府藩邸桜田御殿において小十人組格を仰せつかった。延宝六年(一六七八)、甲府宰相綱重は兄の四代将軍徳川家綱に先立って死去し、綱重の子息綱豊(十七歳)が甲府藩主となった。延宝八年(一六八〇)四代将軍徳川家綱が逝去すると綱重の弟綱吉が五代将軍となった。真鍋清貞の子息詮房は寛文六年（一六六六）五月、武州忍で生まれ猿楽師であったが、貞享元年（一六八四）十九歳の時、甲府宰相徳川綱豊（家宣）に召出だされ、桜田御殿において御小姓として二百五十俵の俸禄を得た。宝永六年（一七〇九）五代将軍徳川綱吉が逝去すると、綱豊が家宣と改名して六代将軍となった。詮房は家宣の命により姓を真鍋から間部に替え間部詮房と名のり、六代将軍徳川家宣・七代将軍徳川家継に仕え、御側御用人・江戸幕府老中格となり、徳川吉宗が将軍になると御側御用人を罷免された。その間、上野高崎藩主から越後村上藩主となった。弟詮言を嗣子とし、間部詮言は越後村上藩二代藩主となり、後に越前鯖江藩に移封された。

【間部氏略系図】

塩川伯耆守信氏―信光

真鍋貞行―貞詮┬貞成
　　　　　　　└娘

信光＝娘―真鍋弥九郎詮光―詮則―詮吉

詮吉の子
- 星野詮清―西田清貞―間部詮房
- 吉次兵衛（大坂陣討死）
- 吉太兵衛（大坂陣討死）
- 又四郎（阿波）―真鍋屋又左衛門
- 塩川甚七郎朝保（東ノ塩川氏）

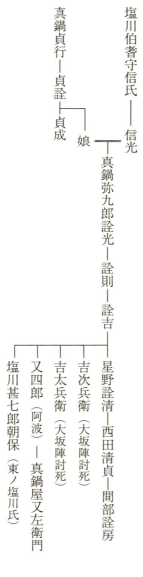

第八話　豊臣秀吉と摂州塩川氏

備中高松城攻め

備後三原城主小早川隆景は秀吉軍をくい止めるために、備中の足守川沿いの宮路山城、冠山城、高松城、賀茂城、日幡城、庭瀬城、松島城に六千余の兵を配置し、高松城の清水宗治を大将とした。六千余の兵で秀吉軍二万五千余と宇喜多勢一万余の兵を撃退できるわけがなく、小早川隆景は講和のために時間稼ぎを行っていた。

羽柴秀吉と宇喜多勢は備中に着陣し、三月十六日に宮路山城を、廿日に冠山城を攻め、四月十六日、日幡城を攻め落とし、高松城の攻略に取り掛かった。四月廿日、毛利輝元は高松城から五里離れた毛利元清の居城猿掛城に着陣した。五月になって大雨が降り、川が増水すると秀吉は高松城の水攻めを行った。五月十七日、信長は秀吉の援軍要請に応じて惟任日向守光秀に中国出陣を命じた。五月廿一日になって漸く吉川元春は庚申山に、小早川隆景は日差山に着陣し毛利軍四万余が集結し、秀吉軍三万五千余と足守川を挟んで対峙した。この頃すでに安国寺恵瓊による和議が幾度となく進んでいた。

六月四日に秀吉は信長の死を知り明智光秀討伐を決意し、講和の条件として清水宗治を切腹させて中国大返しが始まった。清水宗治の自害により秀吉の勝利と見せかけ、毛利・吉川・小早川勢が秀吉を追捕しなかったのは安国寺恵瓊の講和の周旋の結果である。毛利輝元を支えるべき吉川元春と小早川隆景の足並みが乱れ、毛利は村上水軍の離反や九州の大友氏に対する備えに兵力を割かねばならず、毛利の使僧安国寺恵瓊は羽柴秀吉と宇喜多勢に勝利してもさらに五万の織田の大軍が攻めて来れば寝返る者が続出して甲斐の武田の二の舞になると毛利に講和を進めていた。

清水宗治は浄土宗に帰依する律儀な人物で、宗治の切腹は秀吉軍優位を見せつけるための恵瓊の計らいであった。客将清水宗治は犬死のようではあるが、かつて三村氏・石川氏に仕える備中賀陽郡八田部の国人に過ぎなかった清水宗治は備中兵乱の時に毛利氏に奔り、この時、小早川隆景に客将として抜擢されたのである。清水宗治の嫡男景治は小早川隆景に質に取られていたが、後に秀吉の召出しを断わり、毛利家に重臣として仕え、清水家は明治まで続いた。安国寺恵瓊が秀吉に大名として取り立てられ、毛利輝元と小早川隆景が秀吉の五大老に選ばれたのはこの時の講和が密約だったことを匂わせている。しかしこの後、吉川家の不満が煤ぶり吉川広家の関ヶ原合戦の離反に結び付くのである。

山崎ノ合戦

秀吉は五日に高松ノ陣を開陣して、宇喜多氏の沼城（亀山城）に着き、六日に沼を発ち、七日に姫路城へ帰城した。作戦会議を開き、方々の武将に書面を認め根回しをした。その間、徒歩の兵士たちが続々と到着し、九日に軍勢を立直して姫路を出陣した。十一日に尼崎に着陣して、大坂の三七信孝と丹羽長秀に参陣を求めた。

池田恒興、高山右近、中川清秀、塩川信濃守吉大夫頼運ら摂津衆は行軍途中で本能寺の事件を知り急ぎ各自の城に引き返し、信長の弔い合戦を決意していた。塩川勢は池田恒興幕下に属していた。秀吉軍が到着する前に中川勢は山の手を進軍し、池田恒興勢は淀川沿いを進軍した。高槻城の高山勢一千余人はすでに山崎の村に入り明智勢と戦い二百の首を討取っていたという。河内衆も明智攻めに加わったが、三箇マンショ頼連、池田丹後守シメアン教正は明智方となった。四国攻めのために大坂に集結していた三七信孝、丹羽長秀、織田信澄らの軍勢一万五千余人は本能寺ノ変を知ると雑兵たちの多くが逃げ去って数千騎となっていた。五日、三七信孝と丹羽長秀は明智光秀の娘婿である織田信澄を自害させて、十二日に摂津富田の秀吉軍に合流した。

十三日、秀吉は宝積寺に本陣を置き、三七信孝を総大将に、丹羽長秀、堀秀政、加藤光泰、黒田孝高、羽柴秀長、神子田正治、摂津衆・河内衆ら三万人余の秀吉軍が大山崎に陣取った。一方、明智光秀は縁者である細川藤孝・忠興父子、筒井順慶に加勢を断られていた。京極高次は光秀に加勢して秀吉の長浜城を攻め、高次の妹婿である武田元明は丹羽長秀の佐和山城を攻めた。明智光秀は京での市街戦を避けるために長岡京の御坊塚（恵解山古墳）に本陣を置いた。明智の本隊は斉藤利三、阿閉貞征、伊勢貞興、松田政近、並河掃部、御牧兼顕ら総勢一万～一万六千人余で兵数において劣勢であり、戦いは秀吉方の一方的な攻撃により、守勢に回った明智方は負けて、光秀は勝龍寺城に入り、坂本城に逃げる途中残党狩りに討たれたとされている。娘婿の明智弥平次秀満は十三日に安土で負け戦を知り、十四日、坂本城に入り、堀秀政に攻められ、光秀の妻と自分の妻（荒木村次の前室）を刺し殺し、城に火を放って自害した。六月廿四日、出陣の機会を逃した信雄は三七信孝に先を越され、秀吉に書状を送り、明智の残党狩りをするべきかを相談し、信雄は安土にて光秀軍の残党狩りを行い、信雄の家臣が放った火が安土城に飛び火して城と城下が全焼してしまった。

安土の教会のオルガンティーノらは琵琶湖の島に避難し、船頭に化けた盗賊らに騙されて持っていた銀を盗られそうになったが、安土に残っていたヴィンセンテ修道士の気転で助け出され、信者の伝手で坂本の明智の小姓の家に匿われた。小姓はユスト右近を味方にする役目を帯びており、オルガンティーノはユスト右近宛ての明智の手紙を託されて高槻に赴くことになり一同は幸いにも安土から脱出でき、戦いが終わった後に京の教会に戻ることができた。

大阪城天守閣所蔵の「山崎合戦図屏風」に「塩川伯耆守国満」の名がある。塩川伯耆守太郎左衛門国満は天正四年に逝去しているので、これが塩川伯耆守吉大夫国満であれば七十三歳位であり三年後の天正十三年に亡くなるので、この屏風にある「塩川伯耆守国満」は「塩川伯耆守長満」と記すべきところ、あえて国満と記されたものと思われる。塩川勢は塩川信濃守吉大夫頼運を大将として池田恒興幕下にて山崎ノ合戦に参戦したが、後に塩川伯耆守長満の名は豊臣秀吉の怒りによって諸記録から抹消されてしまうのである。

「本能寺ノ変」の考察

『石谷家文書』と『元親記』によれば、長宗我部元親の内室は斉藤利三の兄石谷兵部少輔頼辰（石谷氏の婿嗣子となる）の義妹であり、信長は四国の長宗我部氏を攻めるために三七信孝、丹羽長秀、織田信澄、三好康長ら一万五千余の軍勢を大坂に集結させていた。斉藤利三は長宗我部元親を救うために光秀に謀反を決意させたと言われている。冷静な光秀は躊躇していたが愛宕山に登り遂に鬼の化身となって「時は今」と信長殺害を決意した。信長（四十九歳）の「天下布武」による大量殺戮に終止符を打つためである。「本能寺の変」が光秀の天下を狙ったクーデターであれば、光秀軍本隊一万数千人は信長・信忠父子を誅したその足で長宗我部と娘婿の織田信澄と連携して大坂の三七信孝の軍勢を攻めると共に、堺から京に向かっていた家康（四十歳）を暗殺し（同行していた穴山梅雪は別行動を取り、落ち武者狩りに殺害された）、足利義昭の権威を利用して毛利・長宗我部らと秀吉軍を挟撃するという一連の戦略を立てるべきであろう。しかし、五十七歳（五十五歳とも）の光秀がこの年になって天下を狙うとは考え難く、第六天魔王信長を誅すことを大義とした光秀の衝動的な行動であったと考えられる。

「本能寺の変」を切支丹の立場から考えると、日本にキリスト教がもたらされた時に悪魔サタン・ルシフェルも日本にやって来た。織田信長が尾張・美濃・近江・畿内を平定する。武田信玄が死に徳川家康が命拾いする。信長が寺社を破却し、叡山を焼き討ちにし、伊勢長島・越前加賀の一向一揆を根絶やしにするという前代未聞の殺戮が行われる。上杉謙信が亡くなる。信長があっけなく光秀に殺され秀吉が天下を取る。豊臣家が滅亡し、徳川家康が天下を取り切支丹が弾圧されるという一連の出来事はサタン・ルシフェルの描いた筋書きであると言える。サタン・ルシフェルの力はこれまで日本に巣食っていた鬼や魑魅魍魎が到底太刀打ちできないくらい強力である。特に名誉欲・金銭欲・色欲の強い人物ほどいとも簡単にサタンの餌食となる。洋の東西を問わず悪魔は国の政権を掌握する人物や特に社会に影響力の強い人物に憑りつき、その思考を狂わせ、言葉巧みに人々を惑わせ地獄へと誘う。正義の名の元に人々を統治し、世はサタンによって導かれるという構図は今も変わっていない。日本でも明治になってキリスト教が解禁になると、サタンが軍部に入り、アジアの人々をも巻き込んで多くの人々を地獄に引きずり込んだ。ヨーロッパでも同様であり、核兵器が開発されて東西冷戦が始まり、聖母マリアが人類に警告を発したが人々は聞き入れず、現在も世界各地で戦闘が繰り返されている。一方では平和運動により戦争は回避されても政治・経済戦略による形を変えた闘争が行われ、地球は汚染され、富が独占され、貧富の差が広がり格差社会となり、宗教も最早人類を救えない。この地球が神によって滅ぼされる時、ノアの時のように、神に選ばれた人にのみ救いの道が開かれている。「神は静寂の中で私たちの心に話しかけられます。神に選ばれた者はその声に目覚めます。言葉では説明できません。しかし、悟るのです」と聖テレサは述べている。

三法師と徳寿院

天正十年六月廿七日、清洲城で柴田勝家、丹羽長秀、池田恒興、羽柴秀吉らが集まり織田家の後継者問題が話し合われた。滝川一益は未だ上州の厩橋城に居り、北条氏が本能寺の変を知り上州に攻め入ったため会議に間に合わなかった。信長が本能寺で亡くなると、徳川家康と上杉景勝が信濃国と甲斐国に攻め入り、北条氏政は上野国に攻め入った。世に言う「天正壬午ノ乱」である。信濃の国人領主真田氏は家名存続のため真田昌幸は上杉方となり、弟の真田信尹は徳川方となった。

清洲会議では織田信忠の嫡男三法師（三歳）が織田家を継ぐのが正当であると確認されたが、三法師には近江国坂田郡に三万石と安土城しか与えられなかった。幼いために堀秀政が代官に任じられた。秀吉は播磨国に加え丹波国と山城国を加増、柴田勝家には長浜が割譲され、お市ノ方を娶った。丹羽長秀には坂本が与えられた。信忠の遺領である美濃国と岐阜城は三七信孝に与えられ、信孝は三法師を岐阜城に呼び寄せ介抱したが、信孝は秀吉の横暴に怒り十二月に挙兵すると滝川一益と柴田勝家も挙兵した。

秀吉は柴田勝豊の長浜城を攻め取り大垣城に入り、岐阜城の三七信孝と伊勢長島城の滝川一益を攻めた。天正十一年二月、柴田勝家は三万の兵で越前北ノ庄城（福井市）から出陣し、三月九日に玄蕃尾城（余呉町柳ケ瀬）に着陣すると、秀吉は三月十二日に五万の兵で木之本に着陣して柴田軍と一ヶ月に及び対峙した。

四月、秀吉本隊が美濃方面に転戦すると柴田方の佐久間盛政は賤ヶ岳（滋賀県余呉町）の中川勢・高山勢・黒田勢・桑山勢を攻撃し、中川清秀は討死、高山勢は木之本の羽柴秀長の陣所まで撤退した。秀吉は美濃から取って返し柴田軍と激戦となり、前田利家が秀吉方に寝返り秀吉の馬廻り衆らが佐久間・柴田の本陣を突き崩し（賤ヶ岳七本鑓の功名）、敗走する柴田勝家を越前北ノ庄城へ追い詰め、四月廿四日（廿一日とも）、柴田勝家はお市ノ方と北ノ庄城で自害した。岐阜城の三七信孝は秀吉方についた神戸信雄らに攻められ四月廿九日（五月二日とも）知多郡野間の安養院で自害した。滝川一益も伊勢長島城に籠城していたが降伏した。三法師は安土城へ戻されて前田玄以が守役となり、秀吉は三法師の母（塩川伯耆守長満の長女）を質にとった。三法師の母は廿一歳位と考えられ、質とはいうが秀吉の妾にされたのである。

賤ヶ岳の合戦にて佐久間盛政の猛攻により岩崎山砦の高山勢は支えきれず撤退し、大岩山砦の中川の雑兵たちも高山勢と共に落ち行く者もある中、中川清秀は踏み留まりついに討死した。四月廿日のことである。去る天正七年、荒木村重謀反の時、高山右近は村重を説得して信長に出仕しようと茨木まで来たところ、中川清秀の反対で村重は謀反を決意した。にも拘わらず中川清秀は妹婿古田佐助らの調略を受けるとあっさりと信長方に寝返り多額の褒美をもらい所領安堵された。そのことが心の重みになっていた清秀はこの戦いで武士の意地を貫き討死したのである。中川淵之助、熊田孫七、熊田兵部、熊田三太夫、森本道徳、山岸監物、杉村久助、森権之進、鳥飼四郎太夫、太田平八、菅杢太夫、山川小七右衛門、その他台所人、小人、中間ら凡そ数百人が清秀に随って戦死した。

有岡落城後、摂津国は信長により池田恒興、中川清秀、高山右近、塩川伯耆守長満らに与えられていたが、秀吉が摂津国を我がものとするために、池田恒興には大垣城が、池田元助には岐阜城が与えられ、中川秀政（清秀嫡男）は茨木から播州三木に所替となり、播州にて三郡、摂州にて武庫郡、菟原郡、矢田部郡が与えられ、高山右近は高槻から明石に転封を命じられた。塩川伯耆守長満は信長の命により多田塩川城（獅子山城）にあって多田銀山を支配していたが、多田銀山は信長・信忠の遺領であると主張して譲らなかったので秀吉は塩川伯耆守長満に対して大いに憤り、多田銀山を手に入れるための理由を画策していた。

天正十二年、池田元助が長久手の戦いで討死すると岐阜城は弟の池田輝政に与えられ、輝政が三河に移封されると、天正十九年に小吉秀勝（秀次弟）が丹波亀山城から移封された。天正十六年、三法師は九歳で元服し織田三郎秀信と名のった。文禄元年に小吉秀勝が病死すると、信忠の遺領である岐阜城十三万石がようやく三法師（織田秀信）に与えられた。このとき秀信は十三歳であった。翌文禄二年に従三位権中納言に任じられ、徳寿院にも化粧料として美濃国厚見郡東島（岐阜市）に五百石が与えられた。文禄四年（一五九五）頃に秀信は受洗し、異母弟オキチ秀則（霊名パウロ）は翌年受洗した。三法師秀信は岐阜城下に天主堂を建て多くの家臣たちが切支丹になったという。信長の家臣団は三法師に恭順の意を示したわけではなく、秀吉が天下を取ると三法師コト織田秀信は秀吉の臣下とされた。これでは三法師が織田家の家名を相続しただけで、清洲会議が秀吉による一方的な論功行賞であったことが明白である。これに対し三法師の外祖父である塩川伯耆守長満は秀吉に対して異議を唱え、秀吉の逆鱗に触れたのである。

『荒木略記』に「塩川伯耆守。是は満仲の子孫と申傳へ候。それ故伊丹兵庫頭妹の腹に娘二人御座候。壱人は信長公嫡子城之助殿（信忠）の御前。壱人は池田三左衛門殿之兄池田庄九郎殿（池田元助）室にて御座候。後に城之助殿の御前は一條殿北之政所。庄九郎後家は一條殿之政所に成被申候。」（群書類従）とある。この『荒木略記』の「伊丹兵庫頭妹の腹に……」の部分は明らかに間違いであり、塩川伯耆守国満と同長満を混同している。織田信忠の内室徳寿院寿々姫（三法師の母）の位牌「徳寿院殿繁林恵昌大姉、寛永十年（一六三三）十一月廿三日、岐阜黄門平秀信御母堂也」が滋賀県大津市比叡辻の寺にある。享年七十三歳位と考えられる。同寺は延暦九年（七九〇）最澄開基、恵心僧都源信（美女丸の師）再興の寺で、元亀元年九月、浅井朝倉勢に討たれた森三左衛門可成（蘭丸の父）の墓もあるという。徳寿院は尾張国中島郡国府宮村にある「尾張大国霊社」の神主家である塩川源六郎秀光コト塩川伯耆守長満の長女である。

天正十二年三月から始まった「小牧長久手の合戦」にて四月九日、池田恒興・元助父子は討死し、池田元助の側室（塩川伯耆守長満の娘）は一條内基の政所となった。秀吉の人質（妾）となっていた徳寿院（姉）も一條内基の北政所となり、慶長十年（一六〇五）五月廿七日、織田秀信が関ヶ原合戦で敗れ、高野山の麓で逝去（病死あるいは自害）すると徳寿院は出家したものと思われる。時に秀信は廿六歳、徳寿院は四十六歳位であった。一條内基は慶長十六年（一六一一）に薨去した。

塩川伯耆守太郎左衛門尉国満の正室は近江源氏六角高頼の兄種村伊予守高成の養女種子（細川澄元の娘）であり、種子ノ方は天文十八年に出家したことは前述した。種村伊予守高成の嫡男が種村伊予守高盛であり、その子息種村伊予守高安の代に本家六角氏と不和になり種村家は没落した。永禄六年、高安の長男種村大蔵大夫道成は建部采女正と共に箕作城主六角義弼（義治）の厳命で観音寺城の筆頭老臣後藤但馬守と嫡子壱岐守を謀殺して疾走し、次男の種村二郎隆忠は母方の姓である大橋を名のり、大橋隆忠の嫡子種村隆重は織田信長に小姓として仕えたことは前述した。種村伊豆守高盛の次男定秀は和田家を起こし、和田左馬頭定秀と称し、その孫娘が三法師の内室となった。比叡辻の寺の史料『来迎寺要書』によると、同寺は大永七年（一五二七）六角高頼の五男真玄（高信）によって中興されたとあり同寺は六角氏と縁が深い。

尾張大国霊社（国府宮村）

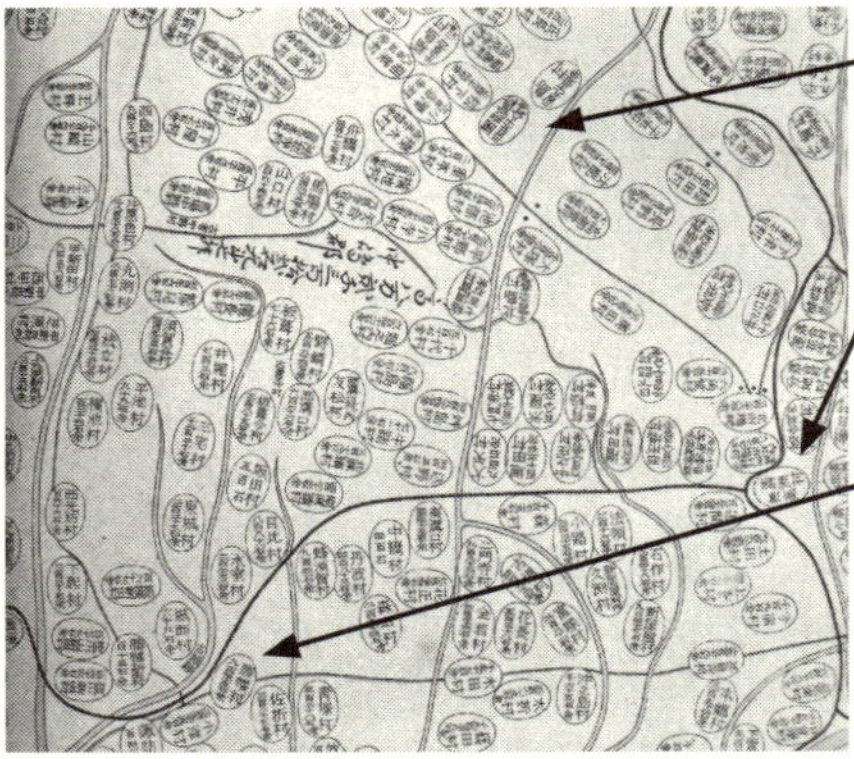
国府宮
清洲城
勝幡村

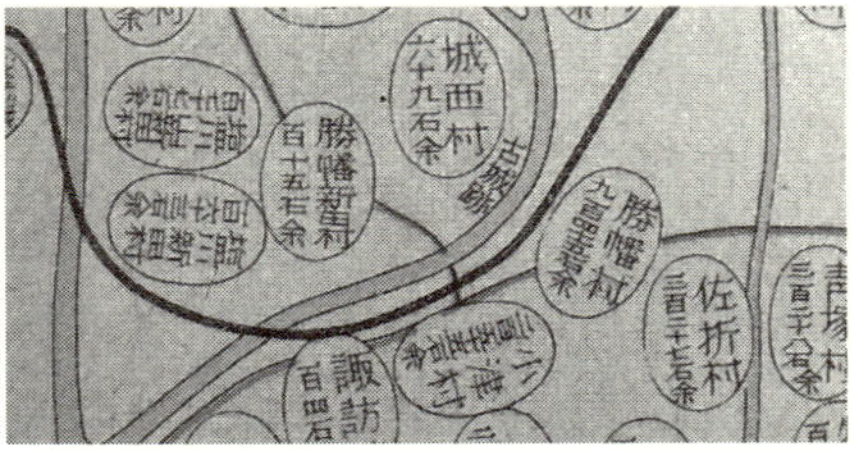
塩川新田村

【尾張国神職諸家系図】尾張大国霊社神主家

- 久田弥四郎秀定（稲島城主　仕武衛）
  - 野々部秀守（長門守）
    - 塩川成海（長門守　国府宮神主　仕信長）
      - **塩川源六秀光**
        - **塩川吉大夫**（頼運）
        - **塩川勘十郎**（頼重）
        - 徳寿院（信忠室）
        - 池田庄九郎室
      - 野々部秀政

【徳寿院関係系図】筆者作成

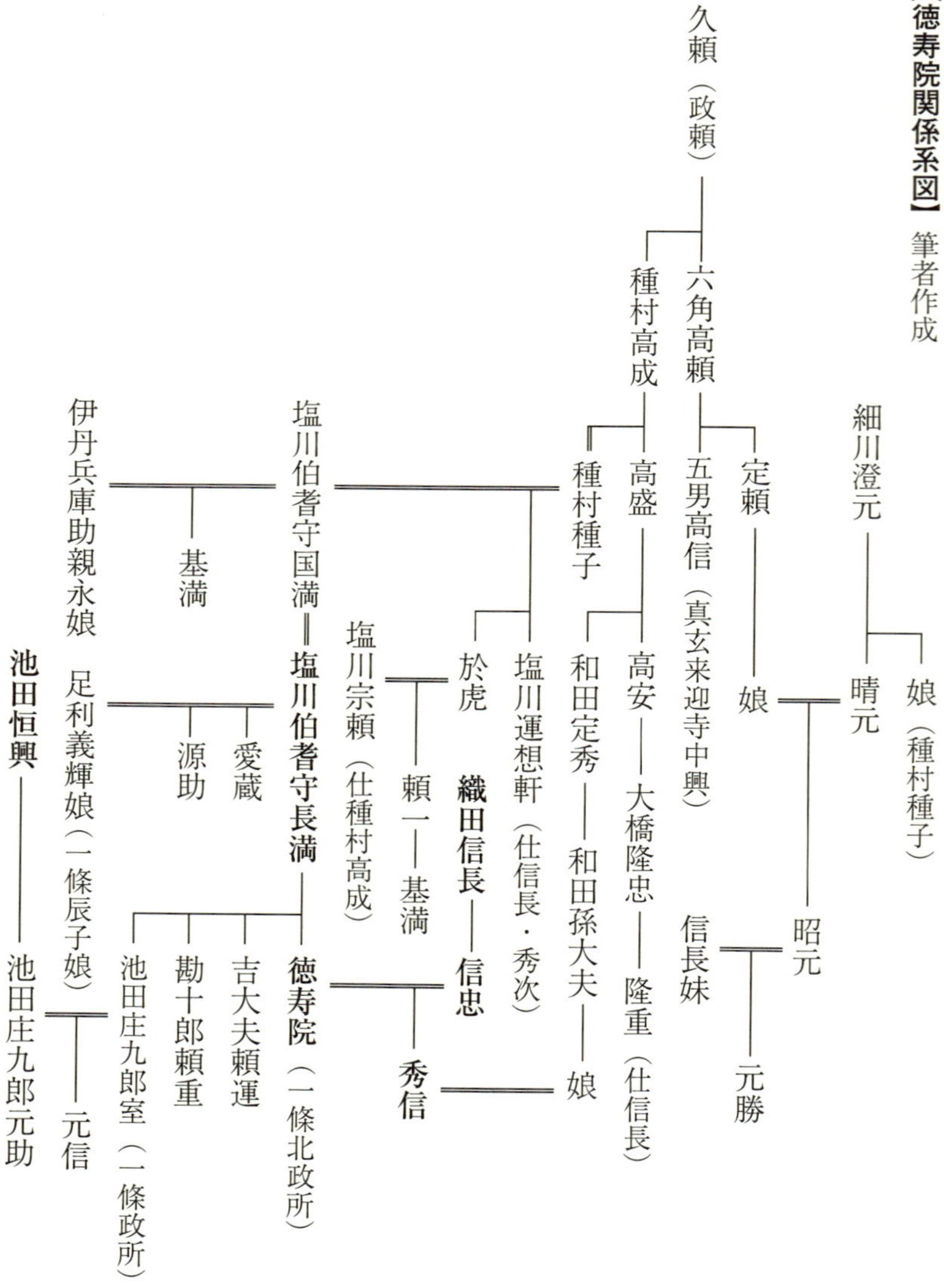

春日大社南郷（垂水西牧）目代社家今西家

『高代寺日記』に「永禄十一年（一五六七）十一月十日、今西左京亮春持《ときもち》弓許状山田彦大夫（山田彦右衛門重友）ニ与之」とある。『今西家系図』によれば、今西家三十三代今西将監春持は天文五年（一五三六）十一月七日に歿しているので年代が合わない。しかし、今西家は現代に至るまで古武術の指南をしており、年代的には三十五代今西宮内少輔春憲（天正十二年二月廿日卒）であれば時代が合う。同系図によれば、三十五代今西春憲の子息三十六代今西宮内少輔春房《ときふさ》（不詳～一五九六）の内室美津は明智日向守光秀（不詳～一五八二）の娘で、今西家は山崎の合戦で光秀に味方したために秀吉に所領を没収されている。今西春房の娘の項に「初嫁多田四家山問左近将監、山問氏没落之後携女子二人帰于南郷而後中川修理大夫秀成（一五七〇～一六一二）養、再嫁森忠政（一五七〇～一六三四）」とある。『高代寺日記』によれば山問左近衛門頼勝（不詳～一五四八）の嫡男山問辰ノ助（一五三二～不詳）がここに記されている「山問左近将監」だとすると時代が合わないので、山問源六辰ノ助の嫡男と考えられる。山問の次男家は天正十四年に多田塩川城（獅子山城）落城の時に没落した。

河原長右衛門能勢を蹂躙する、能勢頼次は能勢を出奔する

天正十年六月、丹波桑田郡神吉村の河原長右衛門宣勝は秀吉の命で摂州から丹州へ通りすがりに、能勢郷で乱暴狼藉を働き東郷能勢氏はこの時滅亡した。

同年六月廿七日付けで高山右近は山崎合戦の戦功により能勢郡に三千石と江劦佐久間分の内一千石を加増された。丹羽長秀・羽柴秀吉・池田恒興・柴田勝家が署名している。右近は余野山城守国綱を攻め滅ぼし、余野の切支丹を保護し、東郷能勢の領地にキリスト教を布教したが、東郷能勢では受け入れられなかった。右近は能勢氏を取り立てるべきかと秀吉に聞かれた時、「能勢は主人へ弓引く者也、御無用」と述べ、沙汰止みとなった。主人とは領主高山右近を指している。その後、天正十三年に高山右近は明石六万石に転封となる。

この頃、能勢助十郎頼次は三宅助十郎と変名し、能勢兵庫頭頼重の子息兵大夫頼良は大南、能勢肥前守頼高の子息長助頼実は河崎、能勢壱岐守頼包の嫡男宇右衛門頼種は早崎と変名して頼次に随身して能勢を出奔し、丹波桑田郡西別院庄犬甘野村の長沢某という郷士を頼んで居住し、また、同庄の内牧村の長沢与三の妻は、能勢伊織頼元の娘で早崎宇右衛門の縁者であったので与三の家に移り、その後、諸国を巡覧し、大和郡山の城主羽柴大納言秀長に仕えたという。能勢領内に忍び止る人々は、旬村・中村・横川・野間・田尻・大町・西山・石原・山田・喜多代・木戸・奥・大戸・加舎・高岡・森本・長谷・西村等の面々であった。

多田院と新田村の境目論争

天正十年八月、摂津多田庄内多田院と新田村の境目論争があった。『高代寺日記』と『多田院文書』に同様な記述がみられる。「新田村の住人が多田院領で草刈りや副物を取っているという。双方の代表が山下城（獅子山城）に登城して年寄り塩川又右衛門尉仲一、代官三屋嘉兵衛尉、塩川半右衛門尉、塩川十兵衛尉、河村甚介らが双方の言い分を聞き、九月朔日に三屋、牧、依藤らが見聞して、多田院領であることが確認された」とある。（多田院文書）

『高代寺日記』には、「年寄り衆の塩川又右衛門と中村又三郎に見聞させた。九月朔日、代官塩川左衛門、同名十兵衛尉、三屋嘉兵衛、河村甚五らにより二度裁許があり、二度目は多田院より数輩が立ち会い、牧愛助と佳藤嘉助の両人に見聞させ、遂に院の利分となり一件落着した」とあり人名に若干の違いがある。塩川伯耆守太郎左衛門尉国満の子息は運想軒と右兵衛尉基満の他に、塩川弾正忠仲貞と塩川又右衛門尉仲一がいる。塩川十兵衛尉は多田庄に残留した塩川山城守満定の縁者、塩川左衛門は塩川又九郎師仲の縁者と思われる。

運想軒は三好秀次（豊臣秀次）に仕える

■天正十一年（一五八三）、信長が逝去すると、運想軒は仕える主人を無くしてしまった。織田信包から見舞いの飛脚がきた。二月、豊臣秀長の家臣となっていた神保五郎右衛門春茂（元紀州畠山氏守護代）も訪ねてきた。運想軒は中旬に中村孫平次一氏を訪ね三好孫七（豊臣秀次）に仕える旨を相談した。豊臣秀次は幼少時に河内高屋城主三好山城守康長（咲岩）に預けられていた。塩川信濃守吉大夫頼運も呼んで伝えた。三月朔日に出仕することになった。多羅尾常陸介（甲賀衆）と遊佐平八郎が取り持ったという。多羅尾氏は若江三人衆の一人で、運想軒とは母方の従弟にあたる。この時、運想軒は大坂竹屋町に屋敷を構えていた。三月十七日、賤ヶ岳の戦いで柴田勝家が豊臣秀吉に敗軍し、三法師の後見人となっていた三七信孝と柴田勝家とお市ノ方は秀吉によって滅ぼされた。七月、運想軒に女子が生まれた。母は金田佐々右衛門の娘である。安村三郎四郎仲貞は天正四年五月に難波合戦で討死したので十一月、仲貞の次男安村勘四郎（勘左衛門）仲則に故勘四郎与市の死跡を分けて仲貞の家は二流となった。勘四郎仲則の兄辰は後に三郎左衛門仲宗と言う。後に勘四郎勘左衛門安則は安村惣領家安村勘十郎仲安（仲勝）の嗣子となった。

この頃、池田知正は池田恒興幕下にて山崎ノ合戦に参陣し、秀吉から摂州豊嶋郡に二千七百石を与えられ、小牧長久手の合戦、九州島津攻めに参陣し、後に徳川家康に仕えた。

荒木村重は堺に移り住み茶人として余生を送り、天正十四年五月四日逝去した。嫡男村次は中川清秀幕下にて賤ヶ岳の合戦に参陣し負傷し歩行困難になり、村次の長男村光は福岡の黒田家に仕官した。

八月、オルガンティーノとロレンソは高山右近の周旋で大坂を訪れ秀吉に拝謁した。大坂に切支丹の聖堂を建てるためである。小西ジョウチンと安威了佐も同席して歓談の後、秀吉は城の近くの小高い土地を寄進した。

小牧長久手の合戦

■天正十二年（一五八四）三月から十一月まで、徳川家康・織田信雄軍と羽柴秀吉軍が小牧・長久手で対峙した。世に言う「小牧長久手の合戦」である。

信長の次男伊勢長島城主織田信雄は秀吉に通じていた津川・岡田・浅井の三家老を殺害すると徳川家康と与した。秀吉は大垣城主池田恒興に命じ信雄方の犬山城を占拠すると徳川家康は小牧山城に本陣を置いて対峙した。秀吉は大坂城から出陣し楽田に本陣を置き、秀吉勢は羽柴秀次、池田恒興、同元助、同輝政、森長可、堀秀政ら三万人に対して、家康勢は松平家忠、酒井忠次、井伊直政、榊原康政、大須賀康高、水野忠重ら一万五千人と織田信雄三千人である。戦線は膠着状態が続き、四月になって秀吉方が小牧山を迂回して家康の岡崎城を攻めて後方攪乱し、小牧山の家康勢を大手と搦め手から攻めることになった。これは信長が長篠ノ合戦で武田勝頼に用いた作戦であるが家康には通用しなかった。

羽柴秀次、池田恒興父子、森長可、堀秀政ら一万五千人が夜陰に乗じて出陣した。これを察知した家康は先陣丹羽氏次、榊原康政、大須賀康高、水野忠重ら四千五百人を出陣させ、第二陣松平家忠、酒井忠次、井伊直政ら家康本隊が出陣して羽柴秀次、池田恒興らを急襲して、池田恒興、同元助、森長可が討死した。戦線は再び膠着状態が続いたが、十一月十二日、秀吉は桑名の矢田川原にて信雄に会い、信雄は家康に無断で秀吉と和睦して恭順の意を示すと、家康は開陣し浜松城に帰城した。後日、家康は秀吉と講和して於義丸（結城秀康）を人質（養子）として差し出した。十一月廿一日、秀吉は従三位権大納言に任じらた。同月、一條内基は関白兼左大臣を辞した。

討死した池田元助は塩川伯耆守長満の娘婿でもある。天正十年に織田信忠が歿して塩川伯刕長満の娘姉妹らは共に夫を失い、姉妹は塩川伯刕長満の正室の母方の実家である一條家で介抱されて妹は一條内基の政所となり、姉は一條内基の北政所となったことは前述した。一蔵城代塩川山城守満定（伯耆守政年）の孫である塩川志摩守満一は池田恒興に仕えていたが、これより大番頭一千石で羽柴秀次に召し抱えられ、若江八人衆の一人となった。

根来攻め

■天正十三年（一五八五）二月、塩川運想軒は塩川吉大夫頼運に内書を送り塩川伯刕長満に根来攻めの合力を請うた。三月、豊臣秀吉は十万余人を率いて泉州根来に発向した。根来衆と雑賀衆は信長に攻められ恭順の意を示していたが、信長が本能寺で歿すると、根来雑賀衆は再び反抗の兆しが見えたので秀吉が再び大軍で攻めたのである。根来衆は敗れ、雑賀衆の太田左近宗正は太田城に籠城したが、雑賀も敗れ名目上の紀伊の守護畠山政尚は滅亡した。後に畠山政尚の子息畠山貞政は徳川家に仕えた。秀吉と不和になっていた塩川伯耆守長満も塩川運想軒に説得されこの合戦に出陣した。

根来方の大将は、千国堀に根来的一坊が立籠もり、積善寺には根来太一坊が立籠もった。佐和ノ城には的場源四郎が立籠もり、佐野ノ城には佐野孫市郎、和田には太田三郎兵衛、近木には波多十郎大夫、橋本には津田藤右衛門、畑中には玉置宗亮、岸には新亮、阿曽には太田源次郎、信達には宮本新藏人、山中には塚本甚大夫・山中吉右衛門、高津には根来武一坊らが立籠もった。一方、秀吉方の先陣は佐藤隠岐守、佐藤右馬之助父子、宮本内藏之亮、藤井雄藏、川越六郎、石井勘亮、藤田幸右衛門、田宮内記、野口彦兵衛、田中久兵衛、同久太郎、山形三郎、高井四郎、遊佐新六郎、中村孫平次一氏、佐野吉太郎、和田左右ヱ門、同保二郎、同勝四郎、同伊亮、貴志五郎ら其勢三千五百余騎、二備は筒井隼人に従う勇士島左近、松倉右近、飯田三郎、井上大八・同五郎、宇田切左京、小泉四郎、森縫殿、筒井十郎、土井十郎ら其勢五千余騎、三備は堀久太郎、同十郎、渡追民部ら其勢一万余騎、長谷川藤五郎、高山右近、中川藤兵衛一万余騎、桑山修理之亮五千余騎、長岡兵部、青木勘兵衛、杉原七郎二千余人、蜂谷出羽守、塩川伯耆守長満三千余騎、堀尾帯刀三千余騎、朝野弾正、生駒善亮五千余騎、増田仁右衛門、大谷慶松二千余騎、豊臣秀次一万余騎、豊臣秀長勢一万余騎、浮田秀家其勢一万五千騎、本陣豊臣秀吉二万余騎、都合十万余騎にて、三月十日泉州に出陣した。(根来寺焼討太田責細記)

同年九月十五日、羽柴秀次は五十石を多田院に寄進した。秀次の家老田中バルトロメヨ久兵衛吉政の判形あり、これは織田信澄により多田院が破却されたためである。塩川運想軒内意の故である。

十一月廿九日、近畿・四国・東海・北陸の広範囲で天正巨大地震があった。『高代寺日記』にも「同廿九日、大震」とある。天正十三年十二月十日、秀吉に養子に出されていた信長の四男丹波亀山城主於次秀勝が卒した。享年十八歳であった。秀吉は秀次の弟小吉を秀勝と命名して丹波亀山城主とした。

天正十三年十二月廿七日、六瀬の塩川伯耆守吉大夫国満が逝去した。享年八十一歳位と推定される。嫡男塩川吉大夫昌次が家督相続した。

摂州笹部ノ城（獅子山ノ城）落城、城主塩川伯耆守長満切腹

■天正十四年（一五八六）三月十六日、イエズス会副管区長コエリョは高山右近と小西行長の執成しにより大坂城の秀吉を訪れ関白就任のお祝いを述べた。秀吉は完成した大坂の天主堂を訪れ見物した。同月、故多田元継の古室（国満娘・運想軒妹）は出家することになり、中院町において娘を運想軒の養女とした。後に多田の娘は塩川中務丞頼一（辰千代）の妻となる。同月、塩川伯耆守長満は病に罹り、玄沢の門弟野間玄壽が薬を処方した。

信長は尾張大国霊社の祠主の子息塩川源六郎秀光を摂津塩川家に入れ、塩川伯耆守太郎左衛門国満の嗣子と為し、塩川伯耆守長満と名のらせ多田の銀山を手に入れた。塩川伯耆守長満は支配する智明山間歩群を信長の嫡男奇妙丸（信忠）の名を冠して「奇妙山親鉉」と名づけた。塩川伯刕長満が言うには、多田の銀山は信長・信忠の遺領であり、秀吉らが清洲会議で織田家の後継者を三法師と決めたのであるから、多田の銀山も三法師のものであると主張した。秀吉は長満の主張を聞き激怒した。多田の銀山の利権を譲らない長満に対して、譲らなければ攻め取るまでと言い放ったが、攻める口実が必要であった。それは塩川

伯耆長満が能勢頼道を暗殺し能勢領を侵したという理由であった。

秀吉軍は天正十四年十月五日未明、片桐東市正且元を大将に池田輝政、堀尾吉晴らが豊臣秀吉の命を受けて多田へ攻め込んだ。池田輝政は三百余騎を率いて西多田峠を越え、広根の銀山へ向かい、堀尾吉晴と片桐の家臣小林と島は五百余騎を率いて東多田横山峠を越え平野に陣取った。片桐且元は家老杉原と西ら七百余騎を率いて長尾街道を吉川へ馳せ向かった。山下の塩川獅子山城では早朝でまだ寝ている者もいたが、未明の薄明りの中、方々の山々から火の手が上がり、軍勢の攻め寄せる知らせが処々からもたらされた。吉大夫と勘十郎は各所に物見を派遣した。吉川方面に派遣していた小坂という者が片桐且元に会い、秀吉の討手である旨を聞き急ぎ返ってきた。間もなく片桐の軍勢が山下獅子山城を取り巻くと、塩川伯耆長満は開城して片桐に一族と家臣の助命嘆願した後、善源寺で自害した。

幼馴染の信長は四十九歳で本能寺にて歿し、菅屋玖右衛門も信忠と共に二条御所で討死し、池田恒興も四十九歳で小牧長久手の合戦で討死していた。塩川伯耆長満もこのとき四十九歳であり、幼馴染が皆死に絶えてここらが死に時と決めていたようである。

片桐は長満の首を大坂城に持ち帰ったが、秀吉は見ようともしなかったので塩川家に返された。法号は「輝山源光大居士」と号し、永月長舜、大昌寺華雲院の宗順、善福寺の琳昌、景福寺の澗瑞、高代寺の无覚、清覚院ら十二人の僧侶により、廿五日まで三七日の法事が修行された。十一月には庄内の貧民に千貫文を分けて配られ、小鳥千匹を高代寺山に放鳥された。亡骸は善源寺に葬られ、正室は次男源助を連れて一條家に戻られた。

塩川家は領地を没収され、是により塩川伯耆守長満の名は秀吉の命によりすべての歴史の史料から抹消されるのである。この時、塩川古伯吉大夫国満は前年（天正十三年）にすでに歿しており、古伯国満の子息塩川吉大夫昌次も連座して知行を没収され、摂津の樋口に移り住み、以後、樋口氏を称した。猶子塩川主膳正国良も知行を没収され丹波に蟄居した。

秀吉は直ちに多田銀山の経営に乗り出し、新たに山師を雇い入れ、主に銀山親鉉（川西市鼓滝から猪名川町仁頂寺まで）を開発した。多田院甲斐村や若宮村にも新たに鉱山労働者の村ができた。若宮地区にはかつて豊臣秀吉が建立した「紫金山西光寺」と言う寺があり、若宮地区の間歩で亡くなった人たちを供養したという。多田銀山地区には秀吉時代の瓢箪間歩や台所間歩（大坂城の台所経費を賄ったという）址が残っている。慶長三年（一五九八）、秀吉の命で四億五千万両の黄金（今の金相場で二十兆円）を多田銀山の坑道に埋蔵したと言われている。

塩川氏滅亡後、多田庄は片桐且元の支配となり、信長に知行を取り上げられた多田院御家人たちは片桐且元を通じて豊臣秀吉に知行回復を願い出たが認められなかった。

「多田銀山」瓢箪間歩入口

岩壁の空気穴

台所間歩入口

久徳寺跡と山中家一族の墓

九州島津攻め

■天正十五年（一五八七）正月小十四日に源光（塩川伯劦長満）の百ヶ日を弔い、午刻に愛蔵は継目の礼を述べるために大坂城に登城した。塩川吉大夫頼運、勘十郎頼重以下これに従った。秀吉には目通りできず、山崎・長束が奏者となり秀吉に伝えられた。愛蔵は前関白一條家の姫の孫でもあり、秀吉は結論を濁していた。三月、運想軒は中村孫平次一氏と共に豊臣秀次幕下にて九州島津攻めに出陣し、七月十四日に大坂へ帰陣した。八月に運想軒は聚楽第の木材勘定方を仰せつかった。

六月、秀吉は長崎においてポルトガル通商代表ドミンゴス・モンテイロとコエリョを引見し、コエリョがイエズス会の後ろ楯としてスペイン艦隊が居ると公言し、スペイン・ポルトガルが長崎の大名たちを懐柔して領土を獲得しようとしていることが分かり、秀吉は筑前に於いて伴天連追放令を発し、日本の諸国に分散していた司祭や修道士たちを悉く平戸に集結させて、シナ（マカオ）に帰るために、船の出帆を待つように副管区長コエリョに命じた。しかし、南蛮貿易は認めた。この年の暮れまでに京の南蛮寺や大坂の天主堂を始め各地の教会が取り壊された。小寺シメアン勘兵衛、小西アゴスチイノ行長ら秀吉の側近には切支丹が大勢おり、全面的な禁教令を出したわけではなく、伴天連たちは姿をくらまし布教を続けた。小西行長、大村バルトロメオ純忠、有馬プロタジオらは公然と宣教師たちを領内に住まわせていた。高山右近は秀吉から強く改宗を迫られたため明石の領地を放棄して小豆島や肥後に潜伏して、天正十六年、加賀の前田家にお預けとなり前田家から客分として一万五千石を扶持された。

塩川本家の家督問題

■天正十六年（一五八八）一月、公方足利義昭は出家して昌山と号し、秀吉と共に宮中に参内して将軍職を辞して准三后に任じられ、山城国槙島に一万石を進ぜられた。

二月、運想軒は羽柴秀長と四十余人の諸士へ使者を派遣して塩川愛蔵と塩川頼一（辰千代）両人どちらに塩川家の家督を継がせるべきかを議せられたが、六月に愛蔵は知恩院に赴き十日になっても帰らず。山梨五郎四郎という小姓に男色し、身内に恥じて出家してしまった。運想軒と一族は皆大いにこれを批難した。十二月に愛蔵は安村仲勝と鹿塩小兵衛に伴われて運想軒に詫びを請うたが受け入れられなかった。塩川家は知行を没収されたが、時節を見て秀吉に取りなす旨、運想軒は諸奉行と約束をかわしていたのである。その時に辰千代の父塩川源兵衛尉宗頼が所持していた名刀「塩河来国光」と「塩河藤四郎」の脇指二振りが辰千代から秀吉に献上され、辰千代コト塩川中務丞頼一は西ノ丸衆に取り立てられた。この名刀二振りは秀吉から徳川家へと伝わり、『享保名物帳』には、「塩河来国光・長八寸四分　代金百枚　本多中務殿御所持、後、本多美濃守所持」、「塩河藤四郎・長八寸　代金三百枚、表裏刀樋添樋有之、徳川将軍家所持、明暦の大火で焼失」とある。

五月、運想軒は大坂玉造黒門口の屋敷から聚楽第へ移った。大坂の屋敷は岡本庄兵衛と松尾四郎を留守居とした。七月に、運想軒の嫡男主殿孫太郎（十一歳）は穴津侍従主（織田信包）に仕えた。これにより頼一（辰千代）も穴津主に度々拝謁した。十一月、安村仲貞の長子辰が廿一歳で元服し、安村三郎左衛門尉仲宗と名を改めた。塩川愛蔵の弟源助（十四歳）は母と共に一條家にて介抱された。

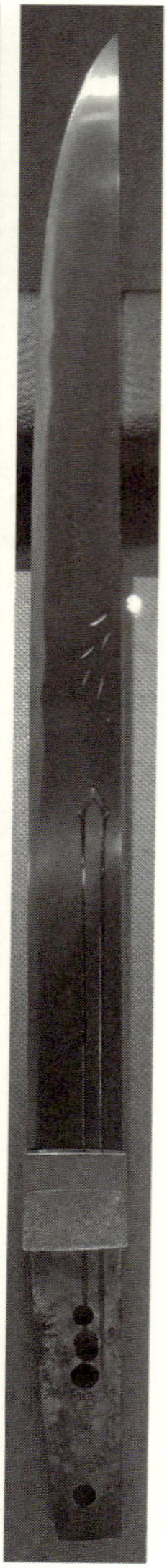

来国光

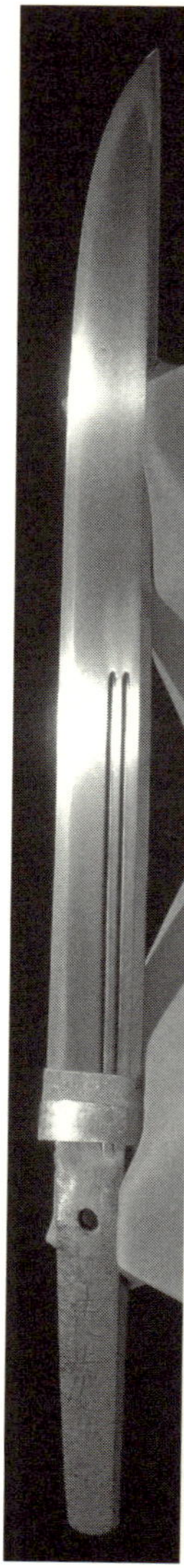

藤四郎

能勢は島津領となる

天正十六年夏、秀吉は島津義久の在京料として能勢郡の内五千石、茅野村千八百石、播州堅嶋庄三千二百石、都合一万石を島津に与えた。この時、能勢家の城付三千石も島津義久の領地となり、慶長五年九月の関ヶ原ノ陣後まで九年間、能勢は島津家の領地となった。

塩川一族は豊臣秀次の家臣となる

■天正十七年（一五八九）二月、塩川中務丞頼一（母は運想軒姉）は運想軒の猶子となり、大坂に下向して運想軒の屋敷に住み大坂城に登城することになった。三月一日に、運想軒に仕えていた安村与市が玉造の屋敷で亡くなった。享年四十二歳、妻子は無く跡目を一族の安村勘四郎に譲った。諸事は運想軒に代わり頼一が行った。五月廿七日、淀殿は若君（お捨鶴松）を生んだ。秀吉は五十三歳であった。十一月に、塩川吉大夫頼運、塩川勘十郎頼重、塩川右兵衛尉基満、吉川半右衛門らは近江主（豊臣秀次）に仕官した。運想軒と中村孫平次一氏の執成しであった。前述したが、豊臣秀次の正室は池田恒興の娘であり、池田恒興と嫡男元助（側室は塩川伯耆守長満娘）は小牧長久手ノ合戦で討死した。塩川家と池田家は豊臣秀次の縁者であり、運想軒の正室は中村孫平次一氏の妹であった。中村孫平次一氏はこの時、豊臣秀次の宿老であり、秀次には近江国蒲生郡・甲賀郡・野洲郡・坂田郡・浅井郡に四十三万石余が与えられ、中村孫平次一氏は近江水口六万を拝領した。豊臣秀次は近江八幡山城を築城し安土の城下から住人を移して商いを盛んにした。それらの人々が近江商人のルーツとなった。

運想軒小田原に出陣

■天正十八年（一五九〇）庚寅、三月十三日、塩川孫大夫宗頼の内室妙閑（運想軒姉・頼一の母於虎）が亡くなった。享年六十一歳であった。運想軒は滝川、岡本、横川、塚元、小寺、井戸ら廿四騎上下三百余人を率いて堀秀政隊に属して、徳川家康、中村一氏、一柳らと共に山中城攻めに向かった。七月末に北条氏政は小田原城開城し切腹した。北条氏直は翌年大坂にて疱瘡を患い病死、享年三十余歳という。中村孫平次一氏は戦功により駿河に十四万石を拝領した。八月に運想軒は帰京、「門中ヨリ賀使日々ニ至来ス」とある。六月、遣欧少年使節が帰国した。十二月十四日、運想軒は吉川定満の十七回忌のため家臣を吉河山高代寺に代参させた。

塩川志摩守満一と小野お通

若江八人衆の一人である塩川志摩守十兵衛尉満一の祖父塩川山城守満定は兄の塩川伯耆守孫太郎信氏出奔後に塩川伯耆守政年と改名して摂州一蔵城の城主となったが、天文十年九月六日、三好孫四郎範長（長慶）、三好政長、波多野備前守らに攻められ、「太平寺合戦」でも三好長慶に敗れ、多田庄を出奔して尾張国に行き、織田信秀・信長に仕えた。そして、永禄三年（一五六〇）の桶狭間ノ合戦や美濃攻めに参戦し、永禄八年十二月十七日に六十六歳位で卒したことは前述した。換算すると満定（政年）は明応八年（一四九九）頃の生まれで塩川太郎左衛門国満よりも一歳年上と推定される。その嗣子塩川十兵衛満勝も信長に仕え、永禄九年（一五六六）三月三日に十九歳で討死した。満勝の子息塩川志摩守満一は父逝去のとき三歳であった。成長して池田恒興に仕え、池田恒興が長久手の合戦で討死すると豊臣秀次に仕え大番頭に取り立てられ、若江八人衆の一人となり、若江八人衆高野越中守の娘を室とし塩川次郎左衛門一茂を儲けた。真田淑子著『小野お通』によると、一茂は前田玄以、有馬玄蕃頭に仕え、大坂ノ陣では藤堂高虎隊の先手渡辺勘兵衛備えにて功あり、その後、蜂須賀阿波守に一千石にて召出され、塩川内蔵允と称したが故あって浪々の身となり、寛文十一年八月に九十歳で卒した。

塩川志摩守満一の次男塩川喜太郎一廣の母は新上東門院、東福門院の侍女小野お通と言い、父の小野正秀は信長に仕え六条合戦で討死し、信長が憐れみその母と共に介抱し九條植通に預けられたという。天正十年、本能寺ノ変の時に九條植通は八十歳、お通は十五歳であった。お通は九條植通に文化人としての教育を受け、渡瀬羽林に嫁し、後に塩川志摩守に嫁して喜太郎とお伏を産んだ。志摩守は慶長元年九月十七日に三十二歳で逝去し、お通は徳川家康に召出され千姫が大坂城へ輿入れの節にはお供したという。能書・学才の聞こえ高く「お通流かな文字」は淀君を始め当時の女流たちが手本とした。長女お伏（二代目お通）は京で暮らしていた時に真田内記に幸せられ男子（真田勘解由）を儲けた。一廣は父志摩守と共に播州網干にいたときに池田輝政に召出だされ、その子孫は備前池田家にあるという。お通は寛永八年に亡くなった。

【塩川志摩守・小野於通・真田氏関係系図】筆者作成

- 真田昌幸
  - 信之（東軍松代城主）
    - 信吉
      - 熊之助（早世）
      - 信利（沼田藩主）
    - 信政（内記）松代藩主 ＝ お伏（国子 二代目お通）
      - 幸道 ＝ 信弘 ― 信安
      - 勘解由信就 ― 信弘
  - 信繁（幸村）西軍
- 小野お通 ＝ 塩川志摩守
  - お伏（国子 二代目お通）
  - 塩川喜太郎
- 塩川志摩守 ＝ 高野越中守娘
  - 塩川次郎左衛門（嫡男・松平阿波守ニ仕フ・内蔵）

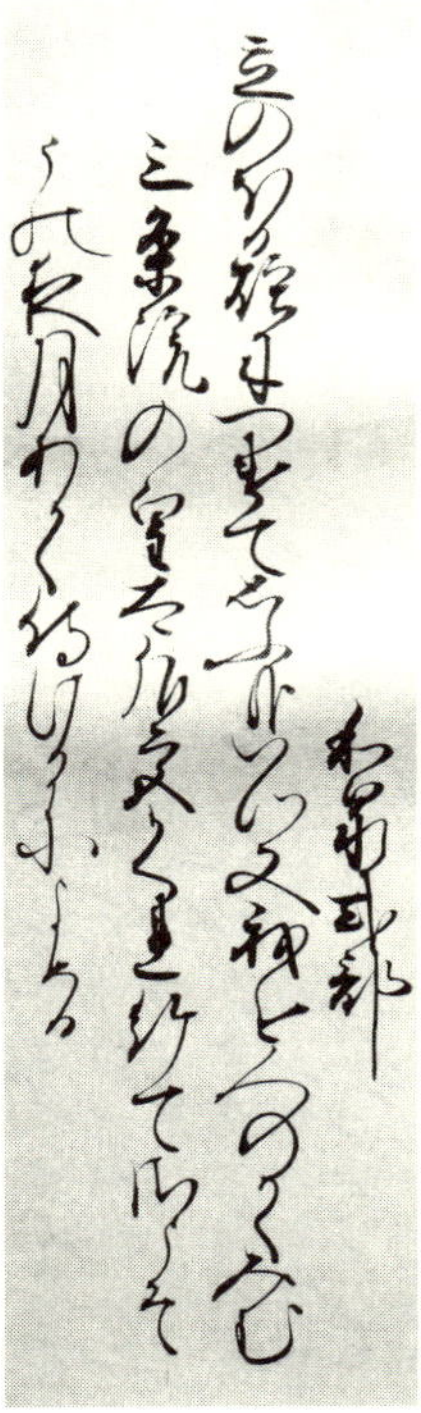

かな文字（イメージ）「後拾遺和歌集」写本

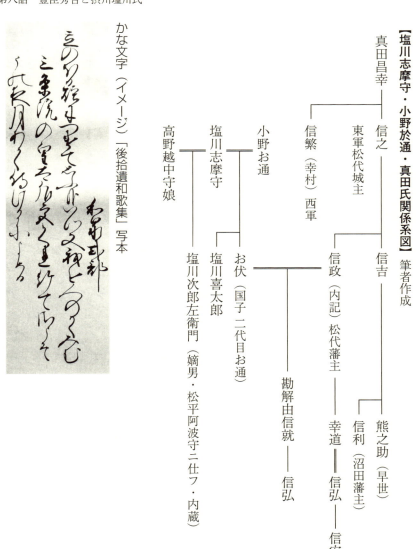

【塩川氏関係系図】（鯖江藩間部家系図より）

塩川一家
元満家

- 伯耆守信氏
  三郎左衛門尉　仕松平清康
  - 信行
    元信光伊田ニテ討死
    - 間部弥九郎詮光
      本能寺ニテ討死
- 山城守満定
  摂州多田城代
  仕義晴・義輝
  永禄三年仕信長公
  桶狭間戦ニ軍功
  永禄八年卒
  - 満勝
    塩川十兵衛
    継父満定
    仕信長公
    永禄九年卒十九歳
    清心院
    - 志摩守満一
      塩川十兵衛
      永禄九年父亡時三歳
      濃州池田信輝ニ仕フ
      後仕秀次　大番頭
      慶長元年卒三十二歳
      - 一茂
        内蔵・次郎左衛門
        大坂陣藤堂和泉守先手
        渡辺勘兵衛備ニテ功有
        松平阿波守ニ仕後浪々
        寛文十一年卒九十歳
      - 喜太郎一廣
- 伯耆守国満
  始吉大夫・高國ニ仕フ
  享禄三年細川晴國下知ニテ
  六瀬城主山間左京亮ヲ討ツ
  高國滅亡後荒木村重ニ仕フ
  天正十三年秀吉ニ領地召放レ
  紀州一揆密以相通
  天正十三年十二月廿七日病死
  - 昌次
    塩川吉大夫
    天正十年信長公ヨリ中国出陣催促有
    父病気為軍兵引卒大坂ニ至是ヨリ
    山崎合戦ニ出陣　天正十三年秀吉公ニ摂州領地
    接収サレ同国小松樋口郷ニ移ル、樋口氏ヲ称ス
    - 樋口吉兵衛昌中
      - 神保章中
        紀州浪人ト称シ
        大坂ニ住ス
  - 昌吉
    慶鹿弥三郎、豊太閤ニ召出サル
  - 女（織田右府妾）

【塩川志摩守関係系図】（鯖江藩間部家系図より）

- 志摩守 塩川満一
  - 次郎左衛門 一茂
    - 女子（秀頼公家士柳村彦左衛門妻）
    - 女子（生駒壹岐守家士山田五郎兵衛頼貞妻）
    - 女子（松平阿波守家士前野三右衛門自永妻）
    - 女子（同家士後藤丹左衛門妻）
    - 次郎左衛門　一言　法号閑清　母黒田長政家士小河原左衛門常重女　丹波笹山ニ生ル　天和元年卒八十六歳
      - 二郎左衛門一利　母松平阿波守家士山田織部女
        - 女子三人
        - 一徳　塩川久兵衛　母森作州家士中島重賢女
        - 一秀　塩川塩之助　母同上　出家ス
        - 一敬　母同上　出家ス
      - 某・塩川宗知　延寶九年卒
      - 一貞　塩川三大夫　土屋但州ニ仕フ　延寶元年卒　宗閑
    - 某　延寶二年卒　浄信
  - 一廣　喜太郎　母新上東門院侍女小野於通子　尾張大納言義直卿ニ仕フ慶長十九年卒　法号浄讃　子孫備前家ニ在リ

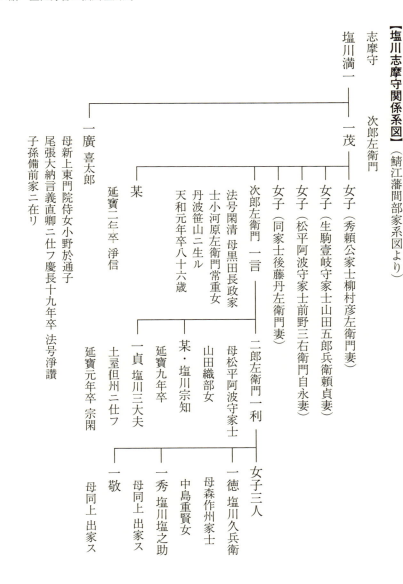

羽柴秀長逝去　能勢頼次は能勢に帰る

■天正十九年（一五九一）正月大、運想軒と頼一と孫太郎の三人は上洛し、摂家、中院家、坊城家、廣橋家などへ参賀し、二月に大坂へ帰り、天王寺や住吉を見物して、河内の金田村に赴いた。安村と石道が従った。五月、安村勘四郎は廿二歳で元服し、勘左衛門尉仲則と名を改め、安村家惣領勘十郎の養子となった。

正月廿二日に大和大納言豊臣秀長が亡くなり、秀長に仕えていた能勢頼次は能勢に帰郷した。能勢の布瑠社は織田七兵衛尉信澄に焼かれたので、同年九月に能勢頼次は能勢布留大明神の社を再興した。島津の代官戸成掃部五郎兵衛と福嶋新兵衛らも共に寄進した。

八月、運想軒は嵯峨中院町の亭に赴いて月見の宴を開いた。九月に運想軒は多田院に参詣し、吉河に赴いた。吉川出羽掾半右衛門、平田五兵衛、上田四郎、野間小三郎、森田弥市、安村勘十郎、沢亘九郎、素井三郎兵衛ら一族が出向いてもてなした。平尾、福田、鵜川の一族も集り十日ほど泊まり、一蔵ノ湯に入湯し翌月に帰坂した。九月、淀君が生んだ鶴松が亡くなり、十二月廿八日、豊臣秀次が関白になった。

■天正廿年（文禄元年）壬辰、正月大壬戌、頼一が運想軒に代わり諸事を務める。二月十日に聚楽第に行幸、運想軒は下司廿四人を連て聚楽第政所殿に出仕して役目に励んだ。三月、「文禄ノ役」始まる。七月十八日、神保五郎右衛門春茂が亡くなり、嫡男神保長三郎相茂が相続した。八月、大政所が亡くなり大徳寺に葬られた。秀吉は肥前名護屋に下向した。

同年秋、オルガンティーノ師とフランシスコペレス師は三名の日本人修道士と共に京に赴いた。京の奉行前田玄以は切支丹に好意的で入京を認め、司祭たちは各地に布教に出かけた。オルガンティーノ師は黒田シメオン官兵衛の取次により関白秀次を訪問した。秀次は伴天連たちに好意を示し食糧と絹衣を与え、太閤秀吉の伴天連追放に遺憾の意を表明した。十二月八日、文禄に改元される。

■文禄二年（一五九三）癸巳、三月中旬、運想軒は肥前名護屋へ出陣した。名護屋に二十日間逗留し、五月上旬にとある草庵に泊まり八十歳位の老尼に会い、戦国の世を無事に生きてきたことを物語ると、老尼の笑いの中に己の価値観の小ささを悟り恥じて帰京し、悉く役目を断り弓箭の道を捨て閑居した。

同年正月、中川秀政は朝鮮にて討死した。享年廿四歳、弟秀成が家督を嗣ぎ、同年「文禄ノ役」が休戦し、秀成は朝鮮から帰国し太閤から国替えを命じられ、翌文禄三年正月、播州三木から豊後竹田七万石に移封された。中川氏の家臣たちは殆どが摂津下郡の豪族たちであり、熊田氏（豊中市）を始め、田近氏（尼崎市西昆陽）、戸伏氏（茨木市）、安威氏（茨木市）、塩山氏（箕面市）、大岩氏（茨木市）、佐曾利氏（宝塚市西谷）、太田氏（茨木市）、原田氏（豊中市）らは先祖伝来の地を捨て泣く泣く遠国に赴いたという。三代秀成は慶長十七年病死した。享年四十三歳であった。嫡男久盛が家督を継いだ。四代久盛は大坂陣では徳川方となる。

同年八月、淀殿はお拾（秀頼）を生んだ。秀吉は五十七歳であった。

フィリピン総督府の使節としてフランシスコ会宣教師ペドロバプチスタが来日し、肥前名護屋で秀吉に謁見し、翌年、京に聖母マリア教会を建設した。

■文禄三年（一五九四）甲午、二月、秀吉は伏見城を築き、吉野ノ花見を行った。九月十九日に塩川中務丞頼一の婚礼の式があり、内室は多田筑前守元継と運想軒の妹夫婦の娘で、運想軒の養女となり今、塩川中書頼一に嫁した。

豊臣秀次自害

■文禄四年（一五九五）乙未、七月十五日、豊臣秀次は高野山にて自害し、秀次の妻子三十九人は頸を刎ねられた。豊臣秀次の家臣となっていた多くの塩川氏一族の者が浪人となり、塩川吉大夫頼運、同右兵衛尉、同民部らその余四十人は浮田宰相（宇喜多中納言秀家）に介抱された。宇喜多家中には明石掃部助全登なる者がおり、熱心な切支丹で、霊名はジョヴァンニという。明石全登の父飛騨守景親は浦上宗景に属していたが、浦上宗景が宇喜多直家に敗れると宇喜多氏に属して、豊臣秀吉の備中高松城攻めにも参陣した。その嫡男が全登であり、和気郡大股城主で四万石を安堵されていた。

備前では宇喜多秀家の従兄弟右京亮（知行六万石）がディエゴ喜斎（備前芳賀の人・二十六聖人の一人）の導きで受洗したことにより備前に切支丹の信仰がもたらされた。明石全登の内室マリアは宇喜多秀家の妹であり、明石の内室（マリア）と五人の子供と母と二人の姉妹も受洗した。塩川信濃守貞行（天正九年生まれ）は塩川信濃守吉大夫頼運の次男で切支丹であった。キリスト教との接点は宇喜多家に介抱されていたときに、明石全登の導きを受けたものと思われる。この年貞行は十四歳であった。

■文禄五年（一五九六）五月、徳川家康（五十五歳）は内大臣となる。八月、マニラを出港したスペインのサンフェリペ号が台風の被害で土佐に漂着した。積荷を没収されそうになった船員たちから「スペイン国王は宣教師を世界中に派遣し、まず住民をキリスト教に改宗させその土地を植民地とする」との情報がもたらされ、秀吉は再び切支丹禁教令を発して畿内で捕えた切支丹宣教師と信者ら廿六人を長崎まで連行して十二月十九日に見せしめとして処刑した。しかし、彼らには見せしめとはならず殉教者として讃えられた。廿六人はフランシスコ会士である五人のスペイン人と一人のポルトガル人、三人の日本のイエズス会修道士と十七人の日本人信徒で、内三名は子供であった。十月、慶長に改元された。

■慶長二年（一五九七）丁酉、「慶長ノ役」が始まる。六月十二日、小早川隆景卒す。享年六十五歳、秀秋を養子とする。

能勢頼次召出される

慶長の始め徳川家康が上洛し洛南鳥羽の實相寺に入り休息した。住持の金剛院が召されて御相手した。家康は「御坊の生国は何国ぞ」とのお尋ねに住持は「拙僧儀は摂州能勢の産にて候」と申し上げると、重ねての上意に「能勢なれば能勢十郎兵衛と申す者を存じ候や」と尋ねられた。「拙僧は則、十郎兵衛の弟にて候」と申し上げれば、「存命に候や」とお尋ねあり、「十郎兵衛儀は疾相果候」と申し上げれば、重ねての仰に「その子息は無きや」とのお尋ねに「子供は一人もなく候えどもその弟に助十郎と申者候」と申し上げれば、家康は殊に機嫌よく助十郎のことを床しく思われた様子で早速助十郎殿を召出され、御目見え仰せ付けられ、能勢十郎兵衛の横死を歎かれて助十郎を懇ろに御小姓にされた。その後、助十郎は能勢惣右衛門尉頼次と名のった。時に慶長四年正月十二日の事であつた。（能勢物語）

秀吉死去

■慶長三年（一五九八）戊戌、秀吉は若君を連れて醍醐の花見を行った。諸士の妻女のみが招待された。四月、運想軒は白樫、森村、飯尾、長谷川、野間、三好、森、山田、清水、小出、中川、上田、中村以下十余人を今宮の亭に招いて饗応した。皆旧好の士である。今宮亭は黒門亭の替宅である。運想軒は気を悩み、河内の花田・小寺・蔵ノ前・金田・水分・若江の百姓らが来て旧恩を労った。八月十八日、秀吉が伏見城にて卒した。享年六十三歳、唐人が来て毒を盛り死んだという。秀吉の死で「慶長ノ役」は終わった。

■慶長四年（一五九九）己亥、正月小壬午、中書（中務丞）頼一が諸式を執り行った。運想軒の悩みが未だ治らぬ故である。閏三月に、ようやく運想軒の悩みが回復した。

関ヶ原ノ合戦

■慶長五年（一六〇〇）庚子、正月小丙午六日、今宮亭に於いて中書頼一は弓始めを務めた。西之丸衆三十余人が折々に来た。四月廿七日、塩川中書頼一の長子が生まれ源太（基満）と名づけられた。二月、小尾仁左衛門（伏見番士）、関次郎兵衛、伊丹兵庫頭忠親、神保長三郎、三好為三、田中、中村ヨリ運想軒に書状がきた。則、簡調を返す。皆旧好之人であり、今後の身の振り方について其々が報告し合ったものと思われる。伊丹兵庫頭、神保長三郎相茂、三好為三は徳川に味方した。

同年六月十六日、家康は会津城主上杉景勝を攻めるために大坂を進発し、能勢頼次、神保長三郎相茂、池田知正（久左衛門重成）も人数に加わった。会津攻めの先陣徳川秀忠は七月十九日に江戸城を出陣した。

その勢三万九千二百七十余騎とある。御大将家康は七月廿一日に江戸を進発し、同廿四日、下野国小山に着陣し、石田治部少輔三成の挙兵を知ると江戸へ引き返し、九月朔日、家康は再び江戸城を進発した。その勢都合三万二千七百三十騎とある。同十三日、家康軍は岐阜に着陣し、慶長五年九月十五日、関ケ原にて石田光成軍と合戦あり、辰刻に始り午の刻に終る。

能勢頼次も旗本より繰り出し、大南兵大夫、河崎頼実、早崎頼種、旬村豊忠、能多頼興、谷将監らが従い、能勢兵大夫は深手を負い終に討死した。能勢では、横川久助正次が留守を命じられた。慶長五年九月十五日、能勢頼次は関ケ原の陣の恩賞として地黄・野間・田尻他十二ヶ村に三千石を賜り能勢に帰国した。さらに頼次は従五位下伊予守に任じられた。

宇喜多家に仕官していた塩川吉大夫頼運、同信濃守貞行、舎弟同勘十郎頼重、同右兵衛尉、同民部ら四十余人の塩川衆は宇喜多勢（明石全登隊）に加わり「関ケ原ノ合戦」に参戦した。加藤勢と激しく戦ったが敗れ、塩川吉大夫頼運、同信濃守貞行らは神保一族を頼り紀州に落ちた。そのほか廿余人の旧塩川家人らは堀尾、羽柴、加藤左馬、森右近、酒井、中村氏へ仕官した。塩川勘十郎頼重は三百石にて池田輝政に仕え、その子息塩川七郎兵衛は二百石賜った。七郎兵衛は元和九年死去しその子孫は因州池田家にあるという。塩川源助（愛蔵弟）も知行四百石にて池田輝政に仕官し、元和八年七月廿九日、四十八歳にて病死した。塩川伯耆守太郎左衛門尉国満の子息同弾正忠仲貞の嫡男同小源太頼貞は伊丹兵庫頭忠親衆（黒田長政幕下）に加わり討死した。伊丹忠親も討死し、旧塩川家人十余輩、上田、松尾、今西、徳井らも共に討死した。中村孫平次一氏は東軍に味方したが、合戦直前（七月十七日）に病死し、関ヶ原合戦には弟の一栄と長男の一忠が参陣し、その戦功により中村一忠は伯耆国谷子ノ城（米子城）十七万五千石を拝領した。

関ヶ原ノ合戦に敗れた宇喜多秀家は八丈島に流された。切支丹である明石全登らは密かに黒田長政に介抱され、慶長十九年に豊臣秀頼に召出されるまで秋月（福岡県朝倉市）に住した。その間、明石全登の内室マリアは帰天した。

関ヶ原合戦の後、池田輝政は姫路五十二万石に封じられた。多田四郎左衛門尉政親の子息多田半右衛門は池田輝政に小姓として召出された。

織田秀信（三法師）の末路

同年（一六〇〇）八月、関ヶ原の戦いのとき、岐阜城主であった織田秀信（三法師）は徳川家康の上杉討伐に出陣する予定であった。舅である和田孫大夫は大坂方に人質になっていた秀信の内室（和田孫大夫娘）を大坂から助け出した。しかし、家臣の意見が分かれて出陣に間に合わず、石田治部少から美濃と尾張二ヶ国を与えるという誘いに乗り西軍に味方した。すでに清洲城に集結していた東軍の池田輝政、福島正則、堀尾、山内、一柳、浅野、田中、加藤、細川、藤堂、井伊、本多ら三万五千人に攻められ、秀信幕下六千五百余人は城を出て迎え撃ったが敗れ、岐阜城に籠城し、弟の秀則らと自害しようとしたが、家臣に説得されて開城した。秀信は岐阜の圓徳寺で髪をおろし高野山に追放されたが、受け入れられず麓に住し、慶長十年（一六〇五）五月八日に歿した。病死あるいは自害とされている。享年廿六歳であった。異母弟パウロ秀則は寛永二年（一六二五）京都で歿したという。

■慶長六年（一六〇一）能勢頼次は亡父能勢左近将監頼幸の菩提のために、等源の戒名を寺号とし正行山清普寺と号して丸山城内から今の境内に移し、後に頼幸公の追号を清普寺殿等源日順大居士とした。

■慶長七年（一六〇二）五月から能勢氏の陣屋の工事が始まり、慶長十年の五月に完成した。能勢頼次の嫡男治左衛門頼重は吉野・倉垣の両村合わせて千五百石余を拝領した。

■慶長八年（一六〇三）二月廿一日、塩川中書頼一は登城し、片桐東市正且元、郡主膳頭十右衛門と対面した。二月、徳川家康は征夷大将軍に任ぜられる。十一月三日、中書頼一の嫡男源太（基満）の袴著の儀があり、光国（運想軒）が着せられた。

塩川吉大夫頼運の長男塩川太郎左衛門（早世）の子息は祖父吉大夫頼運の養子となり、塩川吉大夫と名のり池田利隆に二百石で召出され、大坂陣では池田利隆に供奉したという。代々吉大夫を名のり池田家に仕えた。

■慶長九年（一六〇四）能勢頼次は、母方の数掛山城の波多野与兵衛尉秀親の末子波多野勘兵衛尉を召出した。能勢頼次の次男小十郎頼隆は丹波の桑田郡北ノ庄・灰田・由利三ヶ村高千石を拝領した。同年三月十八日、池田知正（久左衛門重成）は逝去し、弟光重の子の三九郎が家督を継いだが、三九郎は慶長十年七月に十九歳で歿した。

■慶長十年四月、豊臣秀頼が右大臣に、徳川秀忠は征夷大将軍に任じられた。

■慶長十四年（一六〇九）五月十一日、米子藩主、谷子ノ城主中村伯耆守一忠（一氏嫡男）が歿した。嗣子無く滅亡する。塩川中書頼一の従弟にあたる。

■慶長十六年（一六一一）七月二日、関白一條内基薨ず。

■慶長十八年（一六一三）正月、姫路城主池田輝政が逝去した。享年五十歳、利隆が家督相続した。七月、塩川中書頼一は加藤家に仕官の話があり従者十余人を引き連れ江戸に降った。九月、伊達政宗の命により支倉常長ら遣欧使節団が月の浦（石巻市）から出帆した。十二月中旬、運想軒は乳に腫物ができる。二月、徳川家康は全国に切支丹禁教令を発し、翌年（一六一四）十月七日、フランシスコ会員四名、ドミニコ会員二名、イエズス会員廿三人ら司祭と修道士及び高山右近と内藤ジョアンら信徒三百五十人はマニラに追放され、右近は一六一五年二月三日に逝去、享年六十三歳であった。

2017年2月7日
ユスト高山右近列福式

アンジェロ・アマート
枢機卿

『キリストにならいて』

運想軒逝去

■慶長十九年（一六一四）二月十五日、運想軒逝去する。享年八十歳。三月十日、塩川中書頼一は江戸から戻り則前田主水の下屋鋪に赴いた。十五日に安養山宝国寺に行き運想軒の法事を修した。四月五日には運想軒の五十日の法事が宝国寺で修された。四月に源太基満は祖父の遺言によりその名を主殿と改めた。運想軒の養子となっていたので、家督は悉く進退した。五月小廿五日、宗雲（運想軒）の百ヶ日を安養山宝国寺にて弔った。田中四郎兵衛が賄った。九月十七日、塩川中書頼一は江戸に到着し加藤家に客分として仕官した。子息塩川主殿（源兵衛尉基満）はまだ大坂にいた。

【運想軒関係図】 筆者作成

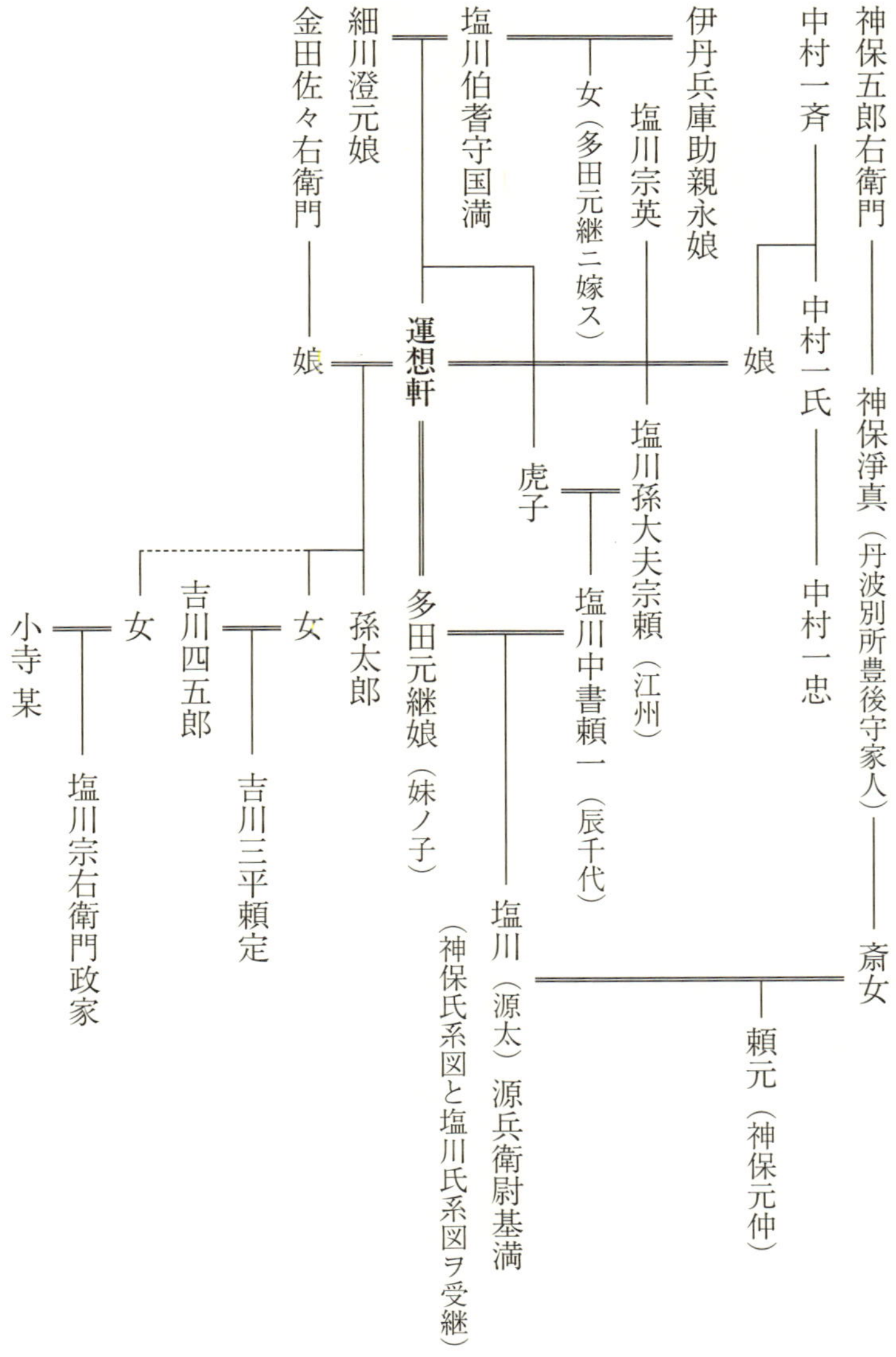

『姓氏家系大辞典』に「橘姓楠木氏、河内国の豪族にして河内国渋川郡東足代村（現・布施）の人に塩川道喜あり、聖源寺を開く。もと小寺氏と称せり」とある。元布施市長『塩川正三傳』によれば、「天正五年二月九日、小寺高仲は十八歳で顕如に與し高井田に於て戦死せること塩川氏系図にあり、「聖源寺」は、眷属の者が高仲の菩提を弔わんがため建立した。慶長七年（一六〇二）小寺宗右衛門政家は母方の姓塩川に改めた。正徳六年（一七一六）聖源寺道喜建立也。明和六年（一七六九）己丑八月、塩川智教・同為右衛門（清十郎）紀州粉河寺第一別当法俊俗名佐大夫の一千年の遠孫也」とある。小寺宗右衛門の母（塩川氏）は運想軒の娘であると思われる。

米子城址

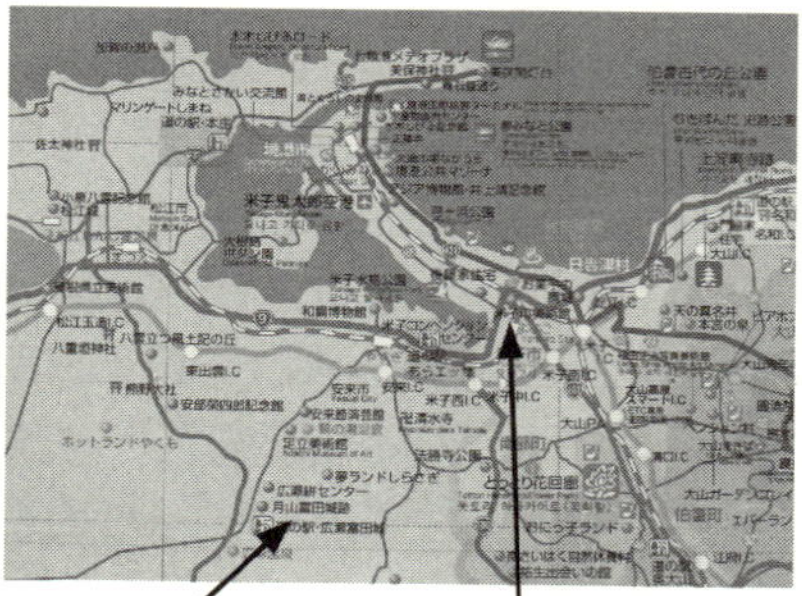

米子城（米子市）

月山富田城（安来市）

大坂冬ノ陣

慶長十九年十一月十日、能勢頼次・同頼重父子は大坂へ出陣した。御供の族は早崎、旬村、能多、谷、大南、河崎、野間、西山、石原、大町、西郷、山田、喜多代、奥、木戸、内藤、中沢、西田、子安、大戸、田尻及び東西両郷の御家人、河辺豊嶋両郡の郷士御勢五十余騎が、松平周防守勢と岡部美濃守勢と共に天満口に陣取った。十一月十八日、徳川家康を大将に徳川方十九万五千余人が、豊臣秀頼を大将に十万余人が籠城する大坂城に攻め寄せた。紀州九度山に蟄居していた真田左衛門佐信繁は豊臣秀頼に召出されて大坂城に入り、真田丸を築き活躍し東軍と厳しく戦った。徳川方は大筒三百門を発射して天守を破壊した。一ヶ月半の戦いの末、十二月十八日、一旦和睦が成立して、大坂城の惣構えである外堀と内堀が埋められ本丸のみの裸城となった。

『武徳編年集成』巻之六十七（慶長十九年十月の項）に「當月上旬ヨリ庚子石田ニ與セシ亡命ノ徒并ニ其子弟臣従或ハ駿府東武ヨリ罪ヲ得除邑ノ輩且君父ニ背キ落魄ノ士今度大坂挙兵ノ由ヲ聞ト均ク踵ヲ継テ群参ス……明石掃部全登同丹後全延同八兵衛各浮田ノ浪人　塩川清右衛門　同清兵衛　同信濃　各紀州畠山浪人……云々」とあり、塩川吉大夫頼運、同息信濃守貞行らは関ケ原の合戦後は紀州に隠棲し、神保長三郎の一族に介抱されていた。頼運の弟勘十郎頼重は多田に潜伏していたところ塩川清兵衛と名のり大坂城に入り、明石掃部助全登に一命を預けた。塩川勘十郎頼重の子息塩川七郎兵衛は元和九年死去し、その子孫は因州池田家にあることは前述した。明石全登は「関ケ原の合戦」で敗れ秋月に隠れていたが、大坂ノ陣では豊臣秀頼に召出された。一方、神保春茂（長三郎相茂父）は紀伊守護畠山尾州家の守護代であり、有田郡石垣鳥屋城の城代であったが、後に織田信長、豊臣秀長、豊臣秀吉に仕え、大和国に六千石を拝領していた。嫡男の神保長三郎相茂は関ヶ原合戦では東軍に加わり、次男の神保浄真は丹波由良庄の別所氏に仕えていた。

能勢氏の傍流、能勢壱岐守頼之の次男能勢伊織頼元、能勢覚左衛門景久、能勢佐次兵衛高尚らも大坂方となった。

多田院御家人ら摂津中島まで出陣する

多田院御家人衆らは、有岡落城後は散々になっていたが、再び志のある者たちが結集して、徳川に味方して摂津中島まで出張ったが、大坂方より多田銀山に人数差添えるために出陣した軍勢と中島表で行き合い合戦に及び、当家の中西頼秉ら数名が討死して敗走し志を遂げず、剰え兵具まで取り上げられたという。

大坂夏ノ陣

■慶長廿年（元和元年）、正月大十六日、塩川吉大夫頼運らは大坂城に籠城していたが、和睦が成立したので小橋《おばせ》村安養山にある運想軒の墓所に詣でた。七月改元。

慶長廿年五月六日、大坂城は三ノ丸と二ノ丸がすでに破却されて、本丸のみの裸城になっていたので討って出ることになった。徳川方十五万五千余人に対して、豊臣方五万五千余人が死を覚悟して武士の意地を貫こうとした。既に勝敗は決していたが、大坂方の七将は二隊に別れ、後藤又兵衛を先陣に明石全登、真田幸村らが道明寺口に、木村重成、長宗我部盛親、増田長盛らは河内若江方面へ討って出た。

『長澤聞書』によれば、「大坂冬ノ陣の翌年春、津ノ國多田郡へ塩川信濃守、長澤十大夫に御仕置被仰付、云々」とあり、塩川信濃守吉大夫頼運（四十八歳位）等は五月六日、長澤十大夫組下、後藤又兵衛組にて藤井寺付近で戦った。六日、先鋒の後藤又兵衛は国分村の小松山で討死し、道明寺・誉田の戦いでは真田幸村は岡ミサンザイ古墳（仲哀天皇陵）を城に作り替え巧妙に戦ったという。塩川隊について『徳川実紀』では、「地蔵堂ノ西ナル長曾我部勢ヲ堤ノ上迄追登セ剰へ南方藤堂仁右衛門、桑名弥次兵衛ガ敗卒ヲ追行敵ノ迹ヲ断ケレバ敵モ少ク取テ返シ矢尾ノ敵村中ニテ渡辺ト闘ヒシカ共労兵ユへ遂ニ矢尾ノ町ヲ南へ敗ス、此節雨日ニテ始利ヲ失イ逃走ル藤堂勢モサスガ精兵ナレバ塩川某以下返シ闘フ渡辺ハ敵ニ五分一ノ勢ヲ以テ二度ノ迫合ニ冑首二級ヲ討捕、……云々」とある。

翌七日、塩川勢は明石掃部組と共に大坂城船場付近まで追い詰められ、水野勝成隊、本多忠政隊、松平忠明隊、伊達政宗隊に激しく攻めたてられ、後藤又兵衛組生き残り部隊後藤一意組、明石掃部組は全滅した。真田幸村も天王寺茶臼山・岡山（丸山城・御勝山）の戦いにて安居神社で討死していた。

この時、神保長三郎相茂は徳川方水野勝成隊に属していたが、後方の伊達隊に鉄砲で誤射され相茂を含め神保隊三十六騎上下三百人は全員討死した。『徳川実紀』元和元年五月七日に、「明石掃部助全登は四國押のためとて仙波に備しが、此時眞田と諜を合せ、眞田が合戦半に仙波より寺町筋勝曼院の下へかかり、阿部野をおしあげ、寄せ手の後へ切かけんと逞兵三百人を撰び天王寺西の岸陰まで来る所、眞田が軍は既に敗れ、幸村も討死すと聞き、今は討死せんとそのまま寄手の中へ切てかかる。寄手其猛勇に碎易し、すこぶる潰走らんとするを見て、水野勝成大に怒り、明石が勢を迎へ討。明石小勢なれば忽に打破られ、全登が首は水野家人汀三右衛門が討とり、水野勢は残兵を櫻門まで追こみ、勝成は旗を櫻門内へおし立る。此戦に大和組の神保長三郎相茂は主従共に三十六騎同枕に討死す」とあり、明石全登らは討死したとされている。状況からして塩川隊も全滅して当然であった。このような過酷な戦場で神保隊は討死し、塩川隊は何故か助かっているのである。

神保長三郎は塩川運想軒や同吉大夫頼運とは親しい間柄であったが大坂陣では敵味方になって戦うことになった。神保長三郎が率いる神保勢三十六騎上下三百人は水野勝成隊に属していたが、大坂方明石全登隊に属していた塩川吉大夫頼運ら塩川隊三百人と戦場で鉢合わせし、神保長三郎は塩川吉大夫（塩川清右衛門）らを救い出そうと塩川隊に近づいたところを伊達隊の鉄砲の一斉射撃で全滅したのである。この時、実は伊達政宗も切支丹である明石全登を救おうと明石らを探していたのである。神保隊が塩川頼運・同信濃らを救い出そうとしていたことを知らぬ伊達政宗は混乱した戦場でようやく明石全登らを見つけ出し、邪魔になる神保隊を排除して、水野や本多にわからぬように明石全登と全延兄弟を密かに匿ったのである。その結果、塩川吉大夫頼運らも明石全登らと一緒に伊達隊に助け出されたのである。明石全登の母モニカと息女カタリナは大坂城内で看護・救霊にあたっていたが、大坂落城の時城内で焼け死んだという。まことに聖人に列せられるべきである。

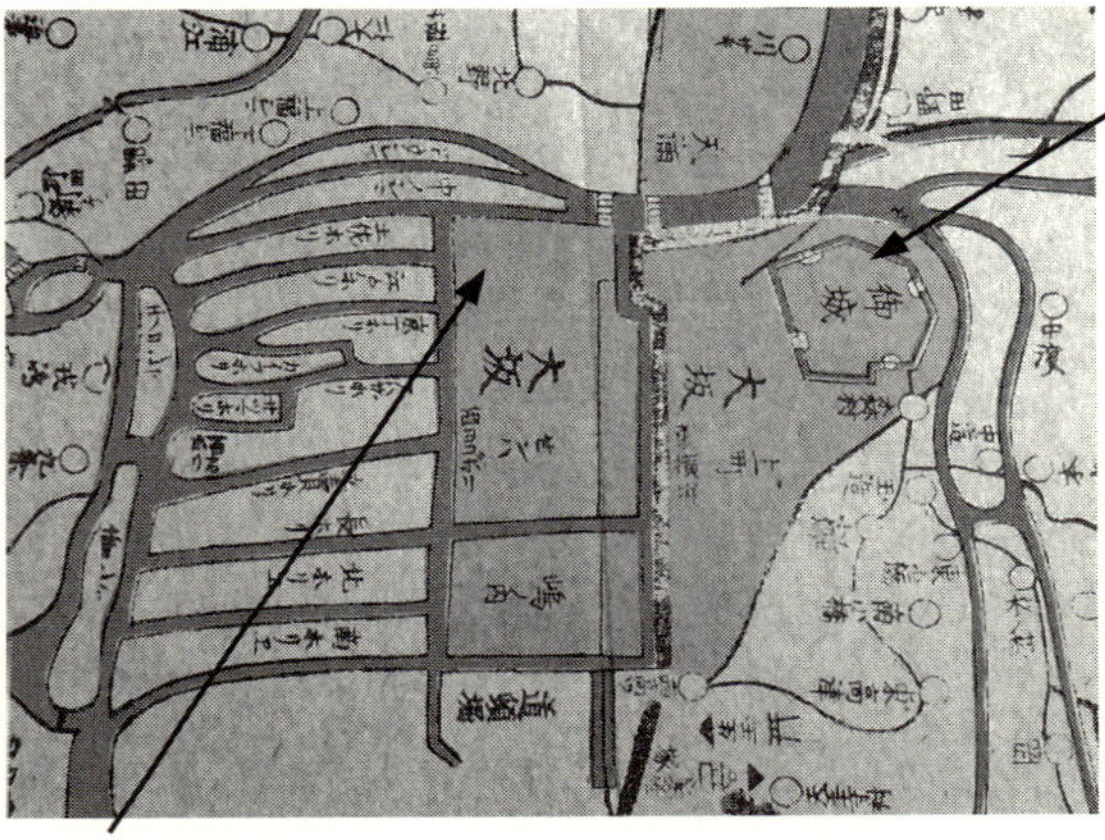

明石・塩川信濃らは船場に追い詰められ全滅した

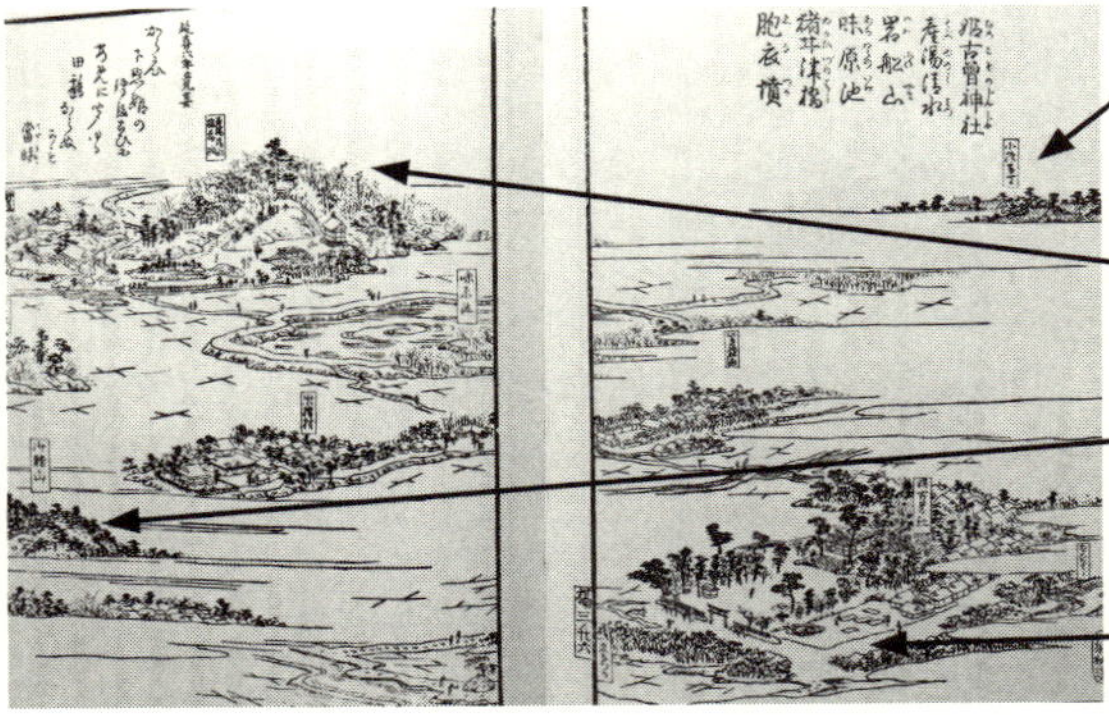

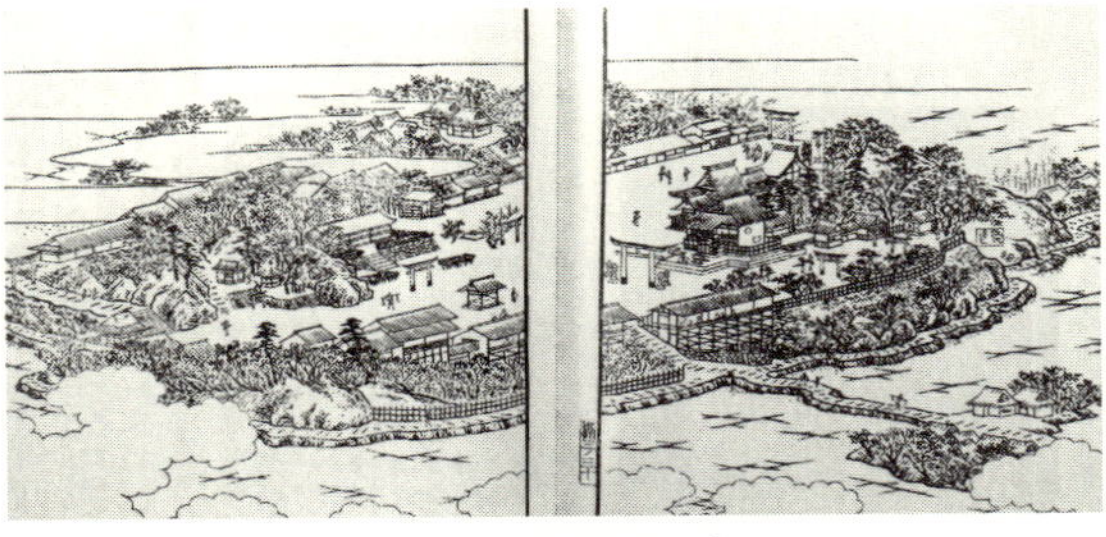
真田山（真田丸址）

池田庄九郎元助に嫁した塩川伯耆守長満の次女が生んだ池田美作守元信は一條家で育ち、後に豊臣秀頼に仕え、大坂陣では大坂城内に立籠もっていたが、池田利隆が家康に許しを請い播磨に帰ったという。ある傳に、東畦野の「井上塩川氏系図」によれば、塩川勘十郎頼重は大坂陣の後、高野山に蟄居し、後に多田に帰郷して、井上源右衛門と名のり、寛永八年三月に逝去し、法号は「単堤院本室宗源居士」とある。

塩川文麟（一八〇八〜一八七七）はその末裔という。

能勢頼次は多田の一揆を平らぐ

同年（一六一五）五月五日、大坂夏ノ陣の節、多田庄広根に一揆が蜂起し、能勢頼次は松平周防守康親・岡部美濃守宣勝の加勢により一揆勢を討ち平らげたという。松平周防守と岡部美濃守は丹波亀山の一揆も平らげた。能勢頼次は二千三百石加増され、その内三男惣右衛門頼之に能勢郡切畑村八百四十石を分与した。能勢家一族の所領総石高は七千八百石余となり、さらに能勢西郷廿一ヶ村、五千石余が寛永十一年まで能勢家に預けられたが、後に西郷と倉垣村・吉野村・山内村千五百石余は幕府直轄地、岡部藩領、飯野藩領となった。

多田院御家人衆は多田銀山に出陣する

『多田院御家人由来伝記』『多田雪霜談』では、多田院御家人衆は兵具等を取繕い、再び徳川に味方しようと支度していたところ、銀山役人岸嶋傳内、川瀬八兵衛ら大坂方の伏兵三百余人が居ると聞き、五月六日に銀山へ馳せ向かった。岸嶋・川瀬らの伏兵の在所が分からず探索していたところ、七日の夜、広根・猪渕の間にて、伏兵らに後巻に取囲まれ、多田院御家人ら討死し痛手を負った。『多田院御家人由来伝記』によれば上津村杢右衛門、谷橋右衛門、山田三之丞、長谷因幡、川辺新七郎、岸下五郎大夫らが手傷を負い、山問孫八郎、石道右衛門、福武与兵衛、一樋新太郎、上津村新七郎らが討死とある。この時、広根・猪渕の男女の多くが殺害され、大坂では盗賊の仕業と噂されたという。

この日付が正しいとすれば、能勢頼次が銀山の塩川の残党一揆勢を退治したという翌日の事である。これより、御家人らは次第に困窮して、先祖伝来の系図、感状、証文、古記等を多田院宝蔵に納め、あるいは紛失の品々も多いという。「手負い・討死の名寄せ」上津村杢右衛門、谷橋右衛門、山田三之丞、長谷因幡、川辺新七郎、岸下五郎大夫ら右各痛手、山問孫八郎頼貞（山問氏略系図参照）、石道右衛門、福武与兵衛、一樋新太郎、上津村新七郎ら右各討死とある。甲賀郡の「油日神社」を氏神とする甲賀郡中惣（甲賀五十三家忍者集団）と比べ、多田院を氏神とする多田院御家人衆は合戦の経験も少なく、武力集団としての能力を既に失っていた。

■元和元年八月四日、塩川主殿源兵衛基満は中書の状を持って上京し、下間方へ行き、その後、一條家で介抱された。元和三年（一六一七）正月十六日に元服した。小寺無関と滝川九郎三郎がこれを役した（基満の元服は元和四年ともいう）。同廿六日に、塩川源兵衛基満は京から江戸の加藤肥後守下屋敷に着いた。

塩川信濃守頼運と塩川信濃守貞行

塩川信濃守吉大夫頼運父子は大坂陣の後紀州に潜伏して、頼運の長子太郎左衛門は早世し、その孫は祖父吉大夫頼運の養子となり備前池田家に仕え代々塩川吉大夫を名のり明治まで続いた。次男の塩川信濃守貞行は天正九年生まれで父頼運と行動を共にした。切支丹信者で、宇喜多家にて介抱されていた時に明石全登の導きにより入信した。

塩川信濃守貞行は大坂ノ陣では明石全登組に属して戦い、大坂落城後、紀州畠山牢人と称して紀州大納言徳川頼宣に召出され、能書の聞こえ高く祐筆衆として五百石にて召し抱えられた。しかし、塩川貞行は切支丹であることが知れ、紀州を立ち退き、寛永八年伏見にて病死、享年五十一歳であった。塩川信濃守貞行には男子三人あり、長男塩川平右衛門は阿波蜂須賀家に仕えたが後に切支丹と判明して浪々し南淡路に隠棲した。三男塩川八右衛門と妹は一條家で育ち、寛永十四年、池田光政に召出され、寛永十五年十二月知行二百石賜る。塩川貞行の妻は天正十二年生まれで、寛永十七年頃に備前へ移住した。塩川八右衛門は慶長十八年生まれ、天和三年卒、妹は池田光政家臣湯浅半右衛門に嫁した。正保元年、塩川八右衛門と妹は切支丹の嫌疑により捕縛され、後に改宗して母と共に塩川源五左衛門（源助の子）に預けられた。その後、塩川吉大夫頼運は尾州国府宮村に帰り塩川吉大夫定納と名のり尾張大国霊社の副神主として余生を送った。

【塩川信濃守吉大夫頼運関係系図】 筆者作成

塩川伯耆守長満 ―― 信濃守吉大夫頼運（籠城大坂配紀州）
- 塩川太郎左衛門（早世）―― 吉大夫（祖父の養子となる）池田家家臣
- 塩川信濃守貞行
  天正九年～寛永八年五十一歳
  紀州立退於伏見病死切支丹
  室天正十二年生まれ
  寛永十一年頃伏見より
  備前へ移住す
  - 塩川平右衛門（阿波蜂須賀家臣耶蘇教徒後浪々）
  - 某
  - 塩川八右衛門 ―― 源之丞
    慶長十八年～天和三年　一條家にて育つ
    池田光政に召出さる　耶蘇教徒後改宗
  - 女（耶蘇教徒 池田光政家臣湯浅半右衛門ニ嫁ス）
- 玄春（多田越中守春正弟玄信猶子）

『和仁家文書』「塩川氏系図」

摂津国嶋下郡佐井寺村の和仁家文書「塩川氏系図」によれば塩川信濃守頼運六代塩川数右衛門は塩川勘十郎頼重五代重教の猶子となり多田庄東畦野に住居し多田院御家人となった。同系図には「塩川源太信濃守橘大夫頼運　慶長十九年甲寅冬大坂籠城明石掃部助全登一手にて西船場・道明寺・平野表ケ戦いに於いて軍敗れ多田に帰り後紀州に赴く」「塩川源次郎勘十郎頼重　勘十郎後井上源右衛門　山下城に於いて能勢十郎頼道を討取り氏名をあらわす。山下落城後、宇喜多中納言秀家寄寓、数度武功を立て備前に於いて五百貫となり、宇喜多家滅亡後、東畦野村に帰り井上左近の猶子となり、兄頼運に随い大坂に於いて戦う。寛永八年辛未三月廿九日卒す」とある。

【塩川信濃守頼運・勘十郎頼重の末裔井上氏系図より】　佐井寺村和仁氏所蔵

塩川伯耆守長満 ┬ 信濃守頼運 ─ 頼尋 ─ 頼行 ─ 頼資 ─ 頼満 ┬ 頼弘 ─ 廣尚
　　　　　　　　　　　　　　　　　　　　　　　　　　　　　└ 頼尚
　　　　　　　└ 勘十郎頼重 ─ 重政 ─ 重勝 ─ 重次 ─ 重教 ═ 頼尚 ┬ 頼通
　　　　　　　　　　　　　　　　　　　　　　　　　　　　　　　　└ 頼行 ─ 蕃文

塩川数右衛門頼尚　摂州嶋下郡佐井寺村塩川頼弘弟、塩川源右衛門重教の家督を相続する（和仁家文書）。

『多田院文書』の享保廿年「越後国に於ける見立て新田願い」の中に塩川数右衛門頼尚の名がある。

■元和六年八月、支倉常長ら遣欧使節が仙台に帰国する。支倉常長は西欧との通商交渉に失敗し伊達政宗は方針転換して領内に禁教令を発した。匿われた明石全登らは津軽の弘前に渡った。津軽には金沢・能登の切支丹が流されて、過酷な環境で清貧を貫き立派な証を残した。

■元和八年（一六二二）塩川伯耆守長満の子息塩川源助（天正三年生）は宇喜多秀家に奉公し、後に、池田輝政に四百石で召出され、同年七月廿七日、四十八歳で病死した。源助の子息塩川源五左衛門は元和九年鳥取で生まれ、後に池田光政に仕え、貞享四年六月十二日、六十五歳にて病死した。その子息勘助が家督相続した。

■元和九年（一六二三）七月廿七日、塩川中書頼一は逝去した。享年六十八歳、閏八月廿七日、中書初月忌を勝光院にて修された。この日、中書頼一の義母妙元禅尼（運想軒正室）は伯刕米子にて逝去した。塩川源兵衛基満は中書頼一の家督を継ぎ加藤家の御長屋に住居した。

■寛永三年（一六二六）正月十八日、能勢摂津守頼次逝去、享年六十五歳であった。

■寛永四年（一六二七）運想軒の娘は吉川四五郎に嫁し、三男吉河三平は十六歳にて初冠、吉川頼定と号し、後に備前池田家に仕えた。

■寛永五年（一六二八）戊辰、正月十九日、別所弥右衛門が神保の書状を持って訪ねて来た。丹波由良庄別所豊後守の家人であるが去年浪人となった。

■寛永八年（一六三一）六月、加藤肥後守忠廣は出羽庄内へ流人となる。上下二万余人が浪人となった。七月五日に至り家臣たちは皆江戸屋敷から退去した。

■寛永十一年六月、基満は住吉・天王寺・天満宮そのほか所々順見し、丹波由良庄（氷上郡）の神保氏宅に赴き、同月廿五日、神保氏と同道し多田に帰郷し、善源寺に参拝して近辺を順見し、丹波の別所氏が改易になったので神保氏は廣根村の小家に住むことになった。九月、基満は神保氏夫妻を伴って上京し、下間某に内意して神保氏の次女の玉女を公家へ預けた。十一歳という。十一月四日に丹波に帰り、八日、庚申、神保浄真夫婦と共に申を待つ。

■寛永十二年（一六三五）乙亥、正月十九日、基満は丹波由良庄を発ち江戸に着く。

■寛永十四年（一六三七）塩川信濃守貞行の子息塩川平右衛門は阿波の蜂須賀の家臣となった。同じく塩川八右衛門と妹は一條家で育ち、八右衛門は同年池田光政に二百石で召出された。

同年十二月に「天草島原の乱」が勃発した。一揆勢（非戦闘要員を含め）四万人余と幕府軍十二万五千人余が四ヶ月に及び戦い、翌寛永十五年四月に籠城者全員が虐殺されて終結した。日本の切支丹が滅びサタン・ルシフェルの目的は達成され、明治になるまでその影を潜め、漸く日本に平和が訪れた。

■寛永廿年（一六四三）癸未、正月十八日、基満は金竜山に参詣する。二月、神保氏から書状が届き神保家を継ぐことを決意して、三月三日、旧好数百人に暇乞いをし、四月二日、江戸を発ち、十二日、多田庄広根の神保浄真宅に着いた。九月、神保氏は気不快故、大坂より医師を呼び、薬を処方してもらう。

■寛永廿一年・正保元年（一六四四）甲申、正月廿五日、神保氏の病状が悪化して、基満を呼び、必ず長女を娶って神保家を相続して欲しいと懇願し、文書、系図、金銀財宝悉く基満に譲り、廿九日に亡くなった。享年七十六歳、浄真信士と号す。神保の娘は十三日に丹波から親族三人須知久兵衛、別所孫右衛門、養父井八兵衛らを伴ってやって来た。五月十一日に基満は高野山高室院に浄真の遺骨を納めた。

■正保二年（一六四五）七月、基満の妻斉女は懐妊した。十月、斉女の帯ノ祝いをした。

■正保三年（一六四六）二月十五日、宗雲（運想軒）の三十三回忌と神保浄真の一周忌を修した。四月十四日巳上刻、基満の嫡男が生まれ源太（頼元）と命名した。

■正保四年（一六四七）九月十日頃より基満の妻斉女は食欲なく眩暈を発し、廿日、京より妹の玉女が訪ねて来た。十月、斉女は病により乳の出が悪く源太を乳持の里に遣した。

■正保五年（一六四八）戊子、正月、基満夫婦共に熱が少しあり、十日の頃より基満は快気、斉女は熱が治まらず、十六日、急ぎ愛子を呼んで会わせ、廿五日、斉女は臨終、妙本院主斉大姉と号す。

■承応三年（一六五四）基満は血を吐き、八月十三日より飲食できず、十五日午ノ刻に臨終、享年五十五歳、勝光院賁山円慶大居士と号す。嫡男源太（頼元）は八歳、丹波由良庄の母方の親族に引き取られた。

■貞享二年（一六八五）十一月、塩川源太頼元（三十九歳）は山下の安村五郎衛門家を訪ね、平野神社御宝殿の祈願書と塩川家系図を預けた。

■宝永七年（一七一〇）十二月、塩川頼元コト神保元仲（六十四歳）は大坂橋詰町の両替商川崎屋木田文衛門保教宅を訪れ、神保元仲が作成した『木田中村之系図』を手渡した。翌年冬、満願寺宗鏡庵主東愚叟道越が系図の奥書を書いた。

貞享二年から宝永七年まで廿五年の間、一七〇〇年頃に『高代寺日記』は神保元仲によって書かれたものと思われる。母方の神保姓を名のるに当たり、父方の塩川家（吉河塩川氏分家柏梨塩川氏）の家記を書き残しておくべきであると考えたのであろう。『高代寺日記』は塩川頼元の先祖である吉河氏と塩川氏の家記である。

これにて多田庄では塩川氏も多田院御家人衆も皆滅亡し、東郷能勢氏は徳川家の旗本として明治まで続いた。多田庄では、寛文年間、四代将軍家綱の時に幕府によって多田院が再興されて、多田院村・新田村・東多田村から五百石が寄進され、これら三ヶ村の多田院御家人中から十数家が選ばれて多田院別当の家来となり多田院政所の諸役を務めた。長谷川侍と称し年間十石の扶持米が与えられた。

当家では織田信長に知行を取り上げられ、延宝年間、中西七郎右衛門の代に、次男中西五郎左衛門が長谷川侍となり代々治郎右衛門を名のり、三男中西傳兵衛尉頼景（百姓名庄右衛門）が江戸寺社奉行所に一代限り仕官して江戸に住居し、七郎右衛門が亡くなると、頼景の子息傳右衛門が江戸から戻り本家を相続し、代々中西庄左衛門を名のった。

元禄年間将軍綱吉の頃に、多田院御家人らは大坂ノ陣で徳川方として戦ったことを幕府に訴えて旧知行回復を願い出たが、幕府にはその記録が無く、四十三家に名字帯刀が許された。殆どの塩川家の縁者は多田庄から姿を消し、塩川氏に仕えていた御家人衆も元の多田院御家人を称したが、江戸時代末期になるにつれ貨幣経済が発達し豪商が栄え武士の名門も権威をなくした。（完）

【足利氏略系図】

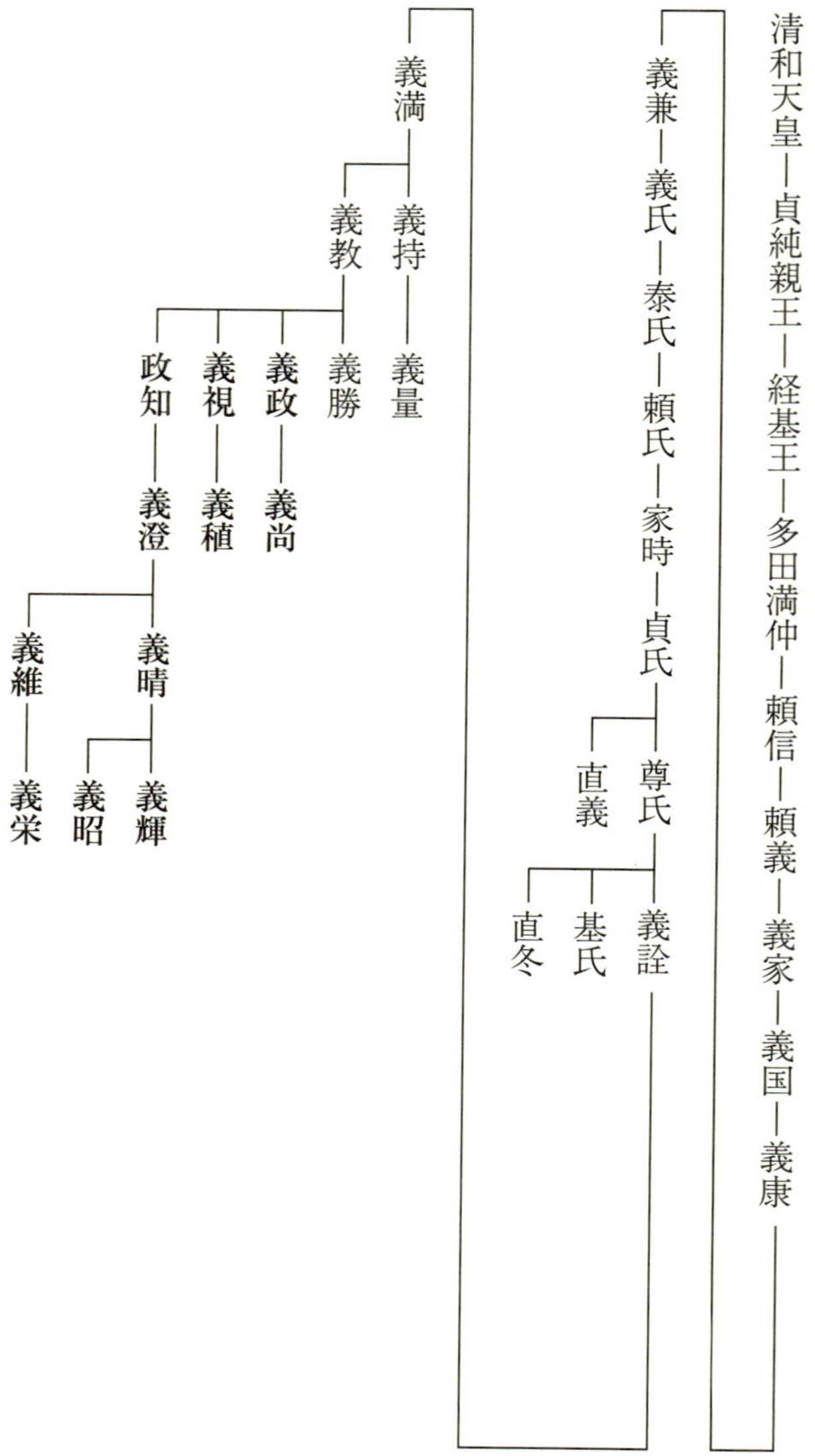
清和天皇
貞純親王
経基王
多田満仲
頼信
頼義
義家
義国
義康
義兼
義氏
泰氏
頼氏
家時
貞氏
尊氏
直義
義詮
基氏
直冬
義満
義持
義教
義量
義勝
義政
義視
政知
義尚
義稙
義澄
義晴
義維
義輝
義昭
義栄

【細川氏略系図】

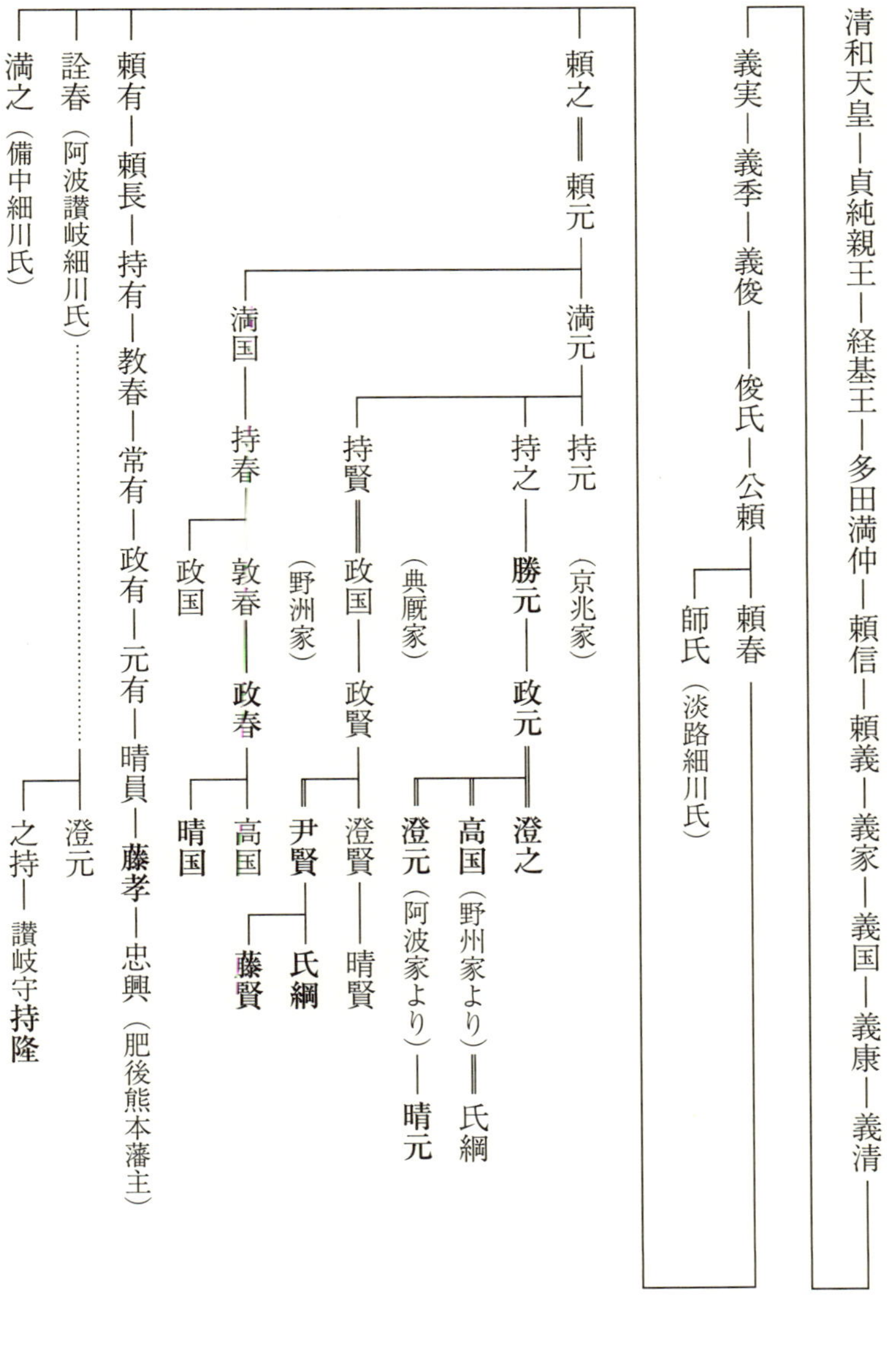
清和天皇―貞純親王―経基王―多田満仲―頼信―頼義―義家―義国―義康―義清
義実―義季―義俊―俊氏―公頼―頼春
師氏（淡路細川氏）
頼之＝頼元―満元―持元
（京兆家）
持之―勝元―政元＝澄之
高国（野州家より）＝氏綱
澄元（阿波家より）―晴元
（典厩家）
持賢＝政国―政賢―澄賢―晴賢
尹賢―氏綱
藤賢
（野州家）
満国―持春―教春―政春―高国
晴国
政国
頼有―頼長―持有―教春―常有―政有―元有―晴員―藤孝―忠興（肥後熊本藩主）
詮春（阿波讃岐細川氏）……澄元
之持―讃岐守持隆
満之（備中細川氏）

【三好氏略系図】

清和天皇―貞純親王―経基王―多田満仲―頼信―頼義―義光―義清―清光―遠光―長清―長経―長房―長種―長景―長直―長宗―長隆―義長―長之―筑前守之長

- 筑前守之長
  - 長秀
    - 元長（海雲）
      - 修理大夫長慶
        - 義興
        - ＝左京大夫義継
      - 豊前守義賢実休（阿波）
      - 安宅摂津守冬康（淡路）
      - 十河讃岐守一存
        - 義継
        - 民部大輔存保（政康）
    - 康長
  - 頼澄
    - 政成
    - 政康
  - 芥川長光
    - 孫十郎
  - 長則
    - 長逸
  - 勝時
    - 勝長
    - 政長（可竹軒・宗三）―右衛門大夫政勝

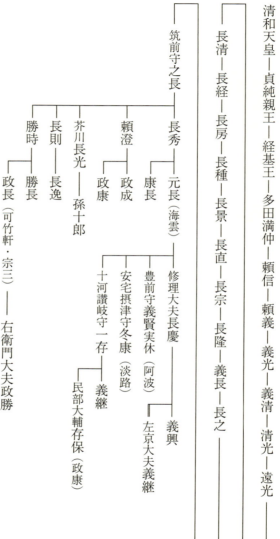

【能勢氏略系図】

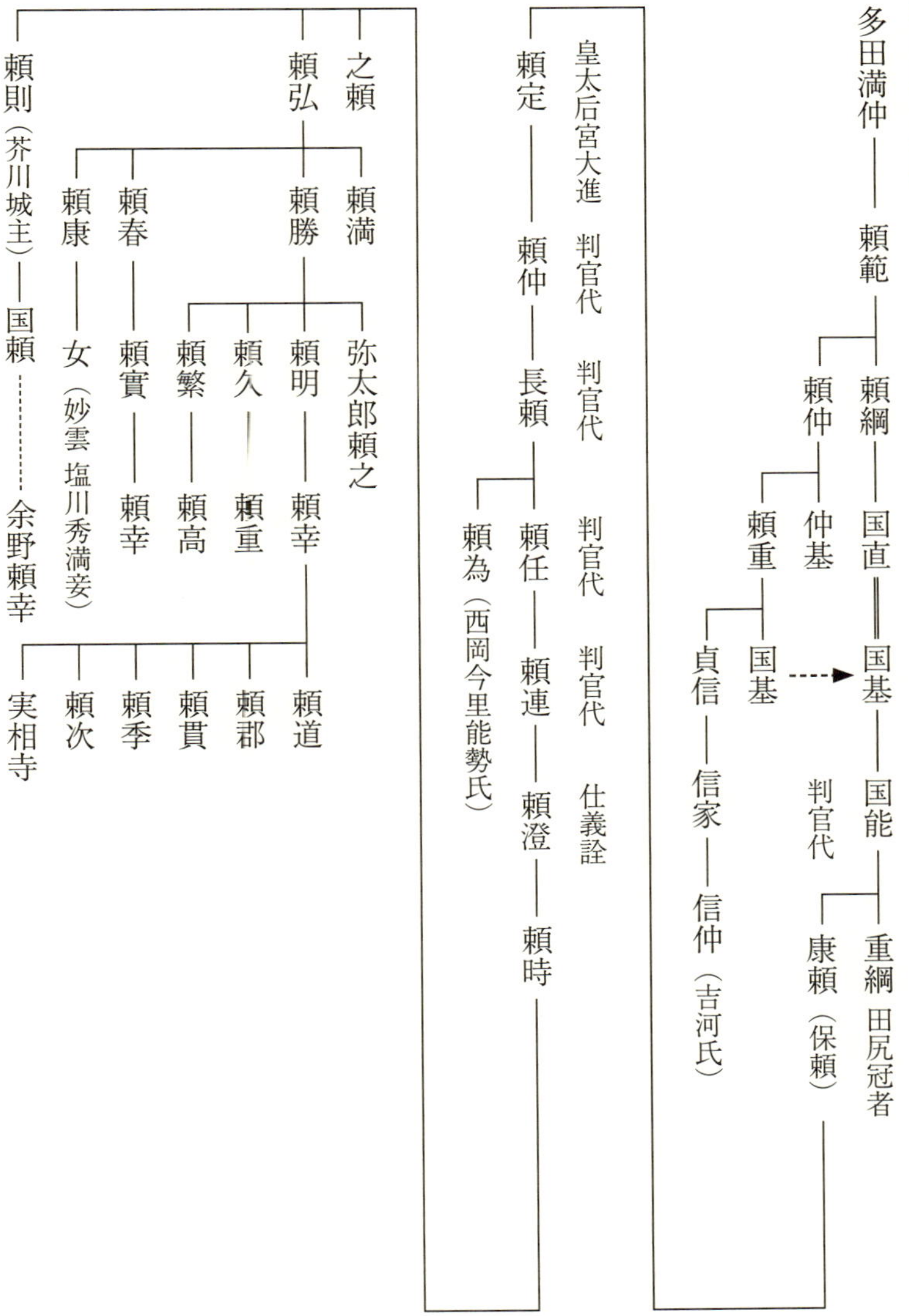
多田満仲
頼範
頼綱
頼仲
国直
仲基
頼重
国基
国基
貞信
国能
判官代
信家
重綱　田尻冠者
康頼（保頼）
信仲（吉河氏）
皇太后宮大進
頼定
判官代
頼仲
判官代
長頼
判官代
頼任
頼為（西岡今里能勢氏）
判官代
頼連
仕義詮
頼澄
頼時
之頼
頼弘
頼満
頼勝
弥太郎頼之
頼明
頼久
頼繁
頼幸
頼重
頼高
頼道
頼郡
頼貫
頼季
頼次
実相寺
頼春
頼實
頼幸
頼康
女（妙雲　塩川秀満妾）
頼則（芥川城主）
国頼
余野頼幸

おわりに

『高代寺日記』は誰が何のために書いたのか？

神保元仲とは

『高代寺日記』下巻は塩川源兵衛尉基満の臨終で終わっている。基満の父は塩川中務丞頼一（幼名辰千代）と言い、母は摂州笹部城主塩川伯耆守太郎左衛門尉国満の長女於虎である。辰千代コト塩川頼一の父は塩川孫大夫宗頼と言い吉河流塩川氏の分家筋で、天文年間、江州に赴き六角高頼の兄である種村伊予守高成に仕えた武勇に秀でた人であったが、永禄十二年阿波国勝浦で討死し、辰千代は塩川伯耆守長満の猶子となった。

天正十四年、山下笹部城（獅子山城）が片桐且元率いる豊臣軍に攻められ落城し、城主塩川伯耆守長満が切腹すると、辰千代コト塩川中務丞頼一は母の同腹の弟である塩川運想軒に介抱されて大坂玉造黒門口の屋敷に住んだ。文禄三年（一五九四）、中務丞頼一は運想軒の養女（姪）を娶り、慶長五年（一六〇〇）源兵衛尉基満が生まれた。頼一の内室（運想軒養女）は多田筑前守元継と塩川伯耆守太郎左衛門尉国満の娘（於虎と運想軒の妹）との間に、天正四年に生まれた。多田元継は天正五年（一五七七）信長の根来攻めに塩川伯耆守長満幕下にて出陣し茨ケ岳で討死し、元継の内室は出家し娘は運想軒の養女となっていた。元和五年（一六一九）塩川中務丞頼一は肥後の加藤忠廣に客分として召出され、江戸藩邸の御長屋に住み、元和九年（一六二三）六十七歳で歿し江戸の勝光院に葬られた。塩川源兵衛尉基満は頼一の家督を相続し加藤家に仕え、寛永八年（一六三一）に加藤家が取り潰されると浪人となりしばらく江戸に住んでいたが、寛永廿年（一六四三）神保浄真の招きに応じ、多田庄広根に帰郷し、神保家に仮住まいした。翌、正保元年、神保浄真は亡くなる前に基満を枕元に呼んで、神保家の文書・系図・金銀財宝を手渡し、長女を娶って神保家を相続して欲しいと懇願して亡くなったのである。正保三年（一六四六）四月十四日、嫡男源太頼元が生まれたが、基満の妻である神保の娘は正保四年正月廿五日、産後の肥立ちが悪く亡くなってしまった。そして、基満も承応三年（一六五四）八月十五日に病死した。享年五十五歳であり、頼元は八歳であった。頼元は母方の縁者である丹波の須知氏、別所氏、養父井氏の元で育てられた。

『大昌寺文書』によれば、塩川頼元は貞享二年（一六八五）、三十九歳の時に、山下（川西市）を訪れ『塩川氏系図』と平野神社御寶殿の祈願書を安村家に預けたとある。

「塩川家ノ祖先ハ源頼光ノ嫡子頼仲数代後吉川越後守（仲頼）文和元年（一三五二・正平七年）四月拾六日辰山へ来城シ、其後三拾三年ノ後山下城ト改メ、塩川伯耆守（仲章）ト改ム、二百三拾五年、天正拾四年十月七日、国乱ノタメ落城、其ノ間凡六百六拾年、落城後九拾九年目ノ貞享貳年丑（一六八五）ノ拾壱月、塩川頼元殿ヨリ平野御寶殿ノ祈願書ト塩川家系図トヲ持来リ、安村五郎衛門家へ預ケ置カレタリ、菩提所ハ徳倉領天王山薬師寺トサレタリ、」（大昌寺文書）

岡本寺の平田住職から木田隆夫氏を紹介されて木田家を訪れた時のこと、私が以前からぜひ見たいと思っていた『木田中村之系図』が木田氏宅にあることが分かり、木田氏のご厚意により拝見することができた。この系図の「奥書」は正徳元年（一七一一）之冬、「満願寺宗鏡庵主東愚叟道越師」が書いたものである。この奥書の中に「神保元仲」の名前を見つけた時の感激は神仏の導きとしか思えなかった。この奥書を読んで、神保元仲先生とは塩川頼元だと一瞬ひらめいた。この中で道越老師は「神保元仲先生は塩川氏之的孫であり先生慮厥累祖之同出而終考家記校正家譜」と仄めかしている。この家記とは『高代寺日記』を指しているのではないだろうかと直感した。

一方、川西市東多田には源満政を祖とする中村氏があり、中村源左衛門開基の臨済宗潮音寺がある。住職は代々木田姓を名のっている。道越老師は潮音寺の二代目住職で、父は木田氏、母は中村氏である。木田隆夫家と関係があるのではないかと思い中村家を訪ねると、系図は無いとの事であったが、仏壇の下の桐箱の中から古い手紙が二通出てきた。一通は、宝永七年（一七一〇）十二月廿四日付、塩川伯耆守曾孫神保元仲（塩川頼元）が大坂の両替商川崎屋木田文右衛門保教に宛てた手紙である。二通目は、宝永八年（一七一一）正月、木田文右衛門保教が東多田の中村源左衛門弟作右衛門に宛てた手紙である。二通目にも塩川頼元の名前が見つかった。文面を読むと神保元仲が木田家を訪れて、自ら作成した『木田中村之系図』を届け、懐かしい昔話をしてお互い励まし合って帰った。そのときに木田家の家紋は「片連銭廻三並」であり、中村家の家紋は「梅鉢六星」であるので「貴殿御紋を梅鉢に変えるように」という内容である。

これら三点の古文書は、『中村家文書』が宝永七年（一七一〇）十二月と宝永八年（一七一一）一月であり、『木田中村之系図』奥書が正徳元年（一七一一・四月改元）の冬とあり、一連のものであることがわかった。この『中村家文書』に「神保元仲、頼元（花押）」の書判があり、神保元仲が、『高代寺日記』に記されている塩川基満の子息頼元であることを示す重要な史料であることがわかった。木田氏は源満政の末裔で、「源満政公六代山田重遠三男木田三郎重長が濃州東有武郷木田領為家号」とあり、文正元年（一四六六）に木田義且が濃州から丹波国園部に来住し、後に摂州多田庄に来住して塩川豊前守に仕え、木田義且の嗣子木田重正は摂州中村城之城代となり中村氏を名のったとある。

宝永七年の『中村家文書』では、『木田中村之系図』を神保元仲が作成して、木田家に届けたと記されており、神保元仲は歴史に精通した人物であった。

『中村家文書』

一　貴殿先祖中村孫市同傳右衛門同又三郎木田五助同又助多胡□□小寺五右衛門　惣而一族中皆以当家累代付属之士　殊更依□類祖之如　此度名目書傳事処□□□懇望之故也　互之処之□□上者□正□□道之身行永子孫繁栄相待可申条如件

塩川伯耆守曽孫神保元仲・頼元（花押）

宝永七年十二月二十四日　木田文衛門殿

今度塩川伯耆守□□□□□元仲老頼元隠士ニ出会往事木田中村之由緒相尋候、派文明ニ相知れ互□□□存候、□対先祖孝□□□□叶可申候、木田紋ハ片連銭廻三並、中村ハ梅鉢六星之紋也　向後貴殿紋御改可成候、云々　木田保教　宝永八年正月十四日

中村作右衛門殿（中村家文書）

『木田中村之系図』奥書

蓋夫天地之大有数失度日月之明有時薄与命亦不網なり今按木田中村之家譜その原遠出于鎮守府将軍山田陸奥守源満政朝臣噫時乎命乎両氏不振栄枯易地殆数百年季今幸而不絶者如絲余亦家系為庫是之葭莩所以不能無斯歎頃日両氏之諸生就神保元仲先生清正家系先生者原為満仲公之苗裔塩川氏之的孫先生慮厥累祖之同出而終考家記校正家譜添以本系一巻其之本系者留蔵中村重雄之家其余者使余傳写戸収備不朽庶幾児孫自今而後一者以歓一者以懼正已興家者綿々与天地期　祝々

正徳辛卯之冬満願寺宗鏡庵主東愚叟道越記言贅于木田中村本系之帋後矣

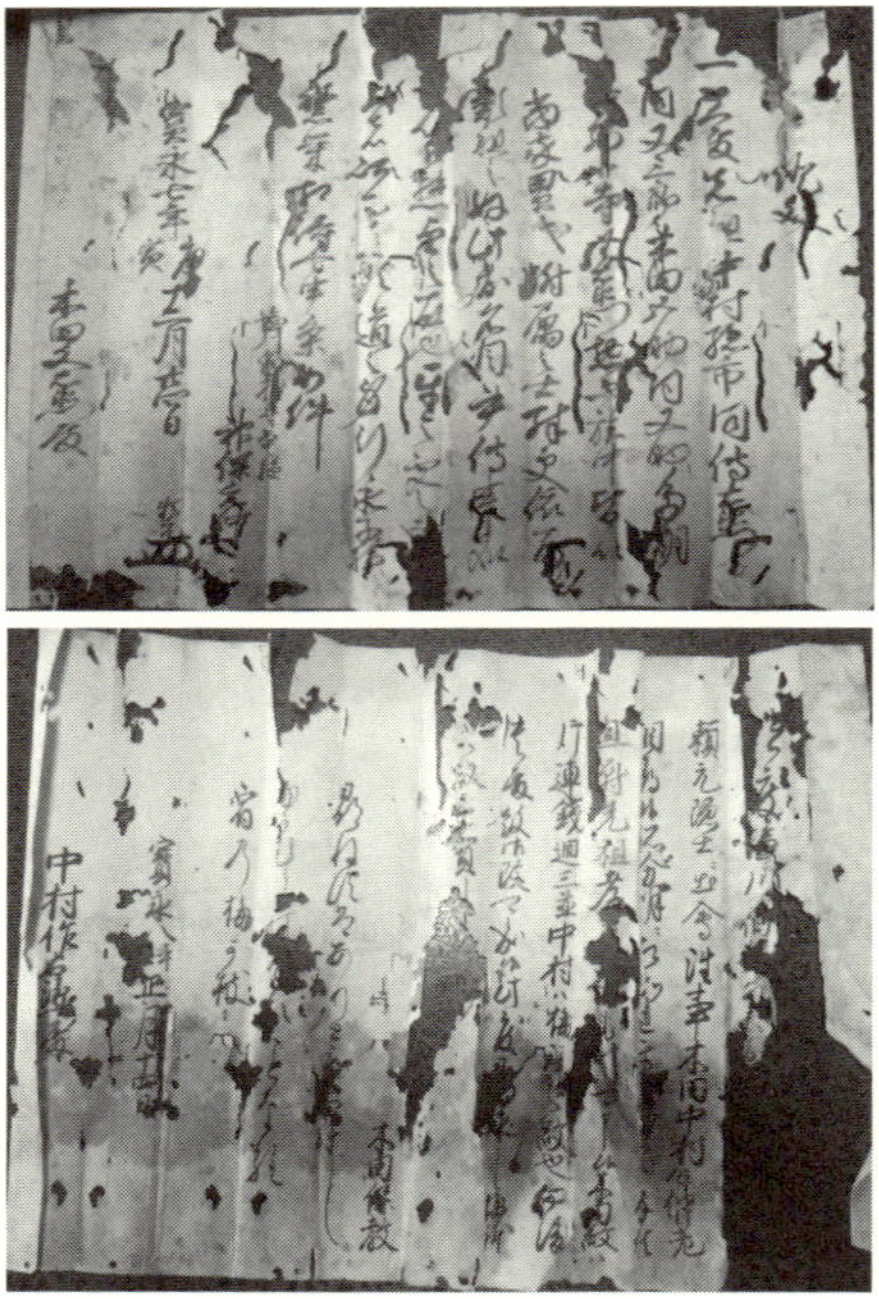

「中村家文書」

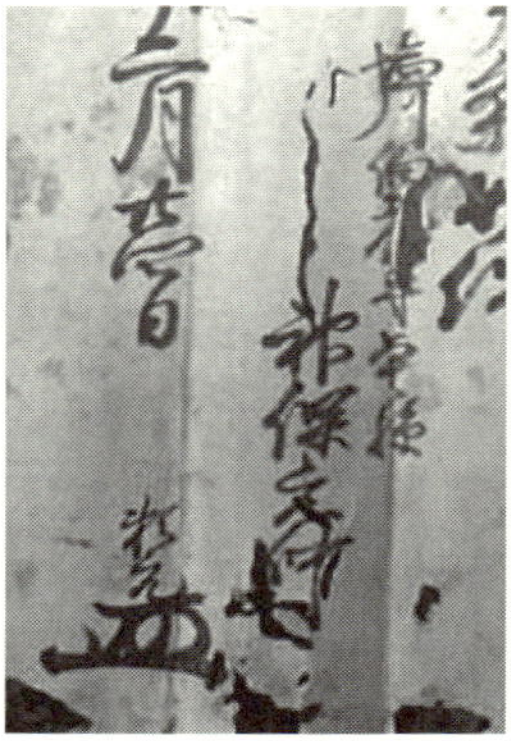

神保元仲の署名と花押

『大昌寺文書』の一六八五年、神保元仲が三十九歳のときに『塩川氏系図』を安村家に預けた時点で、神保家の嫡男として生きるにあたり、吉河塩川家の歴史を書き残しておくべきだと考え、ライフワークとして『高代寺日記』の執筆を始め、『中村家文書』にある一七一〇年、六十四歳の頃までに家記を完成させて、川崎屋木田文衛門保教に『木田中村之系図』と共に「家記」を託したのではあるまいか。川崎屋木田高吉と鉄屋木田庄左衛門は共に初代で、木田文右衛門保教は川崎屋の二代目当主であり、木田隆夫氏によれば、川崎屋と鉄屋は大坂十人両替商にその名を連ねているという。

神保元仲が『高代寺日記』を書いている時期（一六八七〜一六九七）に、ちょうど「吉河山高代寺」も秀順和尚により復興された。高代寺は秀順和尚が入山した貞享四年（一六八七）五月頃には、塔屋舗、御影堂、観音堂、大日堂、文殊堂、普賢堂、鐘楼、経蔵などはあったが多くは山林になってしまって、大坊屋舗と閼伽井坊屋舗は畑となっていた。年貢地は四反二畝余りであった。鐘楼は元禄十年（一六九七）春、大坂鳥羽屋五兵衛尉の本願で建立され、寛政八年（一七九六）頃には『摂津名所図会』にあるように復興したが、文化四年（一八〇七）二月に火災のために再び荒廃し、現在のように、庫裏、本堂、薬師堂、鐘楼のみとなった。『高代寺日記』が刊行された約百年後の寛政五年（一七九三）頃に温故堂によって『高代寺日記』の写本が作られた。

神保元仲は様々な縁者の日記、伝記、過去帳等を参考に、吉河氏の出自と吉河塩川氏の「家記」を、歴史的背景を交えて、年代順に年表形式にまとめたものが『高代寺日記』であると推察される。当時の情報収集能力を考えると、多少の年代の間違いは当然あってしかるべきであり、しかも『高代寺日記』は、他の史料には書かれていない多田源氏の人々の出生年月、命日、忌日、戒名等が調べ上げられて記述されている貴重な史料である。『高代寺日記』そのものは二次史料であるが、神保元仲は塩川氏に関して単なる推測ではなく当時の一次史料を参考にして書き上げたものと考えられる。塩川頼元は別所氏に育てられて神保姓を名のったが、基満もまた吉河塩川氏の分家筋の嫡男である。別所氏への恩義もあり、塩川の名を捨て神保の家名を名のるにあたり、吉河塩川家の歴史を後世に書き残しておきたかったという著者の意図を強く感じる。

七寶山高代寺

【木田中村氏略系図】

- 源満政 …… 木田重長（山田三郎） …… 中村重正 ── 九右衛門尉
  - 中村孫市
    - 中村傳右衛門尉
    - 同 伍助
    - 同 又助
  - 女 池田妻
  - 女 比丘尼永阿 山本村居
  - 中西新左衛門尉
  - 中西権兵衛尉長重
  - 多胡又兵衛尉長勝
  - 中村又三郎
    - **彌**左衛門 ── 五郎兵衛
      - 源左衛門（潮音寺開基） 智嶽玄性居士
      - **作右衛門** ── 作右衛門 ── 作右衛門為重
    - 木田傳右衛門尉 ── 木田善九平 ── 木田新兵衛尉 ── 吉兵衛尉
      - 木田庄右衛門重躬（鉄屋初代） ── 鉄屋庄左衛門
      - 女 中村五郎兵尉妻作右衛門母
      - 木田吉兵衛 ── 木田太右衛門
      - 木田高吉（川崎屋） ── **文右衛門保教** ── 木田徳蔵知義 ── 木田三右衛門知常

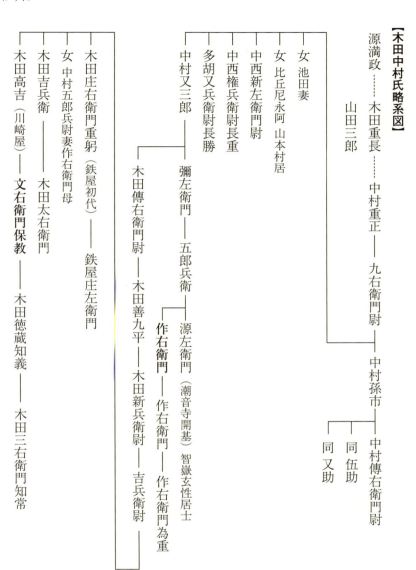

喜音禅尼とは

宝塚市山本の喜音寺の老師と現住職には「喜音禅尼」に関する位牌、過去帳、墓地、古文書等を私の様な歴史の門外漢に御提示下さり大変感謝申し上げる。

山本の喜音寺の開基「喜音禅尼」について、喜音寺の位牌には「微明院殿嶽室理高尼和尚」とあり、裏に「摂州笹部城主塩川伯耆守国満女、天文十八年七月二日」とある。摂州笹部城主塩川伯耆守国満は、天文十八年には五十歳であり、まだこの頃は弾正忠を称しており、二年後の天文廿年七月十四日に伯耆守を称した。喜音禅尼が国満公の娘であれば少なくとも天文十八年には廿五歳から三十歳位であるべきだが、「嶽室理高尼」の肖像画はもっと老けており天文十八年に亡くなったとは到底思えないのである。この「嶽室理高尼」はいったい誰なのか昼夜悶々と考えていた。

ある日、「最近肩がこって辛い」と妻に訴えると「今女の人のことを考えているでしょう」と言われドキッとする。「貴方の左肩にお婆さんが憑いている。相当昔の人みたいや」と言う。私は一年以上前から「嶽室理高尼」と「三法師の母」について考えていた。そこで二人の肖像画の写真を見せると、「嶽室理高尼」の方だと言う。その瞬間「嶽室理高尼は塩川伯耆守国満の正室種子ノ方だ」と直感したのである。「そうだったのか」と独りつぶやくと、「お婆さん、ありがとう、ありがとうと感謝してはる」と妻は言った。

天文十八年正月に正室種子ノ方の生んだ宗覚は高代寺薬師院に於いて元服し、右京進頼国と名のったが、二月、宗覚を捕えて多田院の方丈に閉じ込め殺害しようと評定があった。宗覚の一族は詫びて悉く方丈に預けられた。塩川弾正忠国満の側室（伊丹親永娘）が我子源次郎を嫡男にしようと考え、吉川家が国満を殺害し宗覚に塩川家を継がせて塩川家を乗っ取ろうとしていると讒言したのである。この頃、種子ノ方の父細川澄元はすでに亡く、弟の管領細川右京大夫晴元（三十六歳）は三好長慶（廿八歳）に攻められ劣勢にあり、側室は種子ノ方を軽んじていた。種子ノ方はそれを察して宗覚の命乞いをし、同年七月二日に出家したのである。喜音寺位牌の「摂州笹部城主塩川伯耆守国満女」の「女」は「むすめ」ではなく「おんな」であり、天文十八年七月二日は命日ではなく出家した日である。天文十八年には細川晴元は三十六歳であり、細川晴元の姉であれば三十八〜四十歳位であると思われ年齢的にもよく合致する。さらに、『喜音寺文書』「山下流次第」によれば、塩川伯耆守国満の嫡男は源次郎ではなく、種子ノ方の生んだ源太（運想軒・右京進頼国）であると述べている。

『喜音寺文書』「山下流次第」

右伯耆守国満嫡男源太、後宗覚ト云、多田院ニ被居、次紀劦江被行、後伯耆守長満、宗覚弟也、始号源治郎、宗覚多田ヨリ紀劦被行、後ニ源太ト云、同伯母聟孫大夫、天正之初阿波国ニテ討死、子孫大夫後中務ト云、江戸ニテ病死　右孫大夫者長満殿養子後運想軒甥子トナル、今頼元為ニ祖父也、主殿頭為ニハ父也、母方多田筑前守元継娘ヲ運想軒手前江小子ヨリ養而孫大夫ト娶、運想軒ハ右京進全蔵ト云河劦大賀塚根来寺侍大将也、長満次男七之助頼運初出家イタシ京都知恩寺住僧後令還俗、秀頼卿江奉公仕其後紀劦大納言様江御奉公仕、其後空亡イタシ、右之通ト云共口傳有□有増書付遺事、国満・運想・頼一・頼忠或基満・源太頼元、又云運想軒ハ光国、頼国、全蔵、源太、源六、右京進、蔵人、其外度々名ヲカエ被申難記也（喜音寺文書）

【要約】「伯耆守国満の嫡男源太は後に宗覚と言い、多田院に居せられ、次に紀州根来寺へ行かせらる。右兵衛尉長満は宗覚の弟である。始め源治郎と号し、宗覚が紀州へ行かせられ、後に源太と言う。宗覚伯母婿の孫大夫は天正の初め阿波国にて討死する。孫大夫の子辰千代頼一は中務と言う。江戸にて病死する。辰千代頼一は伯耆守長満の養子であり、後に運想軒の甥子となる。今、頼元のためには祖父である。主殿頭基満のためには父である、母方は多田筑前守元継の娘を運想軒が子供の頃から養い辰千代頼一が娶った。運想軒は右京進全蔵と言い河州大賀塚根来寺の侍大将である。伯耆守長満嫡男七之助は初め出家いたし京都知恩寺住僧となり後に還俗する。頼運の次男塩川信濃守は秀頼卿に奉公し後に紀州大納言様にご奉公し、その後空亡いたし、右の通りと言うとも口伝あり云々、国満、運想軒、頼一、頼忠或いは基満、源太頼元と書付が遺された。又、運想軒は光国、頼国、全蔵、源太、源六、右京進、蔵人、その他度々名を変えられたので記し難きなり。……」本文口伝は誤りが多く訂正して要約した。この『喜音寺文書』は『高代寺日記』の記述を裏付ける史料でもある。

この文書は「今、頼元のためには祖父なり」とあるように、頼元の時代、即ち貞享から元禄時代（一六八五～一七〇〇）に書かれたものと思われ、『高代寺日記』と同時代の成立と考えられる。この文書の趣旨は、山下笹部城主の流れは国満、運想軒、頼一、基満、頼元と続き、特に塩川伯耆守太郎左衛門尉国満の嗣子は正室種子ノ方が生んだ運想軒であると言っている。喜音寺の位牌には塩川伯耆守国満と側室（伊丹氏）が夫婦として併記されているが、これは正室種子ノ方（理高尼）が出家し継室となったためである。

塩川氏と神保氏の関係

神保氏は遊佐氏・椎名氏と肩を並べる越中・河内・紀伊の守護畠山氏の守護代であり、応仁の乱では畠山義就と畠山政長が家督を争い河内国で戦った。寛正年間には神保宗右衛門尉長誠は紀伊の守護代も兼ねて東軍の畠山政長方として戦った。神保氏直系神保越中守長住は佐々成政幕下で織田信長に仕え越後の上杉氏と戦ったが、後に追放され神保氏の直系は没落した。一方、分流の守護代神保五郎右衛門春茂は紀州の守護畠山尾𠮷家の守護代であり、紀州有田郡石垣鳥屋城の城代で、畠山氏滅亡後は豊臣秀長に仕え、大和国高市郡に六千石を拝領した。春茂の子息神保長三郎相茂は塩川運想軒や塩川信濃守吉大夫頼運とも親交が深かったが「関ヶ原の合戦」では塩川信濃守吉大夫頼運以下塩川氏は西軍宇喜多氏家臣明石全登幕下に属し、神保相茂は東軍に属して戦った。「大坂ノ陣」でも塩川氏は豊臣方明石全登幕下で戦い、一方、神保相茂は徳川方水野勝成に属して戦ったが、神保相茂以下神保隊三十六騎上下三百人全員が味方の伊達政宗隊に鉄砲で撃たれ討死してしまったのである。神保相茂の子息茂明は七千石の旗本として徳川家に召し抱えられた。神保長三郎相茂の弟神保浄真は丹波国由良庄（現丹波市氷上町）の領主別所孫右衛門吉治に仕えた。別所孫右衛門吉治は豊臣秀吉に仕え播州三木攻め・九州征伐・小田原城攻めに参陣し、江戸幕府からも所領安堵されたが、寛永五年（一六二八）改易となり、神保浄真は浪々の身となった。慶安元年（一六四八）別所吉治の嫡男守治は許されて子孫は七百石の旗本として召し抱えられた。

【神保氏略系図】 筆者作成

- 神保国久 ── 慶久 ── 国宗 ── 長誠
  - 慶宗（宗茂）
    - 長職 式部大夫
    - 長住 出羽守
  - 長茂（点線）─ 茂定
    - **五郎右衛門春茂** 有田郡石垣鳥屋城主 畠山紀州家臣 仕豊臣秀長大和国高市郡 六千石
      - **長三郎相茂** ── 茂明 直参旗本七千石
        一五八二～一六一五 大坂陣属東軍水野勝成隊 神保隊三十六騎総討死三十三歳
      - **神保浄真** 一五六八～一六四四 浄真信士七十六歳 丹波由良別所吉治家臣 寛永五年別所改易後牢人
        - **玉女**（妹）
        - **斉女** ＝ **塩川源太基満**
          - **神保元仲**（塩川頼元）
    - 茂家

- 塩川宗基 ── 宗英 ── 宗頼 ── 頼一 ── **塩川源太基満**

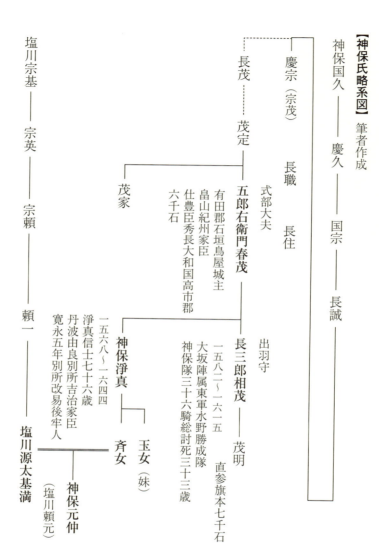

新井白石と多田兵部との出会いから

千葉県の新井白石研究者の方から新井白石（将軍家宣・家継の侍講）が間部詮房（将軍御側御用人・老中格）に宛てたという書簡の複写を頂いた。それによると白石が京都へ旅した時の事、九条辺にて多田兵部光義（元朝・庄兵衛）に行合い、白石が多田兵部を呼びつけて多田家の古文書の中から真鍋弥九郎に関する文書を見つけ出し感激して先ずは間部詮房に書簡で伝えた。

京都のはずれ九条辺に多田兵部と申すもの有之候、身上よき楽浪人にて候、これは多田の院御家人衆と申し候中ニて、満仲已来の御家人にて、八幡侍、賀茂侍などと申すやうなるものにて、田地等もち候て、地侍と相聞え候、かの兵部方に色々ふるき文書等有之と承候て、なにとなく召よび、色々さやうの物など見候うちに、細川の管領晴国より塩川弥九郎殿へと有之候感状有之候、此塩川ハなにものぞと承候えばまつ多田院御家人の中に塩川と申すは藤原仲光の後胤にて頭たちたる家にて候、その子孫塩川伯耆守と申すは京都将軍の末つかた信長時代ニかくれもなきものにて候、さて此弥九郎と申すハその伯耆守ともとハ一族にてマナベ弥九郎と申したる人にて候、……（中略）……そのゝち同国六瀬と申す所ニ山間左京亮と申すもの反逆の事ニ付管領より伯耆守等の大和の国人に仰とて御うち候時、此弥九郎かの大将左京亮をうちとり候に付晴国大に感じ給い感状給り候……（中略）……そのゝち慶長五年関か原の時山川六左衛門と申すものと申し合せ両人□□□られ候が六左衛門ハ手負ひ帰国のゝち相果候、弥九郎ハそれより本国へハ帰らず本国へもありつれ候か音づれとても無之候、……（中略）……先年貴公様御初官の時御家姓を御たづね候き其時ニ藤原にても可有之歟と申入候と覚候、今度多田が物かたりニて承候へばはたして藤原仲光の御後胤にて候歟、……（中略）……かの多田兵部至極田舎侍のりちぎものと相見え口上もよからず、其上田地沢山ニもち金銀有候て本国を出候て京ニて楽人にて大勢くらし候て居候ものにてすこしも気つかひ此なき男にて候、其上其身の家の事ニも無之やくニたゝぬ晴国の感状ニて入候ハ、くれ候ハんとてとり候……云々

去二日於小舟山合戦時討補山間左京亮由粉骨働尤神妙候也謹言　十月十八日　晴国（花押）

塩川弥九郎殿（鯖江藩家老植田家文書）

この頃、間部詮房の出自が途切れて分からなくなっていたが、白石がそのルーツの手掛りとなる文書を見つけ京の旅土産として持ち帰る旨を認めたものである。塩川弥九郎詮光が室町幕府管領代細川晴国から「小舟山合戦」の時に与えられた感状に関する文書である。この文書が『鯖江藩家老植田家文書』（竹内信夫著『鯖江藩の成立と展開』所収）に残されている。『植田家文書』「間部家譜」間部刑部詮光の項に小舟山合戦の記述があり、次のように『多田家文書』の記述内容が反映されている。

塩川伯耆守吉太夫国満　細川武蔵守高国勤功享禄三年夏舎弟細川兵部少輔晴国為管領代□国満傳命差副大和国人令撃摂州六瀬城主山間左京亮之謀及管領高国滅亡之後□為同□従属池田城主荒木信濃守村重励軍功村重自信長被封摂州太守是時自村重與多田城二萬石是依為国満之先祖旧地也当時国満之女子為信長公之妾被□遇就内縁之好有掛彼□意味故□村重□信長公及断滅国満安堵本領且行恵政之旨被褒譽賜白銀自此益募権威侵掠多田能勢等国人取納栃焉至秀吉香世天正十三年乙酉被召放領地與五畿内及紀州之一揆密以相通

也今以及老衰同年十二月廿七日病死
塩川三郎兵衛信行　父信氏ト倶ニ清康様ヨリ召出サレ岡崎ニ於テ仕ヘ奉ル、初信光ト称ス、御高祖ノ御諱ヲ避テ信行ト改ム、云々、天文四年乙未森山御陣ノ御供ニ列ス、御戦利ナク御勢ヲ三州ニ帰サル、伊田ニ及ヒ敵ト合戦シテ死ス、云々、
間部刑部詮光　母ハ泉州大津ノ住人真鍋主馬兵衛貞詮ノ女、主馬太夫貞成ノ姉、信行討死ノ時、弥九郎僅ニ五歳、故ニ母ト倶ニ於乙に至り、外祖ノ家ニ養ハル、其後従祖父国満男子ナキニ依テ我家ニ迎ヘ、遂ニ養子トナサントスルノ意アリ、時ニ国満細川家ノ下地を受テ、摂州六瀬ノ城主山間左京亮ヲ攻ム、弥九郎進テ先登シ敵将左京亮ノ首ヲ打取ル、管領代兵部少輔晴国是ヲ実験シ、初陣ノ働ヲ感賞アリ、書記ニ載セラレ、真鍋弥九郎ト唱フ、時ニ国満進ミ出、書役ノ者ニ談シ、塩川弥九郎ト改メシム、弥九郎自ラ思フニ、幼稚ヨリ外祖撫育ノ恩ヲ蒙ルカ故ニ成人ノ後、真鍋を以テ氏トス、当時、暫ク国満ニ家ニ在トモ、未タ父子ノ約ヲナサス、今吾カ軍功アルニ依テ、強テ塩川ト称セシムルコト本意ニ非スト、遂ニ其事ヲ憤り出テ、三州ニ来り、改テ間鍋刑部ト称ス、然ルニ父祖トモニ御先代御奉公ノ由緒有ニ依テ、再ヒ東照宮様ヨリ召出サレ、浜松ニ於テ仕ヘ奉ル、天正十年壬午五月中旬江州安土ニ御参向并ニ京都泉州堺辺御遊覧ノ御供ニ列ス、同月廿八日信長・信忠上洛ノ由聞召サレ、御使仰付ラレ上京シ、事畢テ妙覚寺ノ近隣ニ止宿ス、時ニ六月朔日ノ夕ナリ、翌二日明智日向守光秀反逆、本能寺ニ乱入シ、信長生害、賊徒又二条ノ御所ヲ襲ヒ、信忠モ亦生害、仍テ随身ノ輩皆走テ御所ニ趣キ討死、此時詮光遁去ルニ忍ヒス、遂ニ亦同ク討死、

（『鯖江藩家老植田家文書』「間部家譜」）

槻並の田中家にも「細川晴国感状」の写しがある。

「田中々務丞とのへ　晴国　去二日小舟山合戦時属塩川伯耆守手打太刀由粉骨至神妙也謹言　十月十八日　晴国（花押）　田中々務丞とのへ」

以上のことから、天文三年十月二日、塩川伯耆守吉大夫国満は塩川新左衛門、田中中務丞ら六瀬衆を率いて小舟山合戦（大舟山合戦）に出陣して、十月十八日、細川晴国から感状を与えられた。しかし、天文五年（一五三六）七月廿九日に細川晴国は討死しており、真鍋弥九郎詮光は父塩川三郎兵衛討死の時（天文四年）五歳であるので、僅か五〜六歳の塩川弥九郎が細川晴国から感状を与えられるとは到底考えられず、塩川弥九郎の年齢が間違っているか、或いは『多田家文書』の記述が間違っていることになる。また、『間部家譜』には真鍋弥九郎詮光は本能寺の変の時に討死したとあるが、『多田家文書』を見た新井白石は「慶長五年関ヶ原合戦の時、真鍋弥九郎は山川六左衛門と共に出陣し、山川は疵を負い帰国して死に、弥九郎は本国へは帰らず」とありこれも『間部家譜』と『多田家文書』では違っている。しかし、真鍋弥九郎詮光は享禄四年（一五三一）生まれで、関ヶ原合戦の時には七十歳であり、関ヶ原合戦に参陣したとは到底思えないのである。これらの史料は全て写本であり白石が持ち帰ったという『多田家文書』の信憑性が問われる。多田兵部左衛門光義（元朝）は元禄四年（一六九一）に『多田満仲五代記』を刊行した人物であり、多田源氏に関する史料を集め自分なりに研究していた人物であると思われ、新井白石が持ち帰ったという真鍋弥九郎に関する史料と感状は多田兵部元朝が捏造した可能性が高く、それを大事そうに持ち帰った新井白石の姿を想像するとなんとも滑稽である。

富士宮の東ノ塩川氏は塩川伯耆守信氏と真鍋弥九郎詮光の末裔という

名古屋大学の塩川教授から富士宮市には塩川姓が多いと聞いたので、早速富士宮市の教育委員会と図書館に連絡をとり、図書館にある史料の複写を送っていただき、本家塩川寿平氏を紹介してもらい富士宮を訪問した。塩川寿平氏は故塩川正十郎氏とも親交がある著名な教育者であり、初対面の私にも親切に対応して頂き、念願の『富士宮東塩川氏系図』を見せて頂いた。現在、富士宮市には「西ノ塩川氏」と「東ノ塩川氏」という二流の塩川氏がある。『静岡県富士郡大宮町誌』（大宮町は富士宮市の昔の地名）によれば、塩川惣右衛門尉政治の項に「鎌倉時代の人、野中に住居し、子孫今に在し之を西ノ塩川といふ、東ノ塩川は昔信州塩川村より出で、豊臣氏に仕へたる塩川伯耆守の関ヶ原に敗れて旧里に遁れる途次、野中に匿れ子孫遂に此地に留りたりといふ。」

『岳南朝日新聞』一九八五年六月十三日付「家門と郷土」に、「東ノ塩川の源流をたどると、信州塩川村に行き着くという。初代は豊臣家に仕え、関ヶ原の戦いに敗れたあと、信州に帰る途中、立ち寄ったのが野中の地、以来、水があり、静かで、眺めもいいこの地にとどまったといわれる。『大宮町誌』によると、この地にとどまった東ノ塩川家第一代は塩川伯耆守とある。本家に残る系図によると、この伯耆守の嫡孫が野中の地での初代とされる甚七郎（明暦三年、一六五七年没）。甚七郎は同一族中で唯一大居士の戒名がつけられている。甚七郎の長女梅野のもとへ、羽鮒村の野村家より養子にきたのが二代目萬右衛門朝信。以来、塩川家と芝川地区及び近隣の旧家との縁は深い。」とある。

このように様々な言い伝えがあり厳然としないので、「東ノ塩川氏」本家である富士宮市野中保育園の塩川寿平氏を訪ね系図を拝見した。その系図によれば、甲斐武田氏の傍流野村新兵衛時重が塩川伯耆守孫太郎信氏六代真鍋詮清の次男朝保を嗣子とし、以降、塩川氏を称したとある。東ノ塩川は「昔信州塩川村より出で、豊臣氏に仕えた塩川伯耆守が関ヶ原合戦に敗れて旧里に遁る途中、野中に留った」というが、塩川伯耆守が豊臣秀吉に仕えたとか、関ヶ原合戦に参陣したという記録は他に見当たらないのでこれらの口伝は信憑性が薄い。『東ノ塩川氏系図』の甚七郎朝保の項に「塩川伯耆守信氏之嫡孫藤原詮清間部刑部次男」とある。一方、西ノ塩川氏の元祖塩川惣右衛門尉政治（鎌倉時代の人）が次に説明する信州の塩河牧の塩川氏ではないかと思われる。東西の塩川氏双方の口伝が互いに入り混じってここまで変化していく形が面白い。

信州の塩川氏と塩河牧《えんこうのまき》

『高代寺日記』に「信濃国小県郡塩河牧へは藤原仲光の妻の弟紀ノ四郎が遣わされ塩河牧を支配なさしめた、又、吉河中務丞貞信が住みついた」と述べている。

『長野県の地名』によれば、『吾妻鏡』文治二年（一一八六）に「荘園領主が源頼朝に貢税の未進を訴えた『注進三箇国庄々事』の左馬寮領、信濃二八牧のうちに塩河牧とみえる。『延喜式』の信濃一六牧にはみえないので、平安中期以降に設けられた牧であろう」とある。

『吾妻鏡』文治二年（一一八六）三月十二日庚寅の項に「塩河牧」あり。

「関東御知行の国のうち、年貢未納の庄園の一覧がくだされそれが今日到着した。下家司を呼んで催促するように銘じられたという。信濃国　佐馬寮領　笠原御牧　宮所　平井□　岡屋　平野　小野牧　大塩牧　塩原　南

内　北内　大野牧　大室牧　常盤牧　萩金井　高井野牧　吉田牧　笠原牧　同北条　望月牧　新張牧　塩河牧　菱野　長倉　塩野　桂井　猪鹿牧　多々利牧　金倉井」（現代語訳吾妻鏡）

『吾妻鏡』承久三年（一二二一）四月小廿二日の条に「塩川中務丞」の名がみられる。

「二十二日乙巳、曇り、小雨がずっと降っていた。卯の刻に武州（北条泰時）が京都に出発した。従う軍勢は十八騎である。すなわち、子息の武蔵太郎時氏、弟の陸奥六郎有時、また北条五郎（実義）、尾藤左近将監（景綱）、関判官代（実忠）、平三郎兵衛尉（盛綱）、南条七郎（時員）、安東藤内左衛門尉、伊具太郎（盛重）、岡村次郎兵衛尉、佐久満太郎（家盛）、葛山小次郎（広重）、勅使河原小三郎（則直）、横溝五郎（資重）、安藤左近将監、塩河中務丞、内島三郎（忠俊）らである。京兆（北条義時）はこの者たちを呼んで皆に兵具を与えた。その後、相州（北条時房）、前武州（足利義氏）、駿河前司（三浦義村）、同次郎（泰村）以下が出発した。式部丞（北条朝時）は北陸道の大将軍として出発した。」（現代語訳吾妻鏡）

『承久記』にも「塩川三郎」の名がみられる。

「東山道に懸て上ける大将、武田五郎父子八人・小笠原次郎親子七人・遠山左衛門尉・諏訪小太郎・伊具右馬入道・南具太郎・浅利太郎・平井三郎・同五郎・秋山太郎兄弟三人・二宮太郎・星名次郎親子三人・筒井次郎・河野源次・小柳三郎・西寺三郎・有賀四郎親子四人・南部太郎・逸見入道・轟木次郎・布施中務丞・甕中三・望月小四郎・同三郎・祢津三郎・矢原太郎・塩川三郎・小山田太郎・千野六郎・黒田刑部丞・大籬六郎・海野左衛門尉、是等を始として五万余騎各関の太郎を馳越て陣をとる。」（承久記）

この塩河中務丞（塩川三郎）は「塩河牧」に住居した武士と考えられ、恐らくそれは現在の上田市丸子町塩川と推測される。丸子町塩川に隣接する「藤原田」は藤原氏を祖先とする藤原塩河氏の領地があった場所と考えられる。現在の上田市丸子町を訪ねたところ、塩川氏の末裔は一人も居らず、『丸子町誌』の見解は「隣接する長瀬村の長瀬氏が塩川牧の中心的人物ではないか」としている。富士宮から富士川を遡ると甲斐に着き、甲斐から佐久街道を北上すると小諸に行き着く。富士宮の西ノ塩川氏は信州の塩河牧《えんこうのまき》の塩川氏が移り住んだものと思われる。

信州小諸の塩川氏ともう一つの塩川牧

吉沢好謙『四隣譚藪』に、「信濃御牧佐久郡方角」と言う絵図に塩川牧の場所が示されており、「耳取村の北に塩川牧あり」としている。『小諸町誌』では「丸子町の塩川牧とは別なものと考えられる」としている。塩川牧は二箇所あったようである。

信州上田市の東の小諸市には塩川姓が多く、小諸市の郷土史家塩川友衛氏に話を聞くと、小諸の塩川氏は新田氏の末裔であると言う。塩川友衛氏から戴いた資料『塩川氏一族先祖精霊供養塔』と「塩川家墓碑」に次のように記されている。

「小諸の塩川氏は新田源氏の末裔にして、戦国時代に原美濃守入道左衛門尉信虎は武田氏に属し、その子源左衛門昌胤は武田氏滅亡後、信濃国佐久郡小原村字上塩川の地に帰農し、地名の塩川を名のった。後に、塩川源左衛門一族は小原村西小原の字越後堀から移る。源左衛門の嫡流廿数代を数え、子孫は夫々分家し塩川家八十余戸となる」という。

富士宮の東ノ塩川氏の祖である野村氏は武田信義の末裔であり、信濃の東の塩川とは即ち小諸の塩川氏であり、西の塩川とは丸子の塩川を指しているものと思われる。

【小諸塩川氏略系図】

原美濃守入道信虎
- 原美濃守信俊
- 原美濃守虎胤
- 塩川源左衛門昌胤
  - 女
  - 市左衛門
  - 藤兵衛

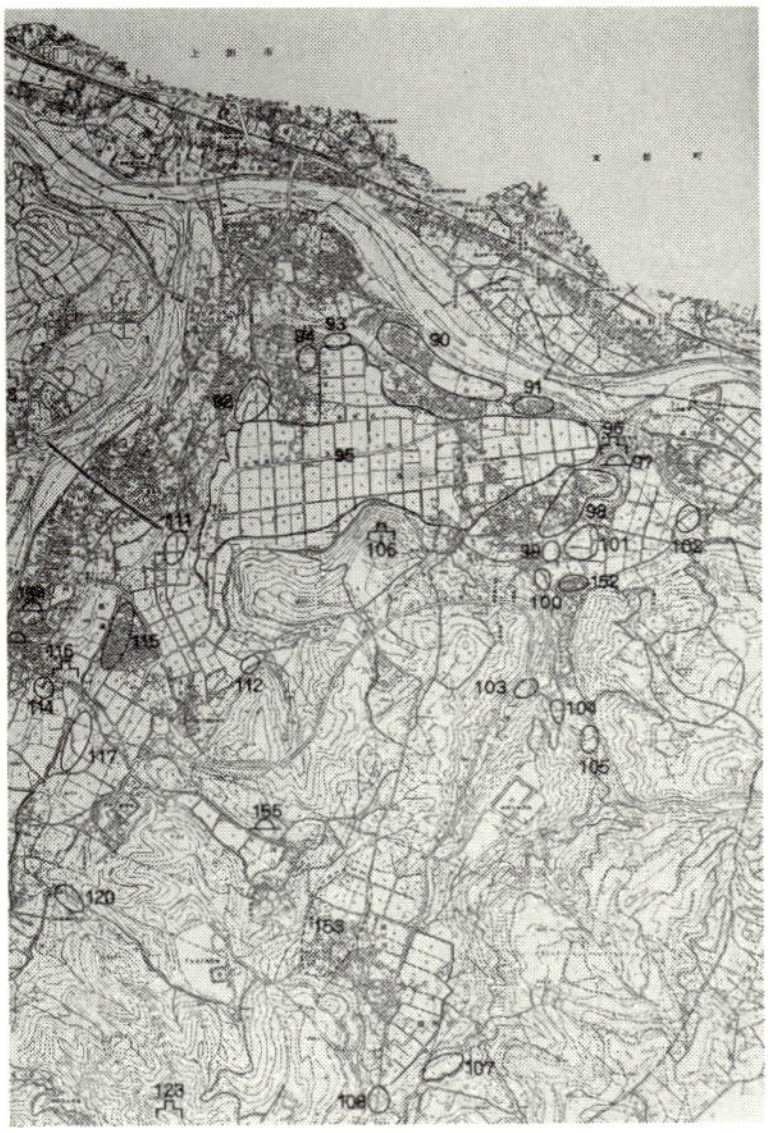

塩河牧（丸子町）

『四隣譚藪』より　浅間山と塩川牧

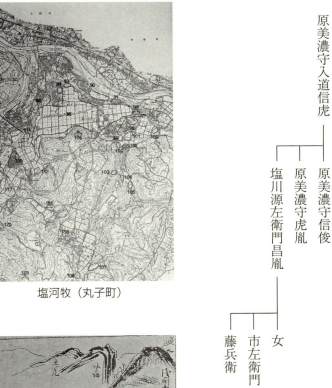

お世話になった方々

◇摂州塩川氏について調べていると目に見えない諸霊の導きにより、様々な人との出会いが準備されており、そこを訪ねると不思議と古文書と出会い疑問が解明される。

中川清秀研究家奥田氏に紹介されて山脇氏に会う。山脇氏は摂州嶋下郡佐井寺村の旧領主で山脇源大夫の末裔であり、歴史に造詣が深く山脇家のルーツを調査されており、数々の『山脇氏文書』を拝見した。山脇氏は元来摂州池田氏の一族であるが、氏は藤原仲光の一族である満井氏（井上氏）の縁者でもある。『満井氏文書』によれば、井上仲正が賊徒退治の抽賞により「満」の一字を賜り、井上改め満井仲正と名のり、藤原仲光の猶子となったという。藤原仲光十五代満井畑兵衛尉正康は尊氏公から御教書を賜ったとある。山脇氏が主宰されている「山脇文庫」で郷土史の対談を重ねている内に、山脇氏の兄御が尾張国中島郡国府宮「尾張大国霊社」の宮司をされていることとか分かり早速現地を訪問して話を伺った。かつて尾張塩川氏が神主をしていた神社である。また、山脇氏の元領地であった摂津国嶋下郡佐井寺村にお住いの和仁氏が塩川氏の縁者であることも分り、山脇氏の紹介で和仁家を訪問し『和仁家文書』を拝見した。何と和仁家所蔵の『塩川氏系図』は大昌寺の『井上塩川氏系図』の原本であることも判明した。また、和仁氏夫人は能勢の人で森本弌先生の奥様の妹御であることが分かり御縁の不思議さを感じた。

◇鯖江市の「まなべの館」を訪問し故竹内信夫氏から数々の『間部家譜』を御提示頂いた。

◇上田市丸子町を訪問し「塩河牧」の現地調査をした際に、丸子町の隣町である小諸町の郷土史家塩川友衛氏から塩川牧に関する史料を頂いた。

◇大坂陣研究者の柏木氏には塩川信濃守貞行に関する論文を恵贈賜り大変参考になった。

◇『高代寺日記』出版以来、高代寺さんと御縁が出来て新たに檀徒となった。

◇山下の大昌寺住職大洞師には『井上塩川氏系図』と数々の古文書を見せて頂いた。大洞師夫人は私の幼馴染であり、以後、観音祭り等お寺の行事に参加させて頂いている。

◇多田越中守春正・多田兵部の末裔である多田氏は古文書教室で知り合い『忍辱山正法寺由緒書』『多田氏系図』等貴重な史料を御提示頂いた。また、小蓑山の多田氏とは偶然にも互いに息子同士が同じ職場であったことから知り合いになり『多田氏系図』を拝見した。

◇池田市中河原の一樋氏には『山問氏系図』と古文書を御提示頂いた。一樋家は能勢の奥家や辻家の縁者でもある。辻家は槻並の田中家や垂水の中西権兵衛家の縁者でもある。

◇三田市波豆川村の兵庫氏は以前から仕事関係の知人であり、この度事情を話すと快く『兵庫氏系図』を御提示頂き、北畠氏屋形址と墓地を案内して頂いた。

◇藤原仲光の末裔である今中氏と上野氏、福田氏にも家系図を見せて頂いた。

◇山下の藤巴氏には『甘露寺縁起』を御提示頂き、獅子山城に関する知見を拝聴した。

◇西多田の浄徳寺住職今井師と東多田の光遍寺さんには其々の由緒書を御提示頂いた。また、宝塚市中筋の妙玄寺を訪ね御住職に話を伺った。

六年前に『高代寺日記』を故塩川正十郎氏に贈呈したところ、氏から丁重な礼状と代金が送られてきた。氏の御厚情に感謝し、ご冥福をお祈りいたします。

【引用文献と参考資料】

『高代寺日記』『高代寺記』『足利季世記』『細川両家記』『信長公記』『信長記』『能勢物語』『攝津名所圖會』『今昔物語』『摂津名所大絵図』『丹波風土式大概』『荒木略記』『荒木村重史料』『瓦林政頼記』『新撰菟玖波集』『大日本地誌大系摂陽群談』『中川史料集』『摂津国史料集英』『京畿切支丹史話』『多紀郡郷土史話』『鯖江藩の成立と展開』『鯖江藩間部氏系図』『止々呂美村誌』『かわにし　川西市史』『能勢町史』『吉川村誌』『三田市史』『猪名川町史』『多田五代記』『多田雪霜談』『多聞院日記』『天文日記』『完訳フロイス日本史』『陰徳太平記』『東能勢村史』『八尾市史』『塩川正三傳』『藤井寺市史』『羽曳野市史』『武士の風景能勢氏千年』『戦国河内キリシタンの世界』『河原ノ者・非人・秀吉』『能勢の昔と今』『真如寺所蔵能勢家文書』『大昌寺文書』『大昌寺塩川氏系図』『山脇家文書』『和仁家文書』『中村家文書』『多田院御家人由来伝記』『一樋家文書』『木田中村之系図』『種村氏系譜』（小林）『甘露寺由緒書』『多田氏系図』『忍辱山正法寺由緒書』『仁部氏系図』『富士宮東塩川氏系図』『中西氏系図』『川辺郡猪名川町における多田院御家人に関する調査研究』『多田院御家人の家槻並田中家』『多田院御家人の家六瀬家』『近畿大名の研究』『塩川信濃守貞行傳・鹽川清右衛門傳・柏木輝久氏私信』『小野お通』『池田氏と牡丹花肖伯』『尾張国誌』『日本国誌資料叢書　尾張』『尾張志』『尾張國諸家系図』『尾張國神職諸家系図』『清和源氏７４０氏族系図』『人物叢書明智光秀』『図説大坂の陣』『備中高松城主清水宗治の戦略』『大学の日本史②中世』『河内国守護畠山氏における守護代と奉行人』（川岡）『飯盛山城と三好長慶』『岡山池田家文書』『江のふるさとと滋賀』「徳寿院」（井上優）『北陸の名族興亡史』『石川県鳳至郡誌』『戦国姫物語』『箏曲六段とグレゴリオ聖歌クレド』『城主になった女井伊直虎』（梓澤要）「戦国期畿内研究の再構成と細川両家記」（古野他）「北伊勢地域の戦国史研究に関する一試論」（水谷）「『言継卿記』・『信長公記』から見た京都の城」（馬瀬）『和田惟政と甲賀武士』（和田）『織田家の人びと』（小和田）『織田信長と越前一向一揆』（辻井）『定本武田勝頼』（上野）『五葉松が語る多田家五百

年の歴史』（野村）『光遍寺来歴』『一向一揆と富樫氏』『圓光寺文書』『池田郷土研究第八号』『池田市立歴史民俗資料館解説図録』『足利十五代史』『中世武士選書足利義稙』『実隆公記』『拾芥記』『流浪将軍足利義昭』『人物叢書足利義昭』『戦国期三好政権の研究』『松永久秀』（天野）『荒木村重』（天野）『ひょうごの城』『多田銀銅山』『片桐且元豊臣の運命を背負った武将』『三木合戦を知る』『放浪武者水野勝成』『長宗我部元親と四国』『桜田御文庫と新井白石』「ウィキペディア」『宝塚の風土記』「カトリック大阪大司教区配付資料」『荒木村重研究序説』

中西　顕三（なかにし　けんぞう）

多田蔵人行綱四十四代後胤
近畿大学農学部昆虫学教室卒　園芸家（芝草・洋蘭）
精神世界の探求（霊名ユスト）をライフワークとする。
趣味は古文書解読・剣道・居合・太極拳・ゴルフ。

攝州多田塩川氏と畿内戦国物語

2019年3月16日　第1刷発行

編　著　中西顕三
発行人　大杉　剛
発行所　株式会社 風詠社
〒553-0001　大阪市福島区海老江5-2-2
大拓ビル5 - 7階
Tel 06（6136）8657　http://fueisha.com/
発売元　株式会社 星雲社
〒112-0005　東京都文京区水道1-3-30
Tel 03（3868）3275
装幀　2DAY
印刷・製本　シナノ印刷株式会社

ISBN978-4-434-25768-1 C3021